Lucien DESLINIÈRES

LE SOCIALISME RECONSTRUCTEUR

DANS L'ORNIÈRE MARXISTE

EN FRANCE
EN RUSSIE

Pour en sortir

PARIS
FRANCE-ÉDITION
7, Cité Adrienne (22')

1927

AUTRES OUVRAGES DU MEME AUTEUR

L'Application du système collectiviste, fort
    volume de 528 pages, grand in-8° ...... *épuisé*
Entretiens socialistes .... *épuisé*
Qu'est-ce que le socialisme? .... *épuisé*
La Société future .... *épuisé*
La Vie chère .... *épuisé*
Organisons-nous . ... *épuisé*
Projet de Code socialiste, trois volumes.
Comment se réalisera le Socialisme.
Pour abolir la Souffrance humaine.
Le Maroc socialiste, projet de colonisation so-
    cialiste au Maroc .... *prix franco.*   6 »
La France Nord-Africaine, étude critique de
    la colonisation anarchique pratiquée jus-
    qu'à ce jour, projet de colonisation orga-
    nisée, fort volume in-8° de 726 pages, *prix*
    franco ....   15 »
L'Association générale, base économique du
    socialisme .... *prix franco.*   1 »
La Résurrection du Docteur Valbel ou *Le*
    Monde dans un demi-siècle (en collabora-
    tion avec J. Marc-Py), grand roman d'an-
    ticipations sociales .... *prix franco.*   7 50

NOUVELLE SERIE

Le Socialisme reconstructeur

I. Délivrons-nous du Marxisme. *prix franco* 12 »
II. La Production intensive.... *prix franco* 12 »
III. Principes d'Economie Socialiste *p. franco* 10 »
IV. La Fin du Mal Social...... *prix franco* 10 »
V. Déclaration des Socialistes Recons-
    tructeurs. . . .. *prix franco* 1 25

Pour les ouvrages non épuisés, adresser demandes
avec mandats-poste à la librairie FRANCE-EDITION, 7,
cité Adrienne, Paris (20°).

DANS L'ORNIÈRE MARXISTE

Lucien DESLINIÈRES

LE SOCIALISME RECONSTRUCTEUR

DANS L'ORNIÈRE MARXISTE

EN FRANCE
EN RUSSIE

Pour en sortir

PARIS
FRANCE-ÉDITION
7, Cité Adrienne (xx')

1937

DANS L'ORNIÈRE MARXISTE

PREMIERE PARTIE

Vue d'ensemble

LIVRE PREMIER
Le Présent et l'Avenir du Socialisme

CHAPITRE PREMIER
La Déformation Marxiste

Sans atteindre les hauts tirages réservés, dans notre siècle décadent, à la littérature pornographique, mon livre : *Délivrons-nous du Marxisme*, a obtenu tout le succès que peut souhaiter l'amour-propre d'auteur le plus exigeant. Son retentissement dans l'opinion a été profond. Nombreuses ont été les adhésions individuelles qui me sont parvenues. Beaucoup plus nombreuses encore celles qui ne se sont pas révélées directement et dont divers indices concordants m'ont montré l'importance. Sous ce vigoureux coup de pic, l'édifice marxiste, qui domine et régit le mouvement socialiste mondial, a été ébranlé. Mais il est resté debout et il ne pouvait en être autrement, étant donné l'instinct moutonnier, l'absence totale d'esprit critique de la généralité des humains, sans distinction de classe ni de culture.

Les différentes fractions du parti socialiste sont donc restées dans l'ornière marxiste, sans tenir aucun compte des redressements les plus évidemment justifiés que je proposais. Et, comme les mêmes causes engendrent fatalement les mêmes effets, leur action incohérente n'a été qu'une série ininterrompue d'avortements : alors que les circonstances permettaient au socialisme de montrer sa force souveraine, il a continué à donner au monde le spectacle de sa lamentable impuissance.

Chose étrange : bien que toutes les fractions nationales organisées du parti socialiste continuent à se réclamer du marxisme, elles ont, depuis longtemps, éliminé de leur action pratique la presque totalité des éléments dont l'ensemble constitue la doctrine marxiste. Du considérable recueil d'études philosophiques, historiques et économiques qui forme l'œuvre de Marx, la plus grande partie est à peu près inutilisée. Elle est même ignorée, non seulement des militants, mais des chefs, dans bien des pays, dont la France. Les rares théoriciens qui en possèdent les données ne cherchent plus à les propager ni à en extraire des règles d'action, de sorte que la plupart des idées de ce grand penseur sont aujourd'hui passées à l'état de curiosités archéologiques. Du gros tas de volumes qu'il a publiés, une petite brochure émerge seule : c'est le *Manifeste des Communistes*, et, de cet opuscule, un seul point est entré dans les faits : la constitution des travailleurs en parti de classe, national et international.

Ainsi l'idée de lutte de classe est la seule survivance du marxisme, et cela parce qu'elle est simple, d'une pénétration facile dans les cerveaux ouvriers, et aussi il faut le dire, parce qu'elle exprime un fait évident pour tous, la lutte de classe étant une des manifestations de la lutte universelle pour l'existence, loi naturelle transportée dans la société individualiste, et que nul ne peut contester. La notion de lutte de classe est donc antérieure au marxisme. Son origine remonte à celle du salariat. Les plus conscients des travailleurs n'ont pas attendu le *Manifeste des Communistes* pour sentir que leur intérêt était en opposition avec celui des patrons. La seule nouveauté apportée par Marx a été de recommander aux prolétaires de tous les pays de s'unir contre la bourgeoisie de tous les pays, jetant ainsi les fondements de l'Internationale.

Cette tactique était-elle de nature à hâter la réalisation du communisme, ainsi que l'espérait son créateur? La question a été examinée dans *Délivrons-nous du Marxisme* et résolue par la négative. Inutile de rappeler les arguments qui justifiaient cette conclusion. Je veux ici admettre par hypothèse que la formation du prolétariat international en parti de classe était la meilleure méthode possible, et, malgré cette importante concession, il me sera facile de démontrer que le marxisme n'est pas une doctrine socialiste, mais une déformation du socialisme.

Qu'est-ce, en effet, que le socialisme ? Ce n'est pas seulement un mouvement de masses, l'action d'une classe contre une autre ; ce n'est pas même la conquête par le prolétariat du pouvoir politique : c'est l'organisation économique nouvelle qui la suivra. Cette organisation sera permanente, alors que les étapes parcourues pour l'atteindre auront été temporaires. Elle sera la fin, alors que les luttes qui l'auront précédée n'auront été que les moyens. Fondée sur la propriété et l'exploitation communes des moyens de production et d'échange, elle différera profondément de l'organisation capitaliste qui repose sur la propriété et l'exploitation individuelles. Et, par conséquent, elle ne pourra fonctionner que si ses institutions ont été, par de longues études préalables, prévues et déterminées.

Une doctrine socialiste complète et digne de ce nom doit donc comprendre, avant tout, des notions précises sur la structure de la société nouvelle, les rouages dont elle se composera, leur mise en place et leur jeu, les preuves de sa supériorité, les avantages qui en résulteront pour les déshérités et pour l'humanité en général. Ce n'est, en effet, qu'en faisant connaître ces avantages qu'on pourra entraîner les masses vers le socialisme. Si on ne leur montre que l'effort à faire, les sacrifices à s'imposer pour un combat long et acharné, sans leur dire en même temps quel sera le prix de la victoire, comment espérer les arracher à leur inertie?

Certes, une véritable doctrine socialiste doit également indiquer la tactique à suivre pour obtenir le résultat visé. Mais cette tactique, à elle seule, ne saurait constituer une doctrine, puisqu'elle ne peut faire que jalonner la voie qui conduit au but, sans être ce but lui-même. Elle ne doit pas, d'ailleurs, pour être efficace, enfermer l'action du parti socialiste dans des formules trop rigides. Il faut, au contraire, qu'elle soit assez souple pour s'adapter aux circonstances et assurer au socialisme le bénéfice d'événements inattendus, car c'est la réalisation socialiste seule qui importe, et tous les chemins qui peuvent y conduire doivent nous être ouvert.

Or, prenons l'œuvre de Marx, non pas seulement ce qui a été retenu, mais l'œuvre entière, dont les trois volumes massifs du *Capital* — le dernier a été interrompu par la mort de l'auteur — forment le monument le plus imposant. On n'y rencontre pas autre chose, en dehors de la tactique de la lutte de classe, que la critique de la société capitaliste, critique puissante assurément, toujours pénétrante et souvent juste, mais critique seulement. Le communisme lui-même, qui est pourtant, de toute évidence, le but de l'auteur, y est à peine mentionné de loin en loin, sans que rien ne puisse nous donner la moindre idée, même à titre d'hypothèse, de ce qu'il pourra bien être. On a dit, non sans raison, que les principes du mouvement socialiste moderne ont été déduits de l'œuvre de Marx. Déduits, soit, mais non extraits. Etant donné que la pensée de l'auteur, malgré son obscurité, est visiblement orientée vers le communisme, des esprits perspicaces comme Schaëffle ont pu tracer les grandes lignes de la société nouvelle ; mais ce schéma n'existe pas dans les écrits de Marx. Bien plus, en condamnant comme entachées d'utopie toutes recherches sur la société future, sans distinguer entre celles basées sur une exacte connaissance des hommes et des choses et les fantaisies subjectives de l'imagination, en jetant le ridicule sur les premières, malgré leur caractère vraiment scientifique, aussi bien que sur les autres qui, seules, méritent le nom d'utopies, Marx a souligné le sens purement négatif de sa doctrine et détourné le parti socialiste de sa tâche essentielle.

Quelles que puissent être donc la valeur et l'importance sociologique de l'œuvre de Marx, en admettant même que son mot d'ordre : « Prolétaires de tous les pays, unissez-vous », ait vraiment révélé la tactique qui doit conduire le plus sûrement et le plus vite à la victoire, il faut reconnaître qu'elle n'apporte pas la doctrine socialiste. Elle ne peut être considérée que comme la doctrine présocialiste.

Si les marxistes lui reconnaissaient ce caractère, s'ils admettaient que l'œuvre de Marx doit être complétée, et s'ils encourageaient ceux qui s'efforcent d'édifier ce complément indispensable, le marxisme, en dépit de ses erreurs et de ses lacunes, ne devrait pas soulever de violentes oppositions. Certes, on pourrait soutenir avec raison que le prolétariat, à qui, exclusivement, il confie la mission de transformer le monde, est incapable à lui tout seul d'accomplir une aussi énorme tâche, que si l'on peut et si l'on doit compter sur lui pour fournir la force révolutionnaire, il faut chercher ailleurs l'intelligence, les facultés de création et de direction dont il est manifestement dépourvu. Mais l'objection ne serait pas capitale. Etant donné qu'il n'y a rien d'absolu, que tout peut se soutenir, que le marxisme, en somme n'exclut pas formellement le concours des intellectuels, et qu'il n'y a pas de tactique exempte d'inconvénients ; considérant, d'autre part, que le marxisme est en possession d'état, qu'on ne saurait le supplanter sans de longues luttes contre un courant établi et que, pour atteindre plus rapidement le but, il est préférable de faire l'économie de ces efforts, on pourrait, malgré toutes les réserves qu'il appelle, l'accepter tacitement en renonçant à le combattre. C'est ce que j'ai fait moi-même pendant de longues années, dans un esprit de discipline et de conciliation.

Par malheur, si l'on est disposé à transiger avec les marxistes, eux restent intraitables. Non seulement ils se refusent à admettre que leur grand Maître n'a pas apporté dans son intégralité la doctrine du socialisme, mais ils repoussent dédaigneusement toute discussion sur cette question et considèrent comme inexistantes, sans même les examiner, les objections qu'on peut leur faire.

C'est en cela que le marxisme, tel qu'il est compris et pratiqué, est un danger pour le socialisme et doit être énergiquement combattu. Il n'est plus un raisonnement, mais un *credo* de fanatiques intolérants, avec lesquels nulle composition n'est possible.

Une doctrine diffère d'un dogme en ce qu'elle ne se place pas comme lui au-dessus de la critique et que la pénétration des idées de l'extérieur, qui la met sans cesse en contact avec le monde pensant, entretient sa vitalité, alors que le dogme immuable, replié sur lui-même, se momifie. En prenant le caractère d'une vérité révélée, le marxisme, au lieu de s'épurer, de se perfectionner, s'est enfoncé, de jour en jour, plus profondément dans ses erreurs initiales. Et comme sa prépondérance dans le mouvement socialiste est telle qu'il s'identifie en quelque sorte au socialisme, celui-ci a été du même coup arrêté dans son développement. Au lieu de marcher vers son but unique : la socialisation des moyens de production, c'est-à-dire la transformation de la société individualiste en société communiste, il a piétiné sur place en s'absorbant dans l'idée de lutte de classes, en se confondant avec elle, en mettant l'accessoire à la place du principal, en faisant d'un moyen la fin, en perdant tout à fait de vue cette fin qui est pourtant sa substance même.

Oubliant que le socialisme n'est pas un changement de personnel, mais un changement de régime, le marxisme l'a réduit à ces termes simples : déplacement du pouvoir politique au profit de la classe ouvrière qui doit seule administrer et gouverner la société. Quelle espèce de société? Nul ne peut le dire et nul ne s'en préoccupe. La presque unanimité des soi-disant socialistes modernes n'ont aucune conception d'une organisation économique fondée sur le principe communiste. Ils ne voient rien au delà de la société actuelle fonctionnant sous l'hégémonie prolétarienne. Leurs vues de transformation se bornent à quelques formules démagogiques tendant à restreindre les droits du capital et à augmenter ses charges. « Prendre l'argent là où il est » caractérise bien leur état d'esprit.

Et qu'on n'objecte pas que si l'aile droite du parti socialiste est tombée à une telle abdication, la pure flamme des principes a été conservée par l'aile gauche. Celle-ci n'a vraiment de communiste que le nom. La devise qu'elle arbore dans ses batailles électorales : « la terre au paysan qui la cultive », est tout le contraire du communisme, puisqu'elle exprime l'inepte conception du partage des terres.

Telle est la déformation marxiste. Elle coupe les ailes

au socialisme ; elle voile entièrement l'idéal élevé qui est sa raison d'être et en qui réside sa force d'expansion. Certes, le socialisme ne peut périr, puisqu'il traduit l'éternelle aspiration de l'humanité vers la justice sociale. Mais il peut subir des périodes de léthargie qui retardent son avènement. Il faut donc l'arracher au plus vite de l'ornière marxiste où il s'est enlisé et le remettre dans le bon chemin qui est celui du socialisme reconstructeur.

Sans vouloir assimiler le moins du monde l'œuvre de Marx à celle de Loyola, on ne peut s'empêcher de reconnaître que les vers magnifiques adressés aux jésuites par le poète des *Châtiments*, s'appliquent également au marxisme :

> *Notre parole, hostile au siècle qui s'écoule,*
> *Tombera de la chaire en flocons sur la foule,*
> *Elle refroidira les cœurs irrésolus,*
> *Y glacera tout germe utile ou salutaire,*
> *Et puis, elle y fondra, comme la neige à terre,*
> *Et qui la cherchera ne la trouvera plus.*
>
> *Seulement un froid sombre aura saisi les âmes,*
> *Seulement nous aurons tué toutes les flammes...*

Ainsi les théories nébuleuses du marxisme ont fondu et disparu. Mais l'humanité reste glacée. Toutes les flammes généreuses du vieux socialisme français sont éteintes. Seule l'idée de lutte de classes, torche lugubre, luit dans les ténèbres. Hâtons-nous de sortir de cette catacombe et de revenir nous baigner dans la lumière du soleil vivifiant.

CHAPITRE II

Le Socialisme véritable

La véritable doctrine socialiste est exposée dans les quatre premiers volumes du *Socialisme Reconstructeur* et dans la *Déclaration des Socialistes Reconstructeurs*. On la chercherait en vain dans d'autres ouvrages : je suis obligé de le constater et je le fais avec plus de tristesse que d'orgueil. Les écrivains socialistes antérieurs à Marx ont apporté des matériaux d'une valeur inégale, où se mêlent des vues profondes et des rêveries sans portée. Aucun d'eux n'a construit, au sens exact du mot, car une construction, c'est un ensemble dont les diverses parties s'harmonisent et se coordonnent, un esemble complet, sinon fini — car, en pareille matière, il n'y a rien de définitif — dont on aperçoit distinctement non seulement les grandes lignes, mais les détails essentiels ; c'est, en d'autres termes, une organisation sociale adaptée aux réalités économiques et humaines, c'est-à-dire susceptible de passer du domaine de la théorie dans celui de la pratique.

Or, il est évident que les précurseurs de Marx n'ont rien produit de pareil. Quant à ses successeurs, ils n'ont guère fait que de le commenter, les uns pour l'approuver, les autres pour le combattre. On ne trouve chez eux aucune idée neuve, et les vagues linéaments constructifs ébauchés par quelques-uns d'entre eux ne peuvent servir de base à une application.

Le *Socialisme Reconstructeur*, qui comble cette grave lacune et, pour la première fois, apporte les principes précis d'une économie socialiste, n'est donc pas une conception particulière du socialisme, mais la doctrine socialiste elle-même. On peut en critiquer tel ou tel détail ; jusqu'à ce jour, il n'y a aucun autre système socialiste susceptible de lui être opposé. Il est le développement naturel de l'idée fondamentale du socialisme, unanimement acceptée, et qui est de substituer à la propriété privée et à l'entreprise privée la propriété sociale et l'entreprise sociale. Avant lui, cette idée n'était qu'un embryon. Depuis, elle se concrète en un organisme vivant qui n'attend que le concours des éléments humains pour entrer en action et régénérer le monde.

Tant que le socialisme restait confiné sur le terrain des controverses *a priori*, le marxisme, bien qu'il fût vulnérable en plus d'un point, pouvait se soutenir. Confronté avec le *Socialisme Reconstructeur*, il s'écroule et le néant en apparaît. Il faudra du temps, sans doute, pour l'éliminer complètement ; mais, désormais, ses jours sont comptés. Le propre du socialisme, c'est de substituer aux institutions sociales actuelles, dont la vétusté devient de plus en plus visible, une société meilleure. L'humanité, affolée par une suite ininterrompue d'épreuves cruelles, cherche éperdûment la voie du salut. Et c'est parce que Marx ne la lui montre pas, parce qu'il se borne à lui exposer savamment le pourquoi et le comment du mal dont elle souffre, que l'heure du socialisme n'a pas sonné, bien qu'il dût sortir des circonstances tragiques que nous traversons.

Le marxisme critique et négateur peut à la faveur d'un concours d'événements imprévus, porter le parti socialiste au pouvoir ; il ne lui donne pas le moyen d'effectuer la transformation économique qui est son but. Manifestement le socialisme ne se réalisera que lorsqu'il aura adopté une doctrine positive : le socialisme sera reconstructeur ou ne sera pas.

Pour l'intelligence de ce qui va suivre, je dois ici résumer les données essentielles du *Socialisme Reconstructeur*, c'est-à-dire la doctrine positive du socialisme, exposée et justifiée dans mes précédents ouvrages.

On se fait généralement une idée fausse du socialisme parce qu'au lieu de le considérer sous l'aspect d'une organisation sociale nouvelle, on ne voit en lui que le mouvement qui y conduit. Et comme, sous l'inspiration marxiste, ce mouvement a pris le caractère d'une lutte de la classe ouvrière contre la bourgeoisie, on en est venu à assimiler au socialisme toute mesure proposée au nom et dans l'intérêt de la classe ouvrière. On confond ainsi la préparation, bonne ou mauvaise, du socialisme avec le socialisme lui-même.

Dans son objet, dans sa substance, le socialisme est un régime social fondé sur le principe de la possession et de l'exploitation des moyens de production par la collectivité humaine. Les entreprises privées y sont donc abolies et remplacées par une entreprise sociale à multiples branches.

Pourquoi cette transformation? Parce que la production agricole et industrielle, qui doit pourvoir aux besoins des hommes, reste toujours au-dessous du niveau de ces besoins si elle est abandonnée, comme sous le régime individualiste, aux hasards de l'initiative privée, qui ne s'en charge que pour son profit particulier, sans aucun souci de l'intérêt social. Et si, pour certains produits, elle arrive accidentellement à atteindre ou même à dépasser ce niveau, la consommation générale n'en est pas mieux assurée, car les produits, même surabondants, ne sont mis à la disposition des consommateurs que contre paiement en espèces, et la fraction la plus déshéritée de la population, n'ayant que des ressources très insuffisantes, en reste privée.

En régime individualiste, en effet, chaque être humain ne doit compter que sur ses propres moyens pour assurer sa subsistance : chacun pour soi est la loi de tous ; il n'y a aucune solidarité entre les hommes, et les mieux pourvus, de même que le corps social dans son ensemble, ne viennent au secours des plus dénués que dans des conditions très incertaines et dans une mesure très insuffisante. En régime socialiste, au contraire, dont la formule économique est : *Association générale*, tout être humain, de sa naissance à sa mort, est pris en charge par la société qui lui assure le minimum indispensable à ses besoins en lui donnant du travail, s'il est valide, ou des secours s'il est dans l'impossibilité de travailler. Dès lors, nul ne peut être exposé à des privations, à la condition, bien entendu, que la production générale soit assez forte pour l'ensemble des besoins.

A vrai dire, elle ne l'a pas toujours été, et elle ne l'est pas encore actuellement : à l'époque où l'homme était réduit au travail de ses mains, aidées d'un outillage primitif à très faible rendement, où son ignorance ne lui permettait pas d'utiliser ou de seconder les forces productrices naturelles, la quantité d'objets utiles à la vie que pouvaient fournir l'agriculture et l'industrie restait presque toujours inférieure aux besoins. Mais la situation est tout à fait changée depuis les découvertes de la science moderne : la terre peut faire vivre dans l'abondance une population beaucoup plus forte que celle qui l'habite aujourd'hui ; il suffit de tirer parti de ses immenses ressources.

Or, à cet égard, le socialisme, qui est une *organisation*, présente des garanties qui ne se rencontrent pas dans la société actuelle, qui est un *état anarchique* où tout est livré au hasard des initiatives individuelles. Dans cette société, où la poursuite du profit est le mobile exclusif des activités humaines, nul ne songe à produire dans l'intérêt social ; on ne produit que si l'on espère réaliser un gain. Le but n'est pas de produire, mais c'e s'assurer une part aussi forte que possible des produits. Si donc on espère la trouver plus sûrement dans une profession parasitaire, on l'embrasse de préférence ; et si on possède une fortune assez forte, on vit dans l'oisiveté.

Par suite, un grand nombre d'activités et de forces humaines, qui pourraient participer utilement à la production en sont détournées. Les oisifs et les intermédiaires inutiles pullulent dans la société actuelle. Citons notamment le personnel des banques, des Bourses, des assurances, des agences de publicité, des agents de change, les commissionnaires, courtiers, voyageurs de commerce, les commerçants de gros et de détail et leur personnel. Toutes ces fonctions seront supprimées en régime socialiste. Il faudra évidemment toujours un certain nombre d'employés pour assurer la répartition des produits; mais dans les grands magasins de l'Association générale, qui remplaceront le commerce privé, la bonne organisation du travail permettra de réduire de plus des deux tiers l'effectif actuel. Les colporteurs et forains disparaîtront complètement.

Il en sera de même de l'armée, puisqu'entre Etats socialistes, fédérés internationalement, toutes guerres seront devenues impossibles ; des prêtres et religieux qui n'auront plus de clientèle ; des hommes d'affaires de tout acabit : notaires, avocats, avoués, commissaires priseurs, agréés, huissiers et leurs clercs, dont le ministère deviendra inutile ; du personnel de l'enregistrement, des contributions directes et indirectes ; d'une grande partie des magistrats, de la police, de la gendarmerie, du personnel des prisons etc, etc...

Enfin, le chômage, qui résulte de l'absence d'organisation du travail producteur, disparaîtra complètement dans une société bien réglée.

Les travaux du ménage, sous le régime actuel, occupent, soit exclusivement soit partiellement, la plupart des femmes. L'achat et la préparation des aliments, le nettoyage des ustensiles de cuisine et de la vaisselle, les soins du mobilier, du linge, des vêtements, leur prennent la plus grande partie de leur temps. En régime socialiste, ces tâches indispensables se feront avec une grande économie de force humaine : les restaurants publics serviront des repas tout préparés, d'une qualité irréprochable, au prix où l'on paierait des aliments crus, grâce à un outillage et à une organisation perfectionnés, qui réduiront à presque rien la main-d'œuvre. Dès lors, l'habitude s'établira dans toutes les familles de se nourrir au restaurant, et les ménagères seront déchargées de la plus lourde partie de leur tâche. Le blanchissage du linge sera fait dans des établissements modernes à peu de frais et sans altérer les tissus par des procédés chimiques trop énergiques. On raccommodera moins parce que les tissus seront de meilleure qualité et qu'il sera souvent plus avantageux d'acheter du neuf. Dans ces conditions, la main-d'œuvre féminine pourra contribuer pour une part beaucoup plus large à la production générale, dans la période de début où son concours sera nécessaire, qu'elle ne le fait actuellement.

La statistique pour la France des forces humaines perdues en régime capitaliste, et que l'organisation socialiste utilisera, établit qu'elles représentent 41,50 pour cent de la population active du pays. Ainsi, du seul fait qu'elles seront rendues à la production, celle-ci s'élèvera dans une proportion égale.

Mais elle s'élèvera plus encore, car il faut tenir compte maintenant de la mauvaise utilisation de la main-d'œuvre en régime capitaliste : dans les petites entreprises agricoles, industrielles, de manutention, de transports, on n'emploie qu'un outillage et des procédés techniques arriérés. Or, un ouvrier qui travaille dans ces conditions ne produit pas, à beaucoup près, autant qu'un autre ouvrier qui actionne un matériel moderne perfectionné.

Dans certaines industries, on arrive, par une organisation scientifique du travail, à centupler le rendement pour une main-d'œuvre égale ; dans d'autres la proportion est plus forte encore.

Or, malgré l'extension de la grande industrie, il existe encore en France plus de 3.800.000 ouvriers travaillant avec des outils manuels ou très primitifs, contre 1 million occupés dans la moyenne industrie et 1.500.000 dans la grande.

La moyenne industrie est un peu mieux outillée que la petite, mais elle reste infiniment en arrière du progrès moderne. La grande elle-même, n'étant pas spécialisée et ne pouvant par conséquent faire usage du matériel automatique le plus perfectionné, est encore bien loin d'atteindre le niveau où la spécialisation et la standardisation, c'est-à-dire la fabrication en grandes séries, porterait la production des usines géantes de l'Association générale, qui remplaceraient les établissements industriels actuels.

En agriculture, la propriété paysanne, trop morcelée pour permettre l'emploi des machines de culture et de récolte à grand rendement, exige une main-d'œuvre énorme pour une faible surface productive. Et voilà pourquoi l'agriculture manque de bras. Dans la plupart des cas, on ne restitue pas complètement à la terre les éléments de fertilité que chaque récolte lui enlève, on ne sélectionne pas les semences, bref on travaille dans l'ignorance de la science agronomique moderne. Aussi les résultats sont-ils misérables. La moyenne de la récolte de blé en France est d'environ 14 quintaux par hectare, alors qu'elle atteindrait facilement 30 quintaux dans les grandes fermes de l'Association générale, cultivées rationnellement. Et tous les autres produits agricoles peuvent être accrus au moins dans la même proportion.

On voit par ce raccourci combien la production industrielle et agricole sera augmentée en régime socialiste, du fait d'une meilleure utilisation de la main-d'œuvre. Il faut renoncer à chiffrer la plus-value qui sera ainsi obtenue.

Mais ce n'est pas tout : l'anarchie gaspilleuse qu'est le régime capitaliste laisse se perdre des richesses immenses, faute de les mettre en valeur. On a peine à croire, et cependant cela résulte des statistiques officielles logiquement interprétées, qu'en France même, où le territoire agricole comprend environ 50 millions d'hectares, 14 millions restent incultes ou ne donnent que des produits inutiles.

Quant aux colonies, ainsi qu'on le peut penser, la proportion des terres inutilisées y est infiniment plus forte. Le régime capitaliste n'a à peu près rien fait pour les mettre en valeur, d'après un de ses apologistes officiels les plus qualifiés, M. Albert Sarraut, ancien ministre des colonies, qui, dans un projet soumis au Parlement, — c'est-à-dire mort-né — écrit : « Les ressources de nos co...nies sont immenses, inépuisables ; on les voit ; on les touche. Continuerons-nous à les contempler sans faire ce qui est nécessaire pour les mettre en valeur ? »

M. Sarraut affirme que nos colonies devraient nous fournir la presque totalité des produits que nous achetons à l'étranger : cotons, laine, soie, huiles, peaux, caoutchouc, bois, métaux, etc... « Or, dit-il, les importations de la France se sont élevées, en 1920, à environ 33 milliards, sur lesquels nos colonies n'ont fourni que 2.600 millions à la métropole. »

Il me reste à parler des forces naturelles, dont la puissance est pratiquement infinie, vaste réservoir d'énergie où la science permet à l'homme de puiser de plus en plus abondamment. Je ne parlerai ici que de celles dont l'utilisation est, dès à présent, entrée dans le domaine de l'application courante, les forces hydrauliques, fournies par les chutes d'eau (houille blanche), le cours des rivières (houille verte), le mouvement des marées et le choc des vagues (houille bleue). Encore ne ferai-je que mentionner la houille bleue, manifestement plus puissante que les autres, mais dont l'évaluation en chevaux-vapeurs n'a pas été faite.

Rien que la houille blanche et la houille verte représentent en France, d'après les documents officiels, probablement au-dessous de la réalité, 13 millions de chevaux-vapeur, dont actuellement 2 millions seulement sont équipés. A ceux qui diraient : « On arrivera à les équiper totalement, tout ne peut se faire en un jour », je répondrai que le développement des installations hydrauliques, après un pas en avant pendant la guerre, est à peu près arrêté aujourd'hui.

Pourtant, il est évident que l'utilisation intégrale de toutes les énergies disponibles permettrait à la France de pourvoir largement, non seulement à son chauffage et à son éclairage publics et privés, mais à tous les besoins de ses transports, de son industrie et de son agriculture. La houille noire n'aurait plus d'utilité comme génératrice de vapeur ; elle servirait seulement aux usages métallurgiques.

Et, en parlant de pourvoir à tous les besoins, je n'entends pas dans les conditions réduites d'aujourd'hui, mais en tenant compte du surcroît de force que nécessitera l'infinité de machines qui assisteront l'homme dans tous ses travaux et le dispenseront de tout effort physique.

Dans le court résumé qui précède, je n'ai pu faire entrer que des affirmations sans preuves. Mais leur justification complète se trouve dans mes précédents ouvrages.

J'ai pris la France comme sujet d'études ; il est évident que certains pays, possédant une organisation économique plus perfectionnée, obtiennent de meilleurs résultats ; mais un bien plus grand nombre d'autres sont en retard sur elle, et l'infériorité de la production,

par rapport aux possibilités, y est plus sensible encore.
Ce qui est vrai pour elle l'est donc, à plus forte raison,
pour le monde entier.

Ainsi, le Socialisme, en substituant le principe fécond
de l'Association générale à l'antagonisme des intérêts
qui résulte de leur isolement en régime individualiste,
permet de réaliser une organisation supérieure du travail dont la conséquence certaine sera une augmentation
énorme de la production industrielle et agricole. Et
comme, d'autre part, la répartition des produits surabondants exclura tout prélèvement léonin du capital, en
les attribuant à chacun selon ses œuvres, au-dessus d'un
minimum indispensable, garanti à tous les êtres humains,
il est évident que la misère, cette honte de la prétendue
civilisation capitaliste, ne pourra plus exister. Jeunes,
adultes ou vieillards, forts ou faibles, aptes ou inaptes
au travail social, seront assurés, de leur naissance à leur
mort, de ne jamais manquer des choses nécessaires à la
vie. La sécurité de l'existence sera absolue pour tous.

En outre, la généralisation de l'emploi des machines
et des procédés techniques les plus perfectionnés permettra de créer cette surabondance avec une main-
d'œuvre humaine relativement minime et d'en laisser
ainsi une fraction considérable à la disposition de la
collectivité pour exécuter tous les travaux de mise en
valeur, d'amélioration et d'embellissement dont l'utilité
apparaîtra. Et même lorsque les plus pressants de ces
travaux auront été effectués, il deviendra possible de
réduire le nombre des heures journalières et des jours
de travail, de façon à accorder aux hommes de larges
loisirs qu'ils consacreront au repos, aux distractions et
à l'acquisition d'une culture intellectuelle de plus en
plus haute.

La suppression de la misère entraînera celle des fléaux
sociaux qui en sont la conséquence : d'abord la criminalité. Les criminologues sont à peu près unanimes à

reconnaître que c'est la misère qui fait les criminels. Il est clair que la plupart des attentats contre les personnes et les propriétés n'auront plus de raison d'être dans une société où, en échange d'un travail sain et peu pénible, chacun pourra subvenir à ses besoins.

Ensuite, la prostitution vénale, qui se recrute presque exclusivement dans les familles pauvres. La syphilis, qui est une menace grave pour l'avenir de l'humanité, disparaîtra avec elle.

L'alcoolisme sera jugulé net par la cessation de la fabrication des alcools de bouche, impossible à obtenir en régime individualiste.

Les produits alimentaires fabriqués par l'Association générale seront exempts de toute sophistication, aucun des employés ou directeurs qui en seront chargés n'ayant intérêt à la fraude.

Toutes les vieilles maisons, réceptacles de microbes pathogènes, seront remplacées par des demeures salubres où l'air, l'eau, le soleil, circuleront abondamment.

Le travail industriel sera court ; l'emploi généralisé des machines le rendra peu pénible ; les ateliers et usines seront larges, bien éclairés, bien chauffés en hiver et bien aérés ; des dispositifs spéciaux mettront les organes respiratoires à l'abri des poussières et vapeurs dangereuses ; dans les industries particulièrement insalubres, la durée du travail sera encore réduite.

La fin du taudis, de l'alcoolisme, de la syphilis, une alimentation saine, une bonne hygiène du travail et un ensemble de mesures prophylactiques conformes aux prescriptions de la science mettront fin à la tuberculose et à toutes les maladies transmissibles.

La mortalité infantile sera presque entièrement abolie par la disparition de ses causes héréditaires et les bons soins d'hygiène donnés aux mères et aux enfants.

La dégénérescence s'arrêtera par l'extinction des

sujets qui en sont atteints, et des causes qui la produisent.

L'humanité, régénérée physiquement, le sera aussi moralement.

Déjà, la fin de la criminalité et de la prostitution l'auront beaucoup épurée. Mais ce n'est pas tout.

Les vols plus ou moins caractérisés de l'agiotage, de la spéculation, de l'usure légale, ou illégale, et du commerce ne pourront plus exister.

L'escroquerie, le détournement, la banqueroute, et toutes les formes du vol et de la fraude, inhérentes aux entreprises privées, disparaîtront avec elles.

Ce qu'on appelle corruption dans le sens de vénalité, c'est-à-dire la capitulation de conscience d'un politicien, d'un fonctionnaire public, d'un chef de service quelconque qui accepte de l'argent pour trahir les intérêts dont il a la garde, sera absolument éliminée, l'Association générale n'ayant pas de fournisseurs ni d'entrepreneurs et ses échanges avec l'étranger ayant lieu selon les tarifs internationaux.

Au dernier degré de l'échelle sociale, on trouve aujourd'hui une tourbe de gens sans aveu : apaches, souteneurs, ou d'irréguliers : vagabonds, mendiants, bateleurs, bohémiens ; un peu plus haut, des professions avouables, mais bien inférieures encore : forains, marchands ambulants, camelots. Aucun de ces éléments ne se maintiendra sous le régime nouveau. Chacun aura son droit au travail et sa part des produits. Les malfaiteurs incorrigibles seront isolés dans une colonie.

Ainsi le niveau moral se relèvera considérablement, par le fait seul que la possibilité de faire le mal ne se présentera plus et que, dans un milieu assaini, les consciences affaissées se redresseront d'elles-mêmes.

Quant au niveau intellectuel, il suivra une ascension parallèle, l'instruction étant répandue à flots non seulement sur la jeunesse, mais à tous les âges de la vie, et les longs loisirs des travailleurs leur donnant toutes facilités de cultiver leur cerveau.

On pouvait s'attendre à voir les guerres s'atténuer avec les progrès de la civilisation. Tout au contraire, elles sont devenues, à notre époque, le plus cruel des fléaux qui désolent l'humanité. Leur cause, directe ou indirecte, est l'antagonisme des intérêts entre nations, conséquence du régime capitaliste. Elles n'auront donc pas de fin, malgré tous les efforts qu'on pourra tenter, tant que durera ce régime. Le socialisme seul les fera disparaître, non parce que ses adhérents sont des pacifistes résolus, mais parce qu'en solidarisant les intérêts, entre hommes et entre peuples, il éliminera radicalement tous les conflits économiques, rendant ainsi la guerre impossible.

Le régime socialiste, où la propriété et l'exploitation des moyens de production seront collectifs, aura naturellement une structure économique tout à fait différente de la société capitaliste où elles sont individuelles.

L'unique mobile des entreprises privées est actuellement le profit.

Or, contrairement au sophisme enseigné par l'économie classique, les profits réalisés individuellement ne font pas la fortune des nations. Ce qu'ils font entrer dans la caisse des vendeurs est autant de moins dans la poche des acheteurs. C'est ce qu'exprimait si bien Montaigne en ces quelques mots : « Le prouflt de l'un est dommage de l'aultre ». Le profit ne crée donc pas la richesse ; il se borne à la déplacer, ce qui, socialement, est un résultat nul.

Il en est de même pour le commerce extérieur, car le total des importations est toujours sensiblement égal au total des exportations, et si ces dernières procurent un bénéfice à ceux de nos nationaux qui vendent, les acheteurs des produits importés les paient un prix majoré par le bénéfice des vendeurs étrangers, de sorte qu'il y a compensation.

En régime socialiste, le profit ne pourra pas exister, car les intérêts de l'Association générale, qui sera l'unique vendeur, se confondront avec ceux de ses membres, et si elle réalisait sur eux un bénéfice, que ferait-elle de cet argent?

Le prix de vente ne sera donc autre que le prix de revient. Il ne subira pas les fluctuations de l'offre et de la demande, puisque l'Association générale sera le seul producteur et le seul vendeur. S'il varie, ce ne sera que par suite d'abaissement du prix de revient résultant de progrès techniques.

D'autre part, il n'y aura plus de périodes d'abondance et de rareté, puisque la production sera réglée sur la consommation.

Si contre toute vraisemblance, un produit de première nécessité se trouvait en quantité inférieure aux besoins, on n'en élèverait pas le prix : on en rationnerait l'usage, ce qui assurerait à tous une part égale.

La spéculation n'aura aucune possibilité de se produire lorsque la production et la répartition seront entièrement dans les mains de l'Association générale.

Le *prix de revient*, qui sera aussi le prix de vente, c'est, pour un industriel privé, la réunion de trois éléments de dépenses : matières premières, main-d'œuvre et frais généraux.

Le prix de revient des produits sera établi, dans les usines de l'Association générale, comme il l'est actuellement. Mais, en outre des frais généraux de ses usines, l'Association générale aura des frais généraux sociaux, et ceux-là aussi devront entrer dans le prix de revient.

Les frais généraux sociaux comprendront divers éléments :

Frais des services d'administration générale : transports, répartition des produits, instruction publique, hygiène, assistance sociale, etc.,

Frais des services de la production non consommable : métallurgie, mécanique, bâtiments, etc...

Les produits seront donc vendus au prix de revient industriel majoré des frais généraux sociaux.

La proportion de cette majoration est facile à établir. Il suffit de totaliser :

D'une part, les dépenses des services de la production consommable.

D'autre part, les frais généraux sociaux dont l'énumération vient d'être faite.

Le rapport du deuxième total au premier donnera le taux de la majoration que devra subir le prix de revient industriel pour devenir le prix de revient social.

Pour fixer la pensée, supposons que le premier total soit de 60 milliards et la second de 40. Le rapport du second chiffre au premier est de 40/60 ou 2/3. Si le prix de revient industriel d'un produit est de 15 francs, il faudra donc le majorer des 2/3, soit 10 francs, et son prix de revient social, c'est-à-dire son prix de vente, sera de 25 francs.

Cette détermination précise de la valeur des choses va fournir la base du système financier socialiste.

Le principe de la division du travail, qui est la règle de l'industrie moderne, s'oppose à ce que chacun retire en nature le fruit de son travail et exige un signe de la valeur, ou monnaie, pour servir aux échanges indispensables.

Cette monnaie n'a nullement besoin d'avoir une valeur intrinsèque. Il suffit, pour écarter tout risque de dépréciation, qu'elle puisse toujours être échangée à vue contre la quantité de produits consommables qu'elle représente.

Si l'on peut apporter la garantie absolue de la possibilité de cet échange, la valeur du papier-monnaie devient aussi solide, pour le moins, que celle de l'or, dans le régime actuel.

Or, pour que l'échange du papier-monnaie contre marchandises soit toujours possible, il faut et il suffit que la quantité de papier-monnaie en circulation soit toujours égale à la valeur des marchandises en magasins.

Cette équivalence résulte mathématiquement de la fixation du prix de vente exposée plus haut.

En effet, dans l'exemple cité, le chiffre de 60 milliards, augmenté de 40 milliards, soit 100 milliards, représente le total de la monnaie décaissée par le Trésor de l'Association générale pour les dépenses de l'ensemble de ses services.

Or, il représente en même temps la valeur totale de la production consommable. Une fraction quelconque de cette monnaie, présentée aux magasins de l'Association générale, trouvera donc toujours à y acheter une fraction de marchandise équivalente.

Aucun pays du monde, en régime individualiste, ne peut avoir un système financier comparable à celui-là.

Quant à l'or et à l'argent qui existent actuellement, ils serviront à faciliter les échanges à l'extérieur dans la période où toutes les nations n'auront pas adopté encore le régime socialiste.

La première conséquence du système financier qui vient d'être indiqué, c'est de rendre tout à fait inutiles les emprunts d'États, de départements, de villes.

A quoi sert le crédit d'un État ? A se procurer des matières premières, des matériaux, de la main-d'œuvre, pour exécuter un programme de travaux d'intérêt général.

Mais l'Association générale aura à sa disposition toutes les matières premières, tous les matériaux, tout l'outillage, tous les moyens de transport et toute la main-d'œuvre. Elle n'aura pas besoin de fonds d'emprunt pour s'en procurer.

La main-œuvre qui lui sera nécessaire pour exécuter certains travaux d'amélioration ne sera qu'une partie de la main-d'œuvre nationale que, normalement, elle emploie et rétribue.

Il n'y aura donc pour elle aucune augmentation de dépenses, et, par conséquent, aucun besoin de ce qu'on appelle aujourd'hui des capitaux.

La seule question qui se posera sera l'affectation de la main-d'œuvre dont elle dispose. Qu'elle soit employée à telle ou telle besogne, elle n'en coûtera ni plus ni moins cher.

La deuxième conséquence du système financier socialiste est de rendre également inutile la perception des impôts, quels qu'ils soient.

'L'utilité des impôts sous le régime actuel est de même nature que celle des emprunts. L'État a besoin d'argent pour payer ses fonctionnaires, ses fournisseurs, pour subvenir à ses dépenses ordinaires et extraordinaires.

Mais l'Association générale émettra la quantité de papier-monnaie nécessaire à toutes ces dépenses, et ce papier rentrera dans ses caisses par les achats à ses magasins. A quoi lui serviraient des impôts ?

D'ailleurs, elle possèdera tout l'actif immobilier et une grande partie de l'actif mobilier du pays. Sur quoi porteraient les taxes qu'elle pourrait établir ?

Enfin, le salaire de chacun sera basé sur ses besoins reconnus. Si on faisait un prélèvement sur ce salaire, il faudrait, d'autre part, l'augmenter d'une somme égale, sans quoi il serait abaissé au-dessous du niveau des besoins. Donc, résultat nul.

N'ayant ni à émettre d'emprunts, ni à percevoir d'impôts, le régime socialiste n'aura pas de finances, mais simplement une trésorerie. Le budget de finances sera remplacé par un budget de la production qui fixera chaque année la nature et la quantité des objets à produire, l'état des travaux à exécuter, fera les statistiques de la main-d'œuvre et son application aux divers travaux, déterminera la durée du travail, le montant des salaires, celui des secours sociaux, le loyer des bâtiments d'habitation et en général le prix des objets de consommation.

Telle est, dans ses grandes lignes, la doctrine positive du socialisme, précisée par les Socialistes reconstructeurs. Elle est simple et puissante. Propagée par les moyens d'action que possèdent seuls les partis organisés, elle exercerait une attraction irrésistible sur les esprits d'élite, troublés et inquiets devant les difficultés insurmontables que traverse le monde et l'inefficacité des expédients qui leur sont opposés. Par malheur, les partis socialistes s'en tiennent aux principes critiques et négateurs du marxisme. Ils n'ont rien appris de plus et leurs chefs n'ont jamais médité sur ces fortes paroles de Prévost-Paradol, qui s'appliquent si justement à leur action :

« Qu'avez-vous donc fait si vous n'étiez pas en mesure de remplacer aussitôt ce que vous vouliez détruire ? Est-il digne d'un grand parti de n'avoir dans l'opposition aucun programme arrêté sur la réforme de la France et de s'exposer à passer sur notre pays comme une tempête ? Le devoir le plus sérieux de l'opposition, sa seule justification si elle triomphe, c'est d'avoir arrêté son esprit et fixé ses résolutions sur les problèmes qu'elle se croit en état de résoudre ; c'est d'apporter au pays, au jour de l'épreuve, autre chose que des aspirations vagues et que des intentions honnêtes qui ont besoin du repos et du temps pour aboutir, lorsqu'il n'est plus question d'avoir du temps et du repos ? »

Chapitre III

Moyens de Réalisation

Le parti socialiste est unanime à admettre que la conquête du pouvoir politique est la condition préalable et nécessaire de la transformation économique qui est son but. En conséquence, il admet également que la meilleure tactique est celle qui le portera le plus vite au pouvoir.

La première proposition, qui est le fondement même de la doctrine socialiste, est au-dessus de toute discussion. La deuxième n'est vraie qu'en partie, car la possession du pouvoir ne suffit pas pour donner au parti socialiste les moyens de réaliser son programme. L'exemple de la Russie en est la preuve : depuis la révolution d'octobre 1917, les socialistes de gauche ou bolcheviks y sont maîtres du gouvernement, et ils n'ont pas encore réussi à y créer une organisation économique sur la base du communisme. D'ailleurs, dès 1809, j'avais établi dans mon premier ouvrage, *l'Application du système collectiviste*, qu'une œuvre aussi formidable que la substitution d'institutions socialistes à l'ensemble des lois, décrets et règlements qui régissent actuellement l'économie des nations du monde entier n'avait aucune chance d'aboutir si elle n'avait pas été longuement étudiée et préparée d'avance.

Personne, alors, ne prit garde à ma démonstration, bien qu'elle eût été appuyée par des autorités comme

Jaurès et Guesde. On se croyait si loin de la prise du pouvoir qu'on jugeait mes préoccupations prématurées.

Pourtant, dans sa préface à mon livre, Jaurès écrivait: « Ceci est extrêmement grave : le parti socialiste peut être surpris par les événements. » Il l'a été, en effet, en Russie, et c'est vainement qu'au milieu des troubles d'une révolution les bolcheviks ont essayé d'improviser une organisation communiste. Eux-mêmes avouent, aujourd'hui, leur échec, et l'un d'eux, Sarabianov, écrit dans une brochure intitulée : *Pourquoi la Nep ?* « Nous avons conscience de l'impossibilité d'administrer l'économie d'un pays sans une préparation préalable. » C'est ce que je ne cesse de répéter depuis plus de vingt-cinq ans, sans réussir à me faire écouter. Aveuglés par le marxisme, les dirigeants du mouvement socialiste ne se rendent pas à l'évidence : l'expérience russe ne leur a même pas dessillé les yeux.

Il faut le reconnaître : cette préparation nécessaire, à laquelle ils se refusent obstinément, est une tâche tellement vaste, qu'elle exigerait, pour l'entreprendre et la mener à bien, une volonté énergique et persévérante, une somme de connaissances et un dévouement supérieurs aux facultés des hommes ordinaires.

La plupart de ceux qui ont un peu réfléchi sur cette question, et ils sont rares, s'imaginent qu'il suffirait d'avoir déterminé d'avance les grandes lignes d'une organisation socialiste ; et cet embryon de préparation, ils ne l'ont même pas créé ! Mais la vérité, c'est que le travail n'est pas si simple, et il faut que la préparation soit poussée beaucoup plus loin.

En effet, le jour où les socialistes arriveront au pouvoir, ils ne pourront plus atermoyer en conservant l'organisme actuel et en se contentant de le retoucher sur quelques points, car le régime capitaliste, menacé de mort, se dérobera brusquement à la tâche de production, de transport et de répartition qu'il aura assumée jusque-là. Cet arrêt instantané de la vie sociale sera dû à l'anéantissement du crédit, principe essentiel de son économie. On l'a vu en 1848. On en a eu un avant-goût en 1925-26, lors de l'arrivée à la Chambre d'une majorité de gauche, dont pourtant, les socialistes n'étaient pas l'élément dominant. Il ne s'agissait cependant pas à ce moment de supprimer le capital, mais simplement de lui imposer une part contributive plus forte dans les dépenses de l'Etat. Cette perspective suffit pour tuer la confiance et provoquer l'émigration des capitaux. Si la production ne fut pas interrompue, c'est parce que la tension des changes, résultat de la panique, facilita l'exportation de nos marchandises. Mais la France se vit à la veille d'une faillite, dont les conséquences eussent été incalculables. La crise serait autrement grave si le capital se trouvait acculé à une dépossession totale et définitive. Espérer que, dans ces conditions, il continuerait tranquillement à remplir son rôle, pour donner à ses adversaires implacables le temps de le supprimer tout à fait, est une illusion tellement inouïe, qu'aucun homme raisonnable ne peut la nourrir. Il faut donc prévoir une grève générale du capital dès le lendemain de l'accession au pouvoir des socialistes, même s'ils y arrivent par les voies légales et, à plus forte raison, si c'est par une révolution. Et, par conséquent, il faut être en mesure de faire fonctionner les institutions socialistes dans les vingt-quatre heures. C'était, d'ailleurs, l'opinion formelle de Blanqui et de Guesde.

Or, si peu qu'on réfléchisse à la complexité du problème, on se rend compte aisément qu'il est matériellement impossible d'arriver à prendre dans un aussi court délai, ou même dans huit jours, ou dans un mois, l'ensemble des mesures législatives qui en seront la solution et d'en assurer l'exécution intégrale. Cela serait impossible, même dans une période de calme absolu ; à plus forte raison au milieu des troubles qui marqueront le changement de régime. Cela serait impossible, même à un dictateur pouvant trancher instantanément toutes les questions par sa seule volonté ; à plus forte raison à une assemblée délibérante qui discuterait les textes proposés dans leurs moindres détails.

Il ne servirait pas à grand'chose de s'être mis d'accord préalablement sur les idées générales des nouvelles institutions. Pour qu'une idée générale entre dans la pratique, il faut qu'elle ait été précisée et transcrite en articles de loi. Et pour mettre en marche tout l'organisme économique, il faudrait élaborer un si grand nombre d'articles, qu'il serait fou d'espérer les improviser dans un bref délai.

J'ai essayé de faire ce travail ; j'y ai consacré plusieurs années et je l'ai publié en trois volumes, sous le titre : *Projet de Code Socialiste*. Et j'ai constaté que la plus grande partie des dispositions qu'il contenait ne pouvaient être appliquées sans être complétées par des règlements d'administration publique qui auraient tenu beaucoup plus de place.

Pourtant, le socialisme apportera dans notre vieille société compliquée une immense simplification. Mais l'ensemble des lois, décrets, règlements, actuellement en vigueur, avec la jurisprudence et la doctrine qui les interprètent, représente des montagnes de volumes, et réduit au centième, cet amas serait encore énorme.

Pour que le socialisme soit en mesure de reprendre, du jour au lendemain, l'administration publique des mains du capitalisme agonisant, il est donc indispensable que ses codes, accompagnés de toutes les dispositions de détail qui devront en assurer l'exécution, aient été entièrement rédigés à l'avance et que l'Assemblée constituante, ou le Comité dictatorial, n'ait qu'à les adopter en bloc.

La preuve qu'un tel travail n'a rien d'impossible. n'en déplaise aux marxistes étroits qui soutiennent le contraire, c'est que j'en ai accompli à moi seul la partie fondamentale. Je ne donne pas mes textes comme définitifs : ils datent de vingt ans, et moi-même, aujourd'hui ,j'aurais beaucoup à y retoucher. Mais qu'on fasse mieux, si on trouve des solutions préférables aux miennes ; ce n'est pas au-dessus des forces d'un homme, ni surtout d'un Comité d'études composé des plus compétents. Quant aux décrets d'administration publique, leur élaboration ne sera qu'une affaire de patience, lorsque les principes généraux auront été fixés. Et si on ne croit pas pouvoir venir à bout de ce travail en s'y prenant plusieurs années d'avance, comment peut- on espérer arriver à temps si on ne le commence qu'après la prise du pouvoir, en pleine tourmente révolutionnaire ?

Cela est tellement évident qu'à plusieurs reprises l'ancien parti socialiste et la Confédération générale du travail avaient nommé des commissions pour préparer les institutions nouvelles. Et si ces tentatives n'ont pas abouti, cela tient simplement à l'inaptitude reconstructive de la presque totalité des militants et des chefs, imprégnés d'idéologie marxiste ou simplement phraseurs de réunions publiques, dont les plus malins dépensent toute leur habileté en cuisines électorales et parlementaires. Une fois, cependant, une de ces commissions, dont je faisais partie, avait adopté mon projet. Mais la question ne vint jamais à l'ordre du jour d'un Congrès. Il est certain qu'avec de tels éléments le parti socialiste ne sera jamais en mesure d'appliquer son programme s'il arrive au pouvoir.

Mais ce n'est pas tout : en admettant même que toutes les lois et règlements aient été préparés d'avance, il serait chimérique d'espérer pouvoir assurer le bon fonctionnement du nouveau régime, et surtout franchir la dangereuse période de transition, où s'accumuleront tous les écueils, si l'on ne dispose pas d'un personnel gouvernemental et administratif préparé d'avance également à la lourde tâche qui lui incombera. Déjà, à plusieurs reprises, lors de simples changements politiques, on a pu constater que le nouveau gouvernement était dans l'obligation de conserver la plus grande partie du personnel ancien, malgré les craintes de trahison.

Que sera-ce quand il s'agira de pourvoir aux multiples fonctions dont l'ensemble embrassera la vie sociale toute entière ? Un simple exemple des difficultés à vaincre donnera idée des complications infinies du redoutable problème : Comment assurer, du jour au lendemain, devant la carence du commerce et de l'industrie privés, le ravitaillement de Paris ? N'est-il pas évident que l'homme le plus intelligent et le plus prompt à prendre ses décisions dans des cas embarrassants n'arrivera pas à s'en tirer s'il n'a mûrement réfléchi à l'avance, s'il n'a pas réuni tous les renseignements indispensables pour s'éclairer, s'il n'a pas rédigé avec des soins minutieux les arrêtés à prendre ? Il faut donc que le futur préfet de la Seine soit désigné plusieurs années avant d'occuper son poste et qu'il se soit préparé par de longues études, en liaison avec les futurs chefs des transports, du commerce, de l'industrie, de l'agriculture, à l'exercice de ses nouvelles fonctions.

Ce qui est vrai pour ce cas particulier l'est également pour tous les services. La conclusion, c'est qu'il faut que le personnel dirigeant tout entier ait été désigné d'avance et ait eu ainsi le temps d'acquérir les connaissances qui lui seront indispensables.

Une préparation aussi complète est-elle dans l'ordre des choses possibles ? Oui, si le parti socialiste possédait une élite intellectuelle et morale digne de la grande cause qu'il représente. Mais, hélas ! quand on a vu de près ceux qui le dirigent actuellement, on ne peut guère conserver cette illusion. Ce n'est pas, certes, l'intelligence qui manque à la plupart. Mais bien peu possèdent la somme de connaissances pratiques qui leur serait indispensable, et l'esprit d'organisation leur fait défaut encore davantage. Habitués à faire des discours et à remuer des idées générales, ils n'ont aucune aptitude au travail méthodique qu'ils auraient à accomplir. Quant au dévouement, à l'abnégation que nécessiterait une besogne à poursuivre obscurément pendant des années, sans être sûr d'en être récompensé un jour, ils n'apparaissent pas précisément dans la conduite de nos dirigeants. Dans notre parti, comme dans les autres, on n'agit guère qu'en vue d'un intérêt immédiat. L'effort à accomplir est au-dessus de ce qu'on peut raisonnablement attendre de la nature humaine.

Faut-il donc désespérer du socialisme ? Non, certes ; mais il faut trouver un autre chemin pour nous y conduire.

Compter sur la force de l'évolution, ou sur une action réformiste, même bien réglée dans son développement, est également un leurre : je le démontrerai plus loin. En admettant — ce qui est loin d'être établi — que l'évolution spontanée, secondée par des réformes, puisse améliorer sensiblement la société actuelle, son rôle s'arrêtera là. Le transfert à la collectivité de l'ensemble des moyens de production qui constituent aujourd'hui le capital privé ne sera accompli que par un acte d'un caractère révolutionnaire, fût-il entouré des formes légales.

Dans l'état actuel des choses, en tenant compte des possibilités, je ne vois pas d'autre moyen pour arriver à l'instauration du socialisme, que de commencer par une réalisation partielle.

Expliquons-nous bien : il ne s'agit pas d'une petite expérience qui, si elle réussit, pourra servir d'exemple. Il s'agit de créer un organisme économique de production et de répartition qui débutera forcément à une échelle réduite, mais qui, du fait de sa supériorité, sera doué d'une force d'expansion lui permettant de s'étendre graduellement jusqu'à l'absorption de la totalité des entreprises privées. Sa supériorité consistera en la perfection de son organisation, qui exclura les fonctions inutiles, et de ses procédés techniques qui, appliquant intégralement les plus récents progrès de la science moderne, permettront le maximum de rendement pour un minimum d'effort, et abaisseront le prix de revient autant qu'il sera possible. Cet îlot de communisme pur sera principalement une exploitation agricole ; mais il s'y adjoindra graduellement, d'abord, dans la limite des besoins du personnel, et plus tard des possibilités d'écoulement à l'extérieur, des industries complémentaires lui permettant de vivre de sa vie propre, en recourant le moins possible aux fournitures d'importation. On commencera par les plus simples, celles qui exigent le matériel le moins coûteux, pour aller jusqu'aux plus compliquées lorsque les ressources le permettront et qu'il y aura avantage à les créer.

La structure économique de cet organisme socialiste rappellera celle des *concentrations verticales*, ou *Konzerns*, auxquels l'Allemagne d'avant-guerre, d'après Helfferich, a dû son étonnante prospérité. Si depuis, les résultats de ce mode de groupement économique ont paru moins favorables, à en juger par la déconfiture du Konzern Stinnes, cela tient sans doute à ce qu'au lieu de n'embrasser que des industries se complétant les unes les autres, on a alourdi la direction en absorbant des entreprises sans liaison avec le bloc principal.

D'ailleurs, il n'y a aucune comparaison, comme solidité, entre un groupe d'entreprises fédérées vivant selon les principes du capitalisme, c'est-à-dire pour le profit, et un groupe analogue ayant pour unique but de pourvoir aux besoins de son personnel. Les conditions d'existence sont beaucoup plus difficiles pour le premier que pour le second.

Inutile d'entrer ici dans plus de détails sur la constitution de l'organisme proposé. On les trouvera exposés plus loin d'une façon concrète et on se rendra compte clairement que, par la force des choses et malgré ses débuts modestes, cet organisme grandira vite et s'étendra finalement au monde entier.

Je ne prétends pas que ce moyen soit le seul qui puisse nous conduire au socialisme. Je dis seulement que, dans la situation actuelle, je le crois réalisable et que je n'en connais pas de meilleur. Si l'on en trouve d'autres plus efficaces, je serai le premier à m'y rallier.

Chapitre IV

Objet de cette étude

Les éléments matériels d'une création comme celle qui vient d'être indiquée existent dans tous les pays habitables, quel que soit le degré de développement économique auquel ils sont parvenus. Mais la situation politique de la plupart d'entre eux ne s'y prête guère. Il est d'ailleurs parfaitement inutile de la réaliser partout. Qu'elle soit organisée dans de bonnes conditions à un seul exemplaire, cela suffira pour la généralisation du socialisme, puisque sa supériorité économique lui permettra d'absorber successivement les entreprises privées du monde entier et que d'ailleurs, à un moment de son expansion, les immenses avantages qu'elle apportera aux hommes seront tellement sensibles, même aux nations éloignées, que, les unes après les autres, elles se donneront des institutions socialistes pour en jouir également.

Deux pays de l'Europe me semblent actuellement plus particulièrement désignés pour cette expérience : en premier lieu la Russie, où le pouvoir politique est dans les mains des socialistes, puis la France où, sans être au gouvernement, les socialistes disposent d'effectifs suffisants pour exercer au Parlement une influence considérable. A vrai dire cette influence paraît avoir baissé depuis la rupture du cartel des gauches, arrivée par la faute des élus socialistes, alors qu'avec une tactique plus habile et d'ailleurs plus efficace, il leur aurait été aisé de maintenir une alliance dont ils auraient pu retirer tous les fruits pour le socialisme. Mais leur force électorale ne paraît pas avoir été diminuée par cet échec, et il dépendra d'eux, en grande partie, qu'ils retrouvent l'occasion perdue.

En Angleterre, en Allemagne, en Belgique, en Suède, les socialistes sont nombreux également et pourraient être prépondérants. Mais pour diverses raisons qu'il serait trop long d'exposer, il ne semble pas qu'ils aient, dans un avenir prochain, la possibilité d'entreprendre et de mener à bien la création envisagée.

L'objet de cette étude est donc d'analyser la situation politique et économique en Russie et en France, de mettre en lumière les erreurs de tactique des fractions socialistes qui y détiennent le pouvoir ou l'influence, d'en montrer les conséquences funestes, et de préciser les conditions dans lesquelles pourrait y naître et s'y développer la vie socialiste.

Sans autre préambule j'entre dans mon sujet.

Dans l'Ornière Marxiste

LIVRE II
Neuf ans de Dictature bolcheviste

CHAPITRE V
La Situation générale

Les bolcheviks passent la moitié de leur temps à commettre des fautes et l'autre moitié à en faire la confession publique, puis à essayer de les réparer. Mais à aucun moment, ils ne paraissent se rendre compte que c'est la doctrine marxiste qui les égare et qu'il faudrait y renoncer. Dans toutes les transformations de leur politique, ils continuent à y rester fidèles, et — chose étonnante — c'est sur elle qu'ils se fondent pour justifier leurs contradictions. Rongés par les luttes de tendances et de personnalités qui les opposent âprement les uns aux autres, tous se réclament également de leur prophète, et leurs conflits incessants ne portent que sur l'interprétation de ses dogmes.

Quand on les pousse à fond et qu'ils ne peuvent plus éluder une réponse, ils finissent bien par convenir — non sans peine — que Marx n'a apporté aucune lumière sur la partie positive du socialisme. Mais — contre toute logique — ils ne veulent pas reconnaître que ses enseignements ne peuvent leur être d'aucun secours dans la tâche d'organisation économique qu'ils ont à accomplir: « Marx nous a donné une méthode, disent-ils, et cette méthode est la meilleure, la seule bonne. S'il ne nous indique point les moyens de réalisation du socialisme, il nous permet de les découvrir nous-mêmes. Rien ne peut exister en dehors de sa doctrine. » Impossible de les faire sortir de là et de leur faire admettre qu'une idée juste et utile puisse germer dans un cerveau non imprégné de culture marxiste.

C'est dans ce fanatisme marxiste, dans ce dogmatisme étroit qu'il faut chercher l'explication de l'avortement de leur œuvre. Dénués, par leur éducation purement critique, de toutes notions concrètes sur l'organisation du socialisme, et se refusant néanmoins à utiliser celles qui, en dehors de Marx, avaient été émises, ils étaient en outre, par leur passé de conspirateurs révolutionnaires et d'exilés, aussi mal préparés que possible à une tâche doublement écrasante puisqu'elle ne comprenait pas seulement le gouvernement et l'administration d'un immense pays dans des conditions normales, mais, en outre, préalablement, la transformation intégrale de son régime économique.

C'est dans la partie politique de leur tâche qu'ils ont le mieux réussi : à un pays façonné de longue main à l'obéissance passive, il était relativement facile d'imposer par la force un pouvoir nouveau. Disposant de cinq à six cent mille communistes dévoués et fortement disciplinés, de l'armée rouge, aussi docile que les régiments tzaristes, de la *Tchéka*, substituée à *l'Okhrana*, avec les mêmes méthodes et partiellement le même personnel, ils furent en mesure d'étouffer, avec la rigueur traditionnelle en Russie, les révoltes qui se firent jour de loin en loin.

La poignée de dictateurs qui, en fait, détient la réalité du pouvoir, a eu l'habileté de couvrir son autorité, aussi absolue que celle des tzars, du manteau de la volonté populaire en instituant le régime soviétique sous lequel, s'il avait fonctionné librement, le suffrage des électeurs aurait fait loi. Suffrage restreint, d'ailleurs, aux ouvriers, paysans et soldats, à l'exclusion de tous les éléments de l'ancienne bourgeoisie ; mais base démocratique quand même. Seulement, les élections aux Soviets de tous les degrés n'ont été qu'une comédie. Jamais il n'y a eu de listes électorales ni de vote secret. Les électeurs étaient assemblés, sous le contrôle du parti communiste. On leur proposait les mesures à adopter ou les candidats à élire, et les opposants étaient invités à manifester leur opinion. Comme aucun contradicteur n'osait se présenter, on déclarait le vote acquis à l'unanimité. En 1925 seulement, on relâcha un peu la contrainte, et le nombre des élus communistes diminua sensiblement. Les neuf dixièmes des soviets de villages passèrent aux mains des « sans-parti ». Tout cela est bien connu aujourd'hui ; l'aveu en a été fait plusieurs fois. Je citerai seulement les paroles de Boukharine, reproduites par le *Temps* du 13 août 1926 :

« Pour la première fois, au cours de la dernière campagne électorale, nous avons renoncé à « forcer le vote » ; pour la première fois, nous avons appliqué des méthodes où la « persuasion » joue le principal rôle et nous avons laissé une certaine liberté de vote aux différents éléments sociaux. Résultat : la proportion des communistes parmi les élus a baissé à la campagne. Dans les soviets de villes, même, figurent aujourd'hui des éléments qui, précédemment étaient, en somme, opprimés.

« Faut-il en conclure avec l'opposition que ce phénomène se produit malgré nous et que nous sommes étouffés par les petits bourgeois ?

« Non, car si nous possédons moins de communistes dans les soviets, ces communistes ont les électeurs derrière eux tandis que, précédemment, ils n'étaient élus que fictivement ; en fait, ils étaient désignés administrativement et n'avaient aucune autorité. »

Il serait d'ailleurs absurde de faire grief aux communistes russes d'avoir, dans un pays arriéré comme le leur, et dans les circonstances critiques où ils se trouvaient, usé de procédés aussi dictatoriaux pour se maintenir au pouvoir : aucun nouveau régime issu d'une révolution ou d'un coup d'État, ne peut se consolider autrement. L'unique reproche qu'on puisse leur adresser est de n'avoir pas su se servir de leur autorité pour organiser économiquement le communisme. A cet égard, il faut retenir les déclarations du plus qualifié d'entre eux, Lénine, reproduites dans l'*Humanité* du 31 janvier 1924 :

« Notre dernière tâche, la plus importante et la plus difficile, jusqu'ici, loin d'être accomplie, c'est de jeter les fondements économiques de la nouvelle société socialiste qui succédera à la société féodale détruite et à la société capitaliste ébranlée.

« Dans ce travail, le plus important, le plus difficile, nous avons commis le plus de fautes, éprouvé le plus de déconvenues. Il ne pouvait en être autrement. Mais nous sommes à l'œuvre. Notre nouvelle politique économique répare déjà quelques-unes de nos fautes. Nous apprenons à construire, sans erreur, l'édifice socialiste, dans un pays où prédomine la petite propriété paysanne.

« Encouragés par l'enthousiasme suscité tout d'abord dans les masses par nos buts politiques et entretenu ensuite par nos victoires militaires, nous avions cru pouvoir en tirer parti, pour atteindre tout aussi bien nos objectifs économiques. Nous avons pensé — ou pour mieux dire, nous avons voulu sans y penser — introduire, par la législation de l'état prolétarien, dans un pays de petite propriété paysanne, l'industrie et la répartition communistes.

« La vie nous a révélé nos erreurs.

« Pour préparer la voie du communisme, il eût fallu passer par diverses périodes de transition, telles que le capitalisme d'Etat et le collectivisme. L'enthousiasme seul ne suffit pas. Le pont qui, dans un pays de petite propriété paysanne, conduit du capitalisme d'Etat au socialisme, ne pourra être construit que grâce à l'enthousiasme suscité par la grande Révolution, grâce à l'intérêt personnel, grâce à bien des recherches économiques préalables. La vie même nous impose cette voie.

« Nous avons dû, au cours des dernières années, changer plusieurs fois de chemin non sans nous instruire. Nous étudions aujourd'hui les voies de notre nouvelle politique économique avec la circonspection, la patience, l'application la plus grande.

« L'Etat prolétarien doit devenir un propriétaire attentif, expérimenté, prévoyant. Il doit faire du commerce de gros sous peine de ne jamais rétablir la prospérité économique. En présence d'un Occident capitaliste, nous n'avons pas d'autres voies vers le communisme. Le négociant en gros semble aussi éloigné que possible de l'idéal communiste. Mais ce n'est là qu'un des paradoxes qui, dans la réalité, nous conduiront au socialisme, en passant par l'économie rurale d'un peuple de petits propriétaires paysans et par le capitalisme d'Etat. La participation des travailleurs aux bénéfices intensifie la production, ce qui est précisément le but que nous devons atteindre à tout prix. Le commerce en gros - associe économiquement des millions de petits paysans, les intéresse, les rapproche les uns des autres, les achemine vers l'association de production.

« La transformation nécessaire de notre politique économique est déjà commencée. Déjà, elle nous a permis d'obtenir quelques succès incontestables bien que partiels. Nous terminons dans cette science nouvelle notre classe préparatoire. Nous allons passer aux classes suivantes, en vérifiant à chaque pas la théorie par la pratique, sans craindre de recommencer souvent le même devoir et en nous efforçant de nous corriger nous-mêmes par l'analyse minutieuse de nos fautes ».

Certes, dans ces vues du célèbre dictateur, l'erreur côtoie encore la vérité à chaque phrase et la nouvelle politique économique, inaugurée vers la fin de sa carrière, est loin d'avoir donné ce qu'il en espérait. Qu'elle ait empêché l'arrêt complet de la production et des échanges, cela n'est pas douteux ; mais qu'elle soit un acheminement, par la voie indirecte, vers le communisme pur, c'est ce que l'avenir seul nous dira, et jusqu'à présent, les résultats qu'elle a donnés autorisent le plus grand scepticisme.

Ce qu'il faut en retenir, surtout, c'est que les bolcheviks n'ont fait que tâtonner, parce qu'ils n'étaient pas préparés à leur tâche et ne voulaient accepter aucun conseil. Lénine a bien reconnu qu'ils s'étaient constamment trompés ; mais il n'a pas su exactement en quoi consistaient leurs erreurs. Il ne l'a pas su parce que sa grande intelligence était oblitérée par le marxisme.

En janvier 1921, étant membre du Soviet des commissaires du peuple de la République d'Ukraine, j'avais essayé de lui ouvrir les yeux en lui remettant une note confidentielle intitulée : *Erreurs et fautes de la Révolution russe*. Par malheur, à cette époque, il était déjà en proie aux premières atteintes du mal qui devait l'emporter, et, d'ailleurs, tellement absorbé par ses multiples préoccupations quotidiennes, qu'il n'en prit sans doute pas connaissance. Je reproduis ici ce document qui jette une vive lumière sur la politique du « communisme de guerre » :

« Je suis venu, au commencement de juin 1920, me mettre à la disposition de la République des Soviets, pour travailler à sa réorganisation économique, avec des sentiments de dévouement sans bornes envers la Révolution communiste, d'admiration profonde pour l'œuvre accomplie et ses auteurs, et de confiance absolue dans le succès final.

« Mais, étant depuis lors resté sept mois dans l'inaction, malgré mes efforts incessants pour me rendre utile, j'ai observé et réfléchi, et ces sentiments se sont quelque peu modifiés.

« Le dévouement demeure intact. L'admiration est aussi grande en ce qui concerne l'énergie et la décision qui ont marqué la prise du pouvoir et la splendide organisation de l'armée rouge, victorieuse des forces capitalistes mondiales ; mais elle ne va pas plus loin. La confiance, un peu ébranlée, demeure ferme parce qu'il est encore temps de réparer les fautes commises.

« Ces fautes, hélas ! sont nombreuses et graves. Je n'en veux signaler que les principales dans ce mémoire confidentiel, dont, seuls, quelques militants qualifiés pourront prendre connaissance. On doit la vérité à ses amis, au risque de s'attirer plus de ressentiment que de reconnaissance.

.˙.

« L'erreur capitale de la politique soviétique a été de ne compter, pour assurer le succès de la Révolution russe, que sur l'appui des prolétariats étrangers et de croire que, livrée à ses seules forces, la Russie ouvrière et paysanne serait incapable de se reconstituer sur la base du Communisme.

« Les événements ont prouvé que les espoirs fondés sur le concours effectif des prolétariats étrangers étaient tout à fait chimériques. Pourtant, c'est à la poursuite de cette chimère qu'ont été dépensées presque toutes les énergies et presque toutes les ressources. Une part infime des unes et des autres a été consacrée à la réorganisation économique. On a tout donné, sans compter, à l'agitation ; on n'a presque rien fait pour l'organisation. Aujourd'hui encore, les agitateurs sont au pinacle et j'ai toujours eu l'impression qu'un simple économiste comme moi était considéré comme un communiste de second ordre.

« En cherchant à déchaîner la révolution dans les tion serait meilleure, si les forces perdues dans une agitation stérile, avaient été tournées vers l'organisation !

« En cherchant à déchaîner la révolution, dans les pays capitalistes, et à provoquer des soulèvements dans leurs colonies, la République des Soviets n'a réussi qu'à exaspérer les haines coalisées contre elle et à redoubler les efforts des ennemis, menacés dans leur sécurité intérieure.

« Certes, une République socialiste, quelle que fût sa politique, devait s'attendre à une extrême malveillance de la part des Etats capitalistes pour lesquels sa seule existence était un sujet d'inquiétudes. Mais, dans l'épuisement qui a suivi la guerre, il est certain que leur hostilité aurait été moins violente si la Russie des Soviets avait proclamé bien haut, puis prouvé, par ses actes, qu'elle voulait se consacrer toute entière à sa reconstitution économique et renonçait à intervenir dans les luttes sociales des autres pays autrement que par la propagande pacifique des idées.

« Et même sur les prolétariats de ces pays, il est probable qu'une telle attitude aurait eu de meilleurs effets : bien certainement la masse des ouvriers britanniques ne pouvait envisager avec satisfaction la perte de l'Hindoustan, dont la conséquence immédiate serait de plonger la métropole dans la plus affreuse misère.

« Il est difficile de conjecturer avec quelque précision les conséquences qu'aurait pu avoir, sur la conduite des nations capitalistes, à l'égard de la Russie Soviétique, l'adoption de la politique qui vient d'être indiquée. Il est seulement permis de penser que Koltchak, Denikine et Youdenitch auraient été moins soutenus, que l'agression des Polonais et L'aventure Wrangel auraient été évitées ou atténuées, que le blocus aurait été moins rigoureux. En tout cas, ce qui est certain, c'est qu'une partie des maux causés à la Russie par l'intervention des puissances de l'Entente lui aurait été épargnés.

« Voyons maintenant les conséquences qu'aurait pu avoir cette politique sur le développement des ressources économiques de la Russie.

∴

« Pour en comprendre toute l'importance, il faut tenir compte de ce fait que l'agitation à l'intérieur de la Russie des Soviets a absorbé des forces plus grandes encore que l'agitation à l'extérieur. Et ç'a été là une deuxième faute non moins lourde que la première.

« On peut dire à cet égard que les chefs de la Révolution russe se sont montrés vraiment inférieurs au rôle grandiose qui leur incombait après la conquête du pouvoir, et leur faiblesse, à partir de ce moment, forme un contraste déconcertant avec les qualités surhumaines qu'ils avaient déployées dans la préparation de cet événement formidable.

« Ils n'ont pas compris que la prise de possession du gouvernement leur imposait un changement de tactique. Jusque là, toute leur propagande, toute leur action, apparente ou occulte n'avait qu'un but : la création d'une armée révolutionnaire capable de briser la domination de la bourgeoisie. Ce but étant atteint, ils n'étaient plus un parti d'opposition, mais un parti de gouvernement ; au lieu d'agiter, ils devaient organiser et administrer.

« Pourtant, ils n'ont rien changé à leur méthode, se bornant à intensifier leur action avec les moyens nouveaux et considérables que leur donnait la possession du pouvoir.

« Cette faute tient à une mauvaise interprétation de la doctrine marxiste, interprétation qui, par malheur, est devenue la règle de conduite de tous les partis socialistes du monde. Le marxisme est exclusivement critique et négatif. Il montre à la classe ouvrière la cause de ses maux et la voie à suivre pour mettre fin à l'exploitation dont elle est victime. Il indique même avec lucidité que, durant la phase transitoire, le pouvoir ne peut être que la dictature du prolétariat. Mais il s'arrête là. De la tâche positive de reconstruction qui incombe au prolétariat devenu maître du pouvoir, pas un mot. Et pourquoi ? Parce que Marx écrivait à une époque où la victoire du prolétariat paraissait éloignée, plus éloignée même qu'elle ne l'a été en fait. L'œuvre d'un homme ne peut pas tout englober. Ayant mis aux mains des travailleurs l'arme par laquelle ils pouvaient briser leurs chaînes, Marx a considéré sa tâche comme terminée et a laissé aux générations à venir le soin de préparer les méthodes positives de reconstruction. Son rôle a été assez grand, sa vie assez remplie et sa gloire n'est pas amoindrie parce qu'il n'a pas étudié les formes concrètes du communisme.

« Mais il ne faut pas être plus marxiste que Marx et considérer son œuvre immense comme l'alpha et oméga de la science socialiste. Le *Capital* n'est pas un texte sacré hors duquel tout est erreur. Il n'apporte en réalité que la moitié de la doctrine socialiste ; l'autre moitié, l'*Economie socialiste*, est à créer (1).

« Un parti arrivé au pouvoir doit fermer le livre de Marx et se mettre immédiatement au travail positif.

« Or, le parti communiste russe a fait tout le contraire : il a continué à propager plus activement que jamais la doctrine marxiste et ne s'est guère occupé

____

(1) « L'auteur de ces quelques pages en a déterminé les principes fondamentaux. Mais ses travaux ont été accueillis avec dédain par les marxistes étroits.

qu'en paroles de l'organisation économique. Le peu qu'il a fait, à cet égard, est d'ailleurs mauvais, parce qu'il n'était pas préparé à une telle besogne.

« On objectera qu'il ne suffisait pas de conquérir le pouvoir, qu'il fallait le conserver et que, pour cela, il était indispensable de renforcer sans cesse le parti communiste en continuant à propager les principes sur lesquels il s'était constitué.

« Je réponds qu'on juge l'arbre à ses fruits. Or, après trois ans d'agitation à outrance, quel est, *grosso modo*, l'état de l'opinion en Russie ? Le régime soviétique y paraît fortement enraciné. Par contre, le communisme rencontre une opposition presque générale. On le rend responsable de tous les maux endurés. C'est contre ses partisans que sont tournés les mécontentements et les haines. Donc, la méthode a été mauvaise.

« Il s'est créé une idéologie marxiste, une sorte de mysticisme marxiste basée sur certains principes abstraits du marxisme, et on a méconnu le matérialisme, la prépondérance des facteurs économiques qui en sont l'essence même.

« Pour la masse qui subit les événements sans les comprendre, la question de l'alimentation, du vêtement, du chauffage, prime toutes les autres. La masse est favorable ou hostile à un gouvernement, selon qu'il donne ou ne donne pas satisfaction à ses besoins primordiaux. Si cette satisfaction avait été donnée, tout le monde accepterait allègrement le communisme.

« Certes c'est la guerre et le blocus qui sont les principaux responsables des privations subies. Mais ces privations auraient été atténuées si toutes les forces consacrées à l'agitation à l'intérieur et à l'extérieur, avaient été employées à la réorganisation économique.

« Rien n'est absolu, évidemment : on pouvait conserver un enseignement marxiste, mais sans en faire l'objet unique des préoccupations et des activités.

.•.

« Si je signale aussi brutalement le mal, c'est parce qu'il n'est pas trop tard pour appliquer le remède. Pour cela, il suffit de prendre le contrepied de ce qu'on a fait jusqu'à ce jour, et de faire *peu d'agitation et beaucoup d'organisation.*

.•.

« Mais sait-on bien en quoi consiste l'organisation communiste? Quelques-uns le savent peut-être. Mais jusqu'à ce jour on a agi comme si on l'ignorait. Dans la conception simpliste qui a cours parmi les milieux communistes, il n'existe en dehors des travailleurs professionnels, que deux catégories de citoyens : les agitateurs et les spécialistes. Les premiers ne connaissant du communisme que sa théorie, les seconds aptes seulement à remettre l'industrie en activité, selon les méthodes qu'ils employaient en régime capitaliste, avec l'adjonction d'un contrôle ouvrier. On ne se rend pas compte que la production, la répartition et les transports en régime communiste doivent être régis par des principes nouveaux et que les efforts des spécialistes et les travailleurs doivent être coordonnés par des organisateurs économiques communistes.

« On ne s'en rend pas compte parce que les révolutionnaires qui ont préparé le renversement du régime bourgeois n'ont pas préparé le programme de travail à accomplir le lendemain. Ils n'avaient jamais envisagé les dures réalités économiques qui allaient se dresser devant eux, et leur victoire politique les a pris au dépourvu.

« Et c'est pourquoi leur attitude flottante, contradictoire, trahit un manque de confiance dans la puissance reconstructive du communisme. Ils ne paraissent pas croire que, dans une situation économique aussi compromise que celle de la Russie, le communisme apporte des solutions infiniment plus efficaces que celles du régime capitaliste.

« Evidemment, la mise en pratique du communisme exige une période préparatoire d'organisation. Lorsque la production est en grande partie arrêtée, pour parer aux besoins urgents, il est nécessaire d'encourager les activités individuelles, qui peuvent se remettre en marche du jour au lendemain, alors qu'il faut du temps pour constituer les organismes collectifs.

« On ne peut donc reprocher au gouvernement des Soviets l'appui qu'il donne aux paysans, ni même l'appel qu'il adresse aux capitalistes étrangers. La détresse actuelle de la Russie le justifie suffisamment. Mais il faudrait qu'en même temps il donnât l'impression d'avoir un plan précis pour substituer graduellement l'entreprise collective aux entreprises privées. Et cette impression, on ne la trouve ni dans ses actes ni même dans ses paroles.

.•.

« Qu'on y prenne garde : la période qui s'ouvre par le rétablissement de la paix va être décisive. Si le Parti Communiste Russe se montre incapable d'appliquer son programme économique, le jeu spontané des forces qu'il n'aura pas su organiser rétablira le régime capitaliste aboli. Ce sera la faillite du communisme. Quelle responsabilité devant le prolétariat international !

« Il n'y a plus une minute à perdre. Il n'y a plus une faute à commettre. »

« Lucien DESLINIÈRES. »

En résumé, pendant la première période de leur domination, dite du « communisme de guerre » et qui s'étend de 1917 à 1921, les bolcheviks avaient tout socialisé par un ensemble de décrets successifs, même la terre paysanne, mais sans prendre les mesures d'organisation communiste indispensables pour remplacer les entreprises privées dans leur rôle de production et de répartition. Ils se bornèrent à improviser une administration bureaucratique qui prétendit tout diriger, et à l'emprise de laquelle tout échappa par la force des choses, du fait de son impuissance manifeste. Ils placèrent à la tête des usines des soviets ouvriers dont l'incapacité fit péricliter l'industrie et remplacèrent les maisons de commerce par des magasins soviétiques tellement mal approvisionnés que le commerce libre, en dépit des plus rigoureuses répressions, ne cessa jamais au plus fort de la terreur. Quant aux paysans, non seulement ils continuèrent à cultiver leurs terres sans tenir aucun compte des décrets de nationalisation, mais ils se partagèrent bribe par bribe la plus grande partie des domaines soviétiques. On usa d'ailleurs envers eux d'un système de réquisitions qui leur arracha la plus grande partie de leurs produits et les réduisit au désespoir. Comme instrument financier, les bolcheviks s'en tinrent à une conception fort simple : ils imprimèrent des roubles-papier dans la mesure de leurs besoins, et comme la dépréciation ne tarda pas à frapper cette monnaie sans gage, ils en lancèrent dans la circulation des quantités de plus en plus fortes, si bien qu'au 1ᵉʳ juillet 1921, le total de leurs émissions atteignit 2.346 milliards de roubles, dont la valeur réelle n'était alors estimée qu'à 29 millions.

Les résultats d'une économie et d'une méthode financière aussi fantastiques furent ce qu'on pouvait en attendre : la production s'effondra. L'industrie des cotonnades tomba à 18 % de son niveau d'avant-guerre, la métallurgie à 2,7 % pour la fonte, 4.3 % pour les fers et 5 % pour les lingots ; le sucre à 3 %, le pétrole à 47 %. Les transports furent presque complètement paralysés. La production agricole, ruinée par le système des réquisitions, diminua également dans une proportion moins bien précisée par la statistique ; mais son abaissement fut si brusque et si fort que ce fut lui qui fit comprendre aux dirigeants de Moscou l'imminence d'une catastrophe et les détermina à changer de méthode.

Il faut dire, à la décharge des bolcheviks, que les circonstances ne les favorisaient guère : au moment où le rétablissement de la paix allait leur permettre de reprendre haleine, la famine de 1921, qui fit 2 millions et demi de victimes, d'après les chiffres du recensement en 1920 et 1922, leur créa de nouvelles et terribles difficultés. Néanmoins, la cause principale des maux qui accablaient la Russie est leur ignorance complète des véritables principes de l'économie socialiste.

Il est d'ailleurs permis de penser qu'en 1921 une formidable insurrection, prévue et redoutée par Lénine lui-même, les aurait balayés s'ils n'avaient mis fin au système des réquisitions et rétabli la liberté du commerce. Ce fut le commencement de la *nouvelle politique économique* (par abréviation la *Nep*), qui n'a cessé de se développer depuis en s'éloignant de plus en plus du communisme.

Il est incontestable que la Nep a favorisé le relèvement économique de la Russie et que, grâce à elle, la situation s'est améliorée dans une large mesure, sans toutefois remonter à son niveau d'avant-guerre. Mais les progrès accomplis ne peuvent être mis à l'actif des bolcheviks, car ils ne sont pas le résultat de mesures conçues et appliquées par eux. La production, les transports et les échanges se sont relevés spontanément à partir du moment où l'on a rendu quelque liberté aux activités privées, brutalement étouffées au début de la période révolutionnaire. Si ce fait a profité matériellement à la Russie, il a porté un rude coup au socialisme, car nos ennemis n'ont pas manqué — non sans apparence de raison — d'en conclure à la supériorité du régime capitaliste, et ils n'ont pas eu de peine à convaincre la masse de l'opinion, trop ignorante pour comprendre que le système économique pratiqué de 1917 à 1921 n'était que la caricature du socialisme.

Dans les chapitres qui vont suivre, je montrerai la *Nep* en action dans les diverses branches de l'économie russe et les résultats qu'elle a obtenus.

Chapitre VI

Les Paysans

« C'eût été une grosse erreur, écrit le professeur Litochenko dans une étude sur l'*Economie rurale* (1), que de considérer la Russie d'avant la Révolution comme un pays de vastes domaines de grande exploitation capitaliste. Bien avant la guerre, la production agricole de la Russie était déjà basée sur la petite propriété rurale. D'importants bien-fonds, — héritage d'une époque qui n'était pas très éloignée — s'étaient pourtant conservés entre les mains de gros propriétaires, appartenant principalement à la noblesse. Cependant ces propriétés se réduisaient peu à peu, passant de plus en plus aux mains des paysans. »

En 1877, seize ans après l'abolition du servage, les grands propriétaires fonciers possédaient 24,7 % de tout le territoire, l'Etat et les diverses institutions publiques, 44,9 %, les paysans 30,4 %. Les terres paysannes, en Russie d'Europe seulement, représentaient 77,8 millions de déciatines (2).

En 1914, 35 millions de déciatines environ de terres

____

(1) Cette étude, à laquelle seront empruntés la plupart des renseignements contenus dans le présent chapitre, appartient à un volume intitulé : *La Situation économique de l'Union Soviétique*, publication officielle de *l'Institut d'Etudes économiques de Moscou* (1926).

(2) La déciatine vaut 1 hectare 09.

des grands propriétaires étaient encore passées aux mains des paysans qui possédaient ainsi environ 113 millions de déciatines. Les paysans cultivaient, en outre, de 20 à 25 millions de déciatines de terres affermées. Une statistique faite en 1916 a montré qu'à cette époque les paysans cultivaient, à titre de propriétaires ou de fermiers, 90 % de la surface arable, alors que la propriété capitaliste était réduite à 10 %. Telle était la situation à la veille de la Révolution.

Aujourd'hui, d'après les données de l'année 1924, la répartition s'établit ainsi :

Terres paysannes .... 96,75 %
Terres des communautés agricoles 2   %
Domaines soviétiques .... 1,25 %

(Les communautés agricoles sont des exploitations collectives faites par des paysans associés. Les domaines soviétiques sont de grandes exploitations appartenant à l'Etat et cultivées à son profit par un personnel salarié.)

La révolution de 1917 n'a donc pas apporté de grands changements dans la situation antérieure.

Cependant, au point de vue juridique, la différence paraît immense : au lieu d'être partagé entre l'Etat, les grands propriétaires et les paysans, tout le territoire est aujourd'hui nationalisé. Le droit de propriété a été aboli. Les paysans détiennent la terre à titre d'usufruitiers. Toute opération d'achat ou de vente des terrains de culture est prohibée. Mais ce changement de légalité est resté purement théorique : dans la réalité, les paysans ignorent la nationalisation ou agissent comme si elle n'avait pas été faite.

On évalue à 22 millions le nombre d'exploitations paysannes de l'Union soviétique.

Une partie de ces exploitations sont du type chinois ou hindou, c'est-à-dire qu'une somme énorme de travail y est dépensée pour arriver tout juste à subvenir aux besoins familiaux. Ces petites exploitations se suffisent à elles-mêmes ; elles ne vendent ni n'achètent rien et sont sans relations avec le marché général. C'est dire que les conditions d'existence de leurs détenteurs sont tout à fait arriérées. Telle est, encore aujourd'hui, la situation des paysans pauvres. Seuls les paysans moyens et les paysans riches disposent, après la satisfaction de leurs besoins familiaux, d'un excédent qu'ils peuvent vendre, ce qui leur permet d'acheter. Eux seuls donc participent à la vie sociale ; ils nourrissent les citadins et reçoivent d'eux, en échange, des produits fabriqués, grâce auxquels leur vie est un peu moins grossière.

Il résulte des études statistiques poursuivies par le professeur Litochenko que les exploitations des paysans pauvres, et même d'une partie des paysans moyens, sont trop petites à la fois pour leur créer des ressources suffisantes et pour utiliser tout leur travail. La culture d'une déciatine ne les occupe que 30 à 32 jours par an. Et comme le quart des paysans possèdent moins de 2 déciatines, on voit que leurs loisirs seraient grands s'ils n'employaient une partie de leur temps disponible à des travaux supplémentaires : service salarié dans des entreprises plus importantes, travail dans les fabriques, petites industries rurales, etc. En moyenne, les paysans consacrent 28 jours par an et par déciatine à leur exploitation et font 6 jours, 6 de travail à l'extérieur. La quantité de main-d'œuvre perdue faute d'emploi est donc énorme et, à cet égard, la révolution n'a réalisé aucun progrès. Le paysan russe continue à croupir dans l'ignorance et la misère ; et, d'autre part, la déperdition considérable de force humaine résultant de son oisiveté prolongée pèse lourdement sur l'économie générale. Il arrive, en outre, que l'impossibilité où sont réduits les paysans pauvres d'acheter des produits industriels empêche l'industrie de se développer.

Le professeur Litochenko attribue cette situation au

surpeuplement des campagnes. Cela est vrai pour les parties du territoire russe totalement cultivées ; mais il reste d'immenses espaces en friche, principalement en Sibérie, et aussi en Russie d'Europe. De vastes étendues sont trop marécageuses ; d'autres trop sèches. Il faudrait drainer les unes et irriguer les autres. Avec une bonne organisation du travail — et c'est précisément ce que permet le socialisme — les régions habitables de l'Union soviétique pourraient nourrir dans l'abondance une population double ou triple ; mais les bolcheviks n'ont aucune idée d'une telle organisation, Marx ne leur ayant rien appris à cet égard; à vrai dire, ils ont une vague conception du progrès agricole possible ; mais ils ne savent comment s'y prendre pour le réaliser, et, en fait, la stagnation de l'agriculture est complète.

Le besoin de terre des paysans a toujours caractérisé l'histoire agricole de la Russie depuis un demi-siècle. Aussi, dès que la Révolution eut anéanti l'autorité tzariste, les paysans se ruèrent sur les grandes propriétés et s'en partagèrent les lambeaux. Ils ne se bornèrent pas à prendre possession des terres de la noblesse ; mais, favorisés par l'attitude du gouvernement bolchevik qui, jusqu'en 1921, chercha son point d'appui sur les paysans pauvres et encouragea leurs revendications, ils dépecèrent également une partie des domaines appartenant aux paysans riches (Koulaki). Aussi, en 1920, on ne trouvait plus aucune propriété de plus de 25 déciatines et il n'en existait que 2 pour mille de plus de 16 déciatines. Quant à celles de 10 à 15, elles n'étaient que de 1 % et celles de 6 à 10, de 5 %. Par contre, il existait 45 % de petits domaines de moins de 2 déciatines et 31 % de 2 à 4 déciatines.

La nouvelle politique économique suivie depuis 1921 a un peu modifié cette situation au profit des paysans riches. Si le nombre des petites propriétés de moins de 4 déciatines reste à peu près stationnaire, celles de plus de 4 déciatines sont en accroissement. Mais le nombre des grandes exploitations paysannes reste minime : il n'en existait que 1,5 % de plus de 10 déciatines en 1924, alors qu'avant la Révolution elles étaient dans la proportion de 4,9 %.

Là est la grande faiblesse de l'économie rurale de l'Union soviétique. Le revenu net de cette multitude de trop petites entreprises est très bas. Il permet à peine d'entretenir la famille et ne donne pas de surplus pour augmenter le capital. « Les transactions commerciales y sont insignifiantes, écrit le professeur Litochenko. Ce ne sont, pour la plupart, que de simples échanges de certains produits agricoles contre d'autres. L'argent manque pour acheter des produits industriels: le ménage se contente d'une quantité minime de vêtements, de chaussures, de meubles, etc. On les remplace par des objets grossiers, fabriqués à la maison. Les exploitations agricoles de ce type sont isolées au point de vue économique. Elles consomment tout ce qu'elles produisent ; le but de leur travail n'est pas d'obtenir le maximum de profit en numéraire, mais de satisfaire à leurs besoins limités. »

Le plus grave, c'est que ces minuscules exploitations produisent très peu, malgré toute la main-d'œuvre qu'elles dépensent. Et cela s'explique par l'infériorité de leurs conditions techniques en même temps que par l'esprit routinier du paysan russe. Il est très difficile d'avoir des renseignements précis sur les rendements ; les chiffres qu'on pourrait citer mettraient trop à nu la plaie vive qui ronge l'agriculture de ce pays, malgré la fertilité de son sol et la diversité de ses ressources ; aussi les autorités soviétiques les cachent le plus possible. J'ai pu constater moi-même l'infériorité de la production agricole pendant mon long séjour en Russie, et d'ailleurs l'aveu s'en trouve, çà et là, dans les discours et les écrits des personnalités qualifiées. C'est ainsi que, dans une brochure intitulée : *Les Problèmes de l'Instruction publique en régime soviétique*, Louriazeff qui disait : « Très souvent, je me demande pourquoi le paysan danois, ayant la même terre que nous, et approximativement la même quantité de soleil et de pluie, n'étant pas plus travailleur que notre paysan, *récolte sept fois plus de blé que le nôtre* ». Le Danemark, il est vrai, tient la tête de l'Europe pour sa production agricole : il obtient des rendements moyens de 30 quintaux de blé à l'hectare. Mais le septième de trente ne fait guère plus de quatre quintaux à l'hectare et c'est un résultat tout à fait misérable par rapport à la qualité de la terre cultivée.

Sous le régime tzariste, les grandes propriétés étaient du moins, en général, l'objet d'une exploitation intensive. Beaucoup étaient dirigées par des agronomes allemands et pratiquaient les cultures industrielles. Leur disparition a ramené le rendement de ces terres au niveau de la production paysanne et non seulement il n'y a pas eu progrès, mais il y a eu un recul très marqué.

Ainsi, jusqu'à présent, l'avènement du socialisme, qui devait ouvrir, pour l'agriculture russe, une ère de prospérité d'autant plus sensible qu'elle partait d'un niveau très bas, n'a été suivi que d'une régression. Certes, il faut tenir compte des difficultés de toute nature qui ont paralysé le bon vouloir indéniable des autorités soviétiques. Si donc on trouvait trace, après neuf ans de dictature, de la moindre amélioration, d'un commencement de relèvement, on devrait l'inscrire à leur actif en leur accordant un long crédit de temps pour parfaire leur œuvre. Mais devant les résultats négatifs qu'ils ont obtenus, on est forcé de conclure que leur méthode était mauvaise. On doit même constater qu'ils n'ont eu aucune méthode et que leur action sur le processus de l'économie rurale de leur pays a été entièrement nulle.

Ils ont assisté, les bras croisés, à la marche de l'évolution, se contentant d'observer et d'enregistrer. C'est à ce néant que l'esprit marxiste a réduit la doctrine socialiste si vivante, si créatrice.

Après une pareille faillite, cette phrase de Lounatcharsky, dans la brochure citée plus haut, n'est-elle pas dérisoire : « Notre but final est de créer une union fraternelle d'hommes qui s'élèverait de plus en plus, qui développerait complètement toutes les ressources matérielles, toutes les richesses et toutes les possibilités accessibles à l'homme. Le grand Marx a formulé notre but de la façon suivante : « Le but final du communisme est le « développement suprême de la richesse. »

Eh oui ! c'est bien là le but du socialisme. Mais qui veut la fin devrait vouloir les moyens, et la doctrine marxiste n'en a apporté aucun. Par elle, le socialisme a été frappé de stérilité.

Si la Russie soviétique possédait une véritable organisation communiste, elle aurait un budget annuel de la production (1) auquel chaque produit figurerait pour une quantité correspondant exactement aux besoins de la consommation intérieure et de l'exportation. Et les moyens d'atteindre toujours cette quantité existeraient également, puisque la totalité des terres, bâtiments et matériel seraient la propriété collective de la nation qui les mettrait en œuvre dans la mesure des mêmes besoins, ce qui lui serait toujours possible, comme je l'ai établi dans la *Production intensive*.

Mais la Russie n'est communiste que nominalement et l'anarchie capitaliste continue à y régner en maîtresse, aggravée encore par le manque absolu d'esprit d'organisation qui caractérise la race slave. Le pouvoir central ne peut donc, par exemple, décider qu'on ensemencera tant d'hectares pour obtenir tant de quintaux de blé : il ne peut qu'enregistrer la production agricole qui dé-

____

(1) Voir *Principes d'Economie Socialiste*.

pend exclusivement de la volonté individuelle des paysans, maîtres de la terre.

Aussi le tableau statistique qui leur fient lieu de budget de la production, et qui est dressé par une institution spéciale, le *Gosplan*, n'est, pour ce qui concerne surtout l'agriculture, qu'un relevé prévisionnel que les événements peuvent modifier en plus ou en moins dans des proportions importantes.

Il semble que la production industrielle pourrait être non seulement prévue, mais réglée, puisque la plus grande partie de l'industrie est aux mains de l'Etat. Par malheur de ce côté, il faut compter avec les possibilités, généralement très réduites. Le matériel industriel de la Russie, excellent avant la guerre, a été ruiné par la production excessive qu'il a dû fournir depuis, sans avoir été renouvelé, ni même, dans la plupart des cas, réparé convenablement. Les transports ne se sont jamais relevés des épreuves de la longue période de guerre étrangère et de guerre civile. La productivité du personnel, pour des raisons qui tiennent aux institutions politiques autant qu'à la nature de la race, est plus que médiocre. On arrive donc très mal à obtenir de l'industrie étatisée la quantité de produits qui seraient nécessaires.

Il en résulte un déséquilibre constant entre la production agricole et la production industrielle. Jusqu'en 1922, les paysans, écrasés par le système des réquisitions, produisaient tout juste pour vivre et ne pouvaient acheter les produits industriels, même de première nécessité. Alors, si faible qu'elle fût, la production industrielle restait sans écoulement. Depuis 1923, au contraire, les paysans ont étendu leurs cultures et les plus aisés se sont créé des ressources suffisantes pour acheter des produits industriels. Mais, cette fois, c'est l'industrie qui n'arrive pas à leur en livrer une quantité suffisante.

A ce déséquilibre des quantités, vient s'ajouter le déséquilibre des prix. Les bolcheviks paraissent ignorer complètement les principes de l'économie socialiste. S'ils en connaissent quelque chose, ils n'ont jamais essayé de les appliquer. Alors que, sous un régime socialiste véritable, l'harmonie entre les diverses données économiques s'établit d'elle-même, comme conséquence de la fixation du prix de revient, qui est en même temps le prix de vente, la Russie soviétique en est encore à · la loi capitaliste de l'offre et de la demande. Au lieu de cette belle fixité des prix qui caractérisera·le socialisme, il y existe donc de constantes fluctuations qui tiennent non seulement aux quantités des récoltes, mais aux possibilités d'écoulement. Ces variations fréquentes et parfois très fortes, créent la plus grande insécurité, non seulement pour les paysans producteurs, mais aussi pour l'industrie d'Etat, souvent exposée à manquer d'acheteurs. En somme, le régime hybride établi en Russie présente tous les inconvénients d'un régime capitaliste mal organisé, sans aucun avantage compensateur.

Quand on songe que les paysans représentent 85 % de la population totale de la Russie, on comprend que le gouvernement le plus solidement établi doit redouter de les pousser à bout. A deux reprises principalement, pour enrayer l'explosion de leur mécontentement, les bolcheviks ont dû jeter du lest : une première fois en supprimant les réquisitions et en rétablissant la liberté des échanges (1921) ; la deuxième en laissant les paysans manifester leurs volontés dans les élections sans la fausser par une pression abusive (1925), ce dont ils ont profité pour élire neuf *sans parti* sur dix. L'ouverture de cette soupape de sûreté a retardé la catastrophe ; mais quand les paysans s'apercevront que, malgré la majorité qu'ils détiennent dans les Soviets ruraux, rien n'a été changé au régime, qui dépend du pouvoir central, toujours aux mains des bolcheviks, que se passera-t-il? Nul ne saurait le dire. Ce qui est certain, c'est que seule, une transformation économique intégrale dans le sens socialiste réussirait à leur donner une satisfaction définitive en accroissant notablement la production agricole et industrielle et en régularisant son écoulement.

Chose inouïe, dans cette vaste et fertile Russie, exportatrice de céréales, les paysans ont toujours manqué de pain. En 1906, la consommation moyenne de céréales en Russie était de 193 kilogs par habitant (dont la plus forte proportion en seigle), alors qu'elle était de 365 kil. en France où elle portait principalement sur le froment. Le cri : *Klièbe ! Klièbe !* (du pain ! du pain !) se faisait entendre dans tous les villages de Russie lors de la présence d'un étranger ou à l'occasion de manifestations. Or, il est impossible que la situation se soit améliorée, puisque, malgré la reprise de l'activité économique qui a été la conséquence de la *Nep*, le montant des récoltes est encore aujourd'hui très inférieur à ce qu'il était sous les tzars.

D'après des déclarations publiques de Rykof, alors président du Conseil supérieur économique en mars 1924, la valeur globale en roubles-or de la production agricole en Russie, qui était de 6.637.800.000 roubles en 1913, et qui était tombée à 3.535.000.000 en 1921, ne s'est relevée, en 1923, qu'à 4.094.500.000 roubles.

Le même Rykof, parlant, en mars 1925, à Tiflis déclarait que le territoire ensemencé de l'Union soviétique n'atteignait encore que 80 % de celui d'avant-guerre.

Ainsi, la situation du paysan russe, déjà si misérable sous le tzarisme, l'est forcément davantage aujourd'hui. Il souffrait sans se révolter lorsqu'il se sentait sous la main de fer de l'autocratie, qui comprimait le moindre soulèvement avec férocité. Mais, depuis, on lui a parlé beaucoup de ses droits souverains. Son état d'esprit n'est plus du tout le même. Se résignera-t-il indéfiniment à sa misère? Tel est le formidable point d'interrogation posé devant l'avenir par l'avortement de l'œuvre économique des bolcheviks.

CHAPITRE VII

Les Ouvriers

D'après les chiffres officiels du Conseil supérieur de l'Economie publique, reproduits dans la *Vie économique des Soviets* du 3 mai 1926, la production de la grande industrie nationalisée a suivi, depuis l'année 1921 où elle avait atteint son minimum, une marche ascendante sensible. Son évaluation en millions de roubles d'avant-guerre donne les résultats suivants :

	millions de roubles
Année 1921-22	850
— 1922-23	1.230
— 1923-24	1.621
— 1924-25	2.616

La *Vie économique des Soviets* explique que « la pro-duction de l'année dernière donne 71 % de celle d'avant-guerre ». On voit par là tout ce qui reste à faire pour arriver à une situation satisfaisante.

En dehors de l'industrie étatisée, il existe une industrie libre qui comprend en premier lieu les petits artisans, ou *Koustari*, travaillant à domicile avec un outillage très rudimentaire, et fabriquant de menus objets dont la plus grande partie alimente la consommation locale. On en a évalué le nombre, en 1925, à 2.600.000, dont 500.000 dans les villes et 2.100.000 dans les campagnes. Beaucoup de Koustari restent isolés. D'autres se groupent en coopératives industrielles pour obtenir plus facilement des matières premières et du crédit. Malheureusement ils n'y réussissent que dans une mesure bien restreinte, et l'activité de leurs modestes entreprises s'en trouve fort réduite, au détriment, bien entendu, de leurs moyens d'existence.

Les difficultés que les bolcheviks éprouvaient à élever la production de leurs industries étatisées au niveau des besoins les ont déterminés à faciliter les industries libres d'importance secondaire. Par décret du 24 avril 1925, ils ont autorisé la création d'entreprises privées, à condition que le chiffre de leur personnel ne dépasse pas 200. Des mesures ultérieures ont encore accentué cette tendance. Enfin, de très importantes concessions, principalement minières, ont été accordées à des sociétés capitalistes étrangères, et si leur nombre n'a pas été plus grand, ce n'a pas été faute de démarches auprès du capital étranger pour l'intéresser à la renaissance de l'industrie russe. On a multiplié les sollicitations ; mais la plupart ont été vaines, les conditions politiques et économiques de la Russie soviétique inspirant une grande méfiance aux intéressés.

On ne saurait méconnaître la persévérante énergie des efforts faits par les bolcheviks pour le relèvement économique de leur pays. Mais tout effort nouveau est marqué par un abandon plus complet de la doctrine socialiste et par un retour à l'ancien régime. A supposer que la Russie se rétablisse un jour, on doit donc supposer qu'à ce moment le capitalisme aura reconquis graduellement toute la place dont il avait été dépossédé.

Faute de techniciens et d'ouvriers capables, la métallurgie et la mécanique sont impuissantes à créer l'outillage neuf et perfectionné dont elles-mêmes, et toutes les autres branches ont besoin. Il faut donc l'acheter à l'étranger ; mais, pour cela, de très gros crédits seraient nécessaires, et, jusqu'à ce jour, ils n'ont été obtenus qu'à l'état de bribes. On ne voit apparaître aucune solution.

Dans quelle mesure les bolcheviks sont-ils responsables de cette triste situation? Faut-il, comme leurs adversaires de parti pris, les accabler sans tenir compte des circonstances terribles qui ont entravé leur action, ou les glorifier, comme leurs partisans fanatiques, en leur attribuant le mérite des quelques améliorations réalisées depuis 1922 ? La vérité, naturellement, est entre l'éloge et le blâme sans mesure. Certes leur tâche était difficile, et il faut reconnaître que, même s'ils avaient su éviter les fautes commises, ils auraient eu à lutter contre la malveillance des capitalistes du monde entier, à raison de leurs opinions socialistes et de leur ferme volonté de les mettre en application.

Mais, en toute justice, on doit dire qu'ils auraient pu faire beaucoup mieux, avec les éléments dont ils disposaient, si, au lieu d'errer au hasard dans les ténèbres du marxisme, ils s'étaient appuyés sur les principes véritables de l'économie socialiste.

Certes, l'ouvrier russe, paysan à peine dégrossi, est un très médiocre producteur. Mais, même avec cet instrument imparfait, on pourrait obtenir de meilleurs résultats. Il aurait fallu, dès le début, rompre avec les principes démagogiques si malencontreusement propagés dans l'opposition et laisser aux directeurs d'usine l'autorité et les pouvoirs disciplinaires sans lesquels il n'y a pas de bon travail. Objectera-t-on que la majorité des directeurs et ingénieurs capitalistes s'étaient eux-mêmes mis en grève? La raison n'est pas suffisante, car il est indéniable que ceux qui ont ainsi déserté leur poste ne l'ont fait que parce qu'il était question de les subordonner à des conseils ouvriers. Presque tous auraient, au contraire, conservé leurs fonctions s'ils n'avaient pas été assujettis à cette tutelle absurde, et les quelques défectionnaires auraient été facilement remplacés par les meilleurs de leurs sous-ordres.

Si néanmoins, les cadres de l'armée industrielle étaient restés insuffisants, en nombre et en qualité, on aurait pu facilement les compléter en faisant appel à des techniciens étrangers : ingénieurs, contremaîtres et chefs ouvriers. Certes il aurait fallu payer ces concours assez cher. Mais l'argent ne manquait pas au début. Seulement on l'a gaspillé sans compter pour entretenir l'agitation à l'intérieur et organiser la révolution à l'étranger. Si, renonçant à ces coûteuses et déplorables inspirations, les bolcheviks avaient concentré toutes leurs ressources sur le relèvement économique de la Russie, outre qu'ils auraient largement atténué l'hostilité des puissances capitalistes, ils auraient rapidement assuré la prospérité de leur industrie.

Mais ils n'ont pas su le faire, et par la force des choses, l'affaiblissement de la production industrielle a amené pour la classe ouvrière russe un degré de misère plus grand encore que celui dont souffrent les paysans.

D'après les constatations du Bureau International du Travail, siégeant à Genève sous la direction de M. Albert Thomas, et publiées dans sa revue *Les Informations sociales* d'avril 1926 — constatations puisées aux sources les plus sûres et dont on ne peut suspecter l'impartialité — dans la période du communisme intégral, c'est-à-dire jusqu'en 1921, le prolétaire ne touchait que 31 % de son salaire d'avant-guerre, dont la presque totalité (85 pour 100) lui était remise en nature, sous forme d'aliments à peu près immangeables et de vêtements insuffisants. Avec la Nep, la situation s'améliora. On rétablit le travail aux pièces, en dépit des principes syndicalistes qui le réprouvent, et l'on paya le salaire en monnaie, sans cependant dépasser 75 pour 100 du taux de 1914. Le rendement de la main-d'œuvre s'éleva d'un tiers. Mais l'industrie russe, si elle a été nationalisée, n'a pas été socialisée. De l'aveu des dirigeants, elle est placée sous un régime mixte qu'ils appellent, assez justement, d'ailleurs, « capitalisme d'Etat ». Elle est donc soumise à tous les inconvénients du capitalisme et quand elle ne peut écouler ses produits au-dessus de leur prix de revient, elle manque de ressources, non seulement pour améliorer les conditions d'existence de son personnel, mais même pour lui verser des salaires insuffisants dont il se contenterait, faute de mieux. Tel est le cas, d'ailleurs, en 1926, des exploitations houillères anglaises, faute d'avoir perfectionné leurs procédés arriérés d'extraction. Tel est également celui de l'industrie russe étatisée. Dzerjinski, qui a remplacé Rykof à la présidence du Conseil supérieur de l'Economie publique, n'a cessé, jusqu'à sa mort, de le proclamer. « Les difficultés du Trésor, s'écriait-il, ne permettent même pas d'assurer le paiement régulier des salaires. Il ne faut pas cacher à la classe ouvrière qu'il est impossible de les augmenter parce qu'il est nécessaire de résoudre le problème fondamental dont dépend notre existence même : la reconstitution du capital. » Singulière conception de l'économie socialiste ! Il est vrai que Dzerjinski n'avait guère été préparé par ses anciennes fonctions de président de la *Tchéka* à la direction suprême de l'Economie nationale. Tout ce qu'il a dit ou écrit sur ce sujet s'inspirait des principes capitalistes les plus orthodoxes. C'est ainsi que, dans un éditorial publié le 1ᵉʳ avril 1926 dans la *Gazette Industrielle et Commerciale de Moscou*, il émettait ces affirmations bien singulières sous la plume d'un socialiste : « Une société qui dépense et consomme plus qu'elle ne produit est une société en régression. Sans épargne, pas de progrès ! Seul l'excédent de la production sur la consommation, seule l'épargne assure le progrès social, politique et économique. » Comment pourrait-on arriver à créer une organisation socialiste avec des chefs imbus de telles doctrines ?

Aucune contestation n'est possible quant à l'infériorité des salaires actuels des ouvriers russes, malgré le système presque général du travail aux pièces qui devrait être plus rémunérateur.

La revue la *Vie Economique des Soviets* du 15 février 1926, analysant les travaux du *Conseil central panrusse des syndicats* publie cette phrase : « Un rapport sur le travail du Conseil Central Panrusse des Syndicats insiste principalement sur les résultats de la campagne menée par le Conseil pour la révision des contrats collectifs. Il fait observer que les conditions économiques actuelles nous amènent à envisager *la possibilité et la nécessité d'un relèvement systématique des salaires dans le but de faire atteindre à ceux-ci, à une époque nettement déterminée, le niveau d'avant-guerre dans toutes les branches retardataires de l'industrie et du transport.* »

Ce n'est d'ailleurs pas seulement de l'insuffisance des salaires que se plaignent les ouvriers russes : les autres conditions du travail laissent également beaucoup à désirer.

A cet égard, dans un numéro d'août 1926, les *Informations sociales*, organe du Bureau international du travail, publient une analyse du rapport présenté en juin dernier au Conseil central des Syndicats russes, par M. Kaploune, chef du service de protection du travail au commissariat du travail, sur les conditions du travail en Russie.

Il résulte de ce rapport qu'on recourt beaucoup, en Russie, aux heures supplémentaires, bien que les Bourses du travail enregistrent plus d'un million de chômeurs ; le repos hebdomadaire n'est fréquemment pas observé ; le nombre des accidents, mortels ou non, augmente rapidement à cause surtout de l'inattention des travailleurs, de l'absence de dispositifs de sécurité et de la mauvaise organisation du travail.

« Cette description de la situation, ajoutent *les Infor-*

mations sociales, tracée par le chef du service chargé principalement de veiller à l'application du code du travail, corrobore les déclarations faites ces derniers mois aux divers congrès des syndicats ouvriers. Tous les délégués — aussi bien ceux des métallurgistes, des ouvriers du bâtiment, des cheminots que ceux des mineurs et des ouvriers du textile — s'étaient plaints du régime de travail ; leurs critiques visaient les heures supplémentaires, l'insuffisance des salaires, la pénurie de logements, le manque de dispositifs de sécurité, le mauvais outillage et le défaut d'inspection.

« Dans ces conditions, concluent les *Informations sociales*, on ne doit pas s'étonner que les travailleurs accueillent mal les appels touchant l'augmentation du rendement individuel qui leur sont adressés continuellement et que le conseil central des syndicats, après avoir entendu M. Kaploune, déclare que seule une meilleure protection du travailleur accroîtra la production de l'ouvrier. »

La question du logement n'est pas mieux résolue : dans la période révolutionnaire on avait installé les travailleurs dans les maisons des bourgeois en réduisant ceux-ci à une pièce ou deux pour leur usage personnel. Mais les maisons, peu ou pas réparées, se sont fortement détériorées, et depuis la *Nep*, leurs anciens possesseurs ou d'autres nouveaux riches en ont repris possession.

Voici ce qu'écrit à ce sujet le *Réveil Economique*, organe du Conseil central panrusse des syndicats, cité par le *Temps* du 21 janvier 1925 :

« Il n'est pas une ville où le manque de locaux habitables n'oblige l'ouvrier à chercher refuge dans une cave, un réduit humide ou un taudis sale et surpeuplé. Des centaines de maisons, mises autrefois à la disposition des ouvriers, reviennent par des procédés mystérieux à leurs anciens propriétaires, à des spéculateurs habiles... L'ouvrier n'est pas en état de lutter avec MM. les « nepmen » qui possèdent, à côté de leurs milliards, des relations dans nos propres institutions soviétiques. »

Ces dernières lignes révèlent la profondeur de la corruption qui ronge le régime soviétique. Même en période révolutionnaire, la rigueur de la répression ne l'avait jamais complètement étouffée. Mais depuis la Nep, elle s'est épanouie de nouveau comme aux beaux jours du tzarisme. En régime communiste pur, où il n'y a pas d'entreprises privées, où la Nation n'achète rien, la corruption est impossible ; mais il est évident qu'elle doit sévir avec un maximum d'intensité sous un système hybride où l'Etat, ne produisant presque rien directement, centralise les achats du commerce extérieur. Chaque affaire qu'il traite avec les particuliers est l'occasion de pots de vin.

Aussi le mécontentement de la classe ouvrière, qui reste l'éternelle exploitée, croît-il de jour en jour, et assiste-t-on à son détachement de plus en plus manifeste du communisme qui, au début, lui paraissait si plein de promesses. Diverses grèves ont éclaté, notamment eu août et septembre dans les régions de Moscou et du Donetz. Pourtant les grèves n'ont aucune raison d'être en régime communiste, où l'ouvrier est toujours assuré d'un salaire ou de secours sociaux suffisant largement à ses besoins. Mais le soviétisme n'est pas le communisme ; il l'est de moins en moins. Actuellement, dans le monde syndical, on constate une hostilité déclarée à l'égard des dirigeants, et comme elle n'est pas moins grave chez les paysans, il est permis de se demander si les chefs communistes réussiront à se maintenir longtemps au pouvoir.

Revenons, pour terminer ce chapitre, sur le chômage, dont il a été dit un mot plus haut incidemment, et qui s'ajoute cruellement aux souffrances de la classe ouvrière.

C'est encore un fléau qui n'a pas sa place dans un régime vraiment communiste, mais qui sévit en Russie où n'existe aucune organisation du travail. Ce n'est pas seulement à un million que s'élèverait le nombre des chômeurs d'après les chiffres enregistrés par les Bourses du Travail, et sans doute incomplets. Un rapport de M. Albert Thomas à la conférence du travail siégeant à Genève (mai 1925) l'évalue à un million et demi, chiffre énorme pour un pays aussi peu industrialisé. Une telle situation est évidemment grosse de catastrophes.

Chapitre VIII

Les Echanges

Pour qu'une organisation vraiment communiste puisse exister dans un Etat, il faut que le système financier décrit dans les *Principes d'Economie Socialiste*, et qui consiste essentiellement en l'émission d'une monnaie fiduciaire, gagée sur l'ensemble de la production consommable et équivalente à cette production, puisse y être appliqué.

Et pour qu'il soit appliqué, s'il n'est pas indispensable que la communauté produise elle-même la totalité des objets de consommation, il est indispensable qu'elle les répartisse seule ; en d'autres termes, il faut que la communauté se réserve le monopole du commerce intérieur. Mais l'exercice effectif, dans des conditions satisfaisantes, d'un tel monopole, n'est pas une petite affaire. Il exige la création, non seulement dans les villes, mais dans les moindres villages, de magasins de détail bien organisés, avec des entrepôts régionaux pour leur ravitaillement. Evidemment aucun pays, voulant se donner des institutions socialistes, ne peut songer à construire et à aménager dès le début un nombre aussi considérable de magasins et entrepôts. Mais il est possible d'utiliser provisoirement les plus convenables des locaux créés par des entreprises capitalistes. En tout cas, il ne faut fermer les magasins privés qu'au fur et à mesure qu'il existe une organisation communiste pour les remplacer, sans que les consommateurs aient eu à souffrir, car l'essentiel est d'assurer la consommation.

Les bolcheviks, au lendemain de leur victoire d'octobre 1917, n'ayant trouvé dans Marx aucune indication sur les mesures à prendre pour la socialisation du commerce, et n'étant d'ailleurs nullement préparés à la redoutable mission qui leur incombait, n'y allèrent pas de main morte : ils supprimèrent d'un trait de plume tout le commerce privé et décidèrent la création de magasins soviétiques pour faire la répartition des produits à leur place. Ce que furent l'organisation, le ravitaillement et les conditions de vente des magasins soviétiques mériterait une étude spéciale dont les développements ne sauraient trouver place dans les quelques pages de ce chapitre. L'échec fut si complet que la suppression du commerce privé resta toujours purement nominale : dès le début, les nécessités de la consommation, contre lesquelles nul décret ne peut prévaloir, imposèrent la continuation du trafic. Les magasins et boutiques étant fermés, le commerce se transporta sur les marchés au grand jour, ou se fit clandestinement à domicile. Les bolcheviks tonnaient dans leurs discours contre les spéculateurs ; ils en condamnaient même quelques-uns, de temps en temps, pour le principe ; mais, conscients de leur impuissance à assurer la consommation par les magasins soviétiques, ils laissaient faire, heureux au fond de n'avoir pas à réprimer l'insurrection générale des estomacs vides.

Survint la *Nep*, en 1921. Son premier acte fut de rétablir la liberté du commerce intérieur. Dans la situation menaçante d'alors, cette mesure s'imposait; mais avec elle s'envolait le dernier espoir d'organiser réellement le communisme. Les bolcheviks auraient pu, s'ils l'avaient voulu, rentrer aussitôt dans la bonne voie en créant graduellement, au fur et à mesure des possibilités, une répartition collective des produits qui, par la suite, se serait étendue à l'Union soviétique tout entière : ils n'y songèrent pas, et, depuis cinq ans, ils n'ont absolument rien fait dans ce sens.

Par contre ils conservèrent avec une volonté farouche le monopole du commerce extérieur qui, n'étant pas complété par celui du commerce intérieur, n'avait aucune signification au point de vue socialiste. Pourtant, au moment où j'écris ces lignes (septembre 1926), ils semblent disposés à sacrifier encore cette institution pour conjurer les difficultés de toute nature qu'ils se sont créées par leurs fautes. Un avenir prochain nous apprendra s'ils s'y sont résignés et s'ils ont pu vaincre les résistances de l'armée de profiteurs embusqués dans les multiples rouages du commerce extérieur.

Au cours des dernières années d'avant-guerre, les chiffres globaux du commerce extérieur de la Russie dépassaient deux milliards et demi de roubles-or.

Les exportations atteignaient en 1913, 1.500 millions de roubles, les importations, 1.300 millions.

De 1914 à 1917, les échanges ont été dominés par les nécessités de la guerre. Ils ont subi, par conséquent, des modifications considérables. La plupart des pays belligérants, ainsi que les pays neutres situés à proximité du théâtre des opérations militaires, n'exportaient que le strict nécessaire et n'importaient que des articles servant à la défense nationale.

La période suivante (de 1918 à 1920) fut marquée par un isolement presque complet de la Russie. Le blocus maintenu par les puissances de l'Entente rompit les anciennes relations qui unissaient la Russie aux marchés mondiaux.

Le blocus fut levé officiellement au début de 1921. Quelques mois après, les premières marchandises achetées par le gouvernement soviétique pénétraient en Russie. Mais ce grand pays, épuisé par sept ans de guerre extérieure et intérieure, n'avait rien à exporter. Le chiffre des ventes à l'étranger ne s'éleva qu'à 10 millions de roubles en 1920-1921 et à 64 millions de roubles en 1921-1922. (L'année économique, dans l'Union soviétique commence le 1ᵉʳ octobre.) En 1922-1923 l'exportation s'éleva à 133 millions de roubles, aux prix d'avant-guerre ; en 1923-1924 à 340 millions de roubles, aux prix d'avant-guerre, ou 476 millions de roubles, aux prix actuels.

Quant aux importations, elles ont marqué à peu près la même progression et se sont élevées, en 1923-1924, à 208 millions de roubles d'avant-guerre.

Les chiffres qui précèdent sont extraits d'une étude du Docteur Varchaver, qui fait partie de la publication officielle déjà citée : *La Situation Economique de l'Union Soviétique.*

La revue *La Vie Economique des Soviets* du 1ᵉʳ mars 1926 donne des renseignements plus récents ; mais ses chiffres sont un peu différents des précédents. Evalués aux prix d'avant-guerre, ils s'élèvent, pour 1924-1925, savoir : les exportations à 377 millions de roubles, les importations à 477 millions de roubles. Total du mouvement commercial de cette année : 854 millions de roubles. Nous sommes loin, comme on voit, du chiffre de 2.800 millions de roubles, représentant le trafic de l'année 1913. Et pourtant 2.800 millions de roubles, c'était un chiffre bien minime par rapport à la surface du territoire de la Russie et à l'importance de sa population. Le chiffre actuel, qui n'en atteint pas le tiers, témoigne de la pauvreté des ressources de l'Union soviétique.

Voyons maintenant comment fonctionne le monopole du commerce extérieur.

L'organe qui en a la direction est le commissariat du Peuple au Commerce extérieur (*Vnechtorg*). Il semble que le *Vnechtorg* devrait effectuer directement la centralisation des marchandises d'exportation, leur vente et leur livraison à l'étranger ; et, d'autre part, faire les achats à l'étranger des produits à importer, les acheminer vers la Russie et les remettre aux services à qui ils seraient destinés. A cet effet, il devrait se diviser en deux grandes sections : celle de l'importation et celle de l'exportation, avec subdivisions correspondant aux différentes espèces de marchandises. Mais une telle organisation serait trop simple et trop rationnelle pour répondre au besoin de confusion et de complication qui caractérise l'âme russe. Le docteur Varchaver avoue, dans l'article cité plus haut, que la structure des organes d'exportation et d'importation est « très variée ». Il faut traduire cet euphémisme officiel et dire, pour être vrai, que cette structure est le plus complet gâchis.

En effet, pour les transactions dont il a la direction, le *Vnechtorg* au lieu de les conclure lui-même, par l'un de ses bureaux, s'avise de créer des sociétés anonymes, telle l'*Exportkhleb* (exportation de céréales) qui traitent seule les affaires. Ces sociétés doivent donc avoir un capital social, un conseil d'administration spécial et une vie autonome. A quoi tout cela répond-il ?

Mais ce n'est pas tout : les trusts et les syndicats interviennent également dans les opérations du commerce extérieur ; dans certains cas les exportations sont faites par les trusts producteurs, tel le commerce du bois et du pétrole. Enfin les organisations centrales des coopératives possèdent également des droits spéciaux pour le commerce extérieur. Le *Vnechtorg* a bien sur ces diverses opérations un droit de contrôle ; il n'en a pas la direction.

Il y a même des « sociétés mixtes » dont le capital est fourni en partie par l'Etat, en partie par des capitalistes étrangers, et dans lesquelles ont lieu des partages de bénéfices.

Pour les achats et ventes dont il reste chargé, le *Vnechtorg* possède une section centrale. le *Gostorg* qui a elle-même de nombreuses filiales. Elle a aussi une représentation commerciale à l'étranger.

Si les multiples organes qui, dans des conditions différentes, concourent à alimenter le commerce extérieur de l'Union soviétique avaient des attributions bien déterminées, si chacun d'eux avait à s'occuper de telle marchandise dans telle région, à l'exclusion de tous les autres, le système pourrait encore marcher. Mais il n'en est rien : les mêmes produits peuvent être achetés ou vendus par plusieurs organismes à la fois.

Ainsi, à côté du *Goslorg*, ou bureau d'Etat, il y a le *Centrosoyous*, représentant l'Union Centrale des Coopératives de consommation qui, entre autres articles, exporte : pelleteries, soies de porc, crin de cheval, etc... Mais à côté du *Centrosoyous*, il y a le *Selskosoyous* (Union coopérative agricole panrusse) qui exporte entre autres articles, des pelleteries, des soies de porc et des crins de cheval. Il y a encore le *Zakgoslorg*, pour l'importation et l'exportation de la Transcaucasie, qui exporte également des pelleteries et des soies de porc.

Il y a encore le *Prodexport* pour l'exportation des œufs et de la volaille en concurrence avec le *Centrosoyous*.

Il y a le *Sevzapgoslorg*, bureau d'Etat pour l'exportation et l'importation du Nord-Ouest, dont beaucoup d'articles se confondent avec ceux dont s'occupent d'autres organisations.

Il y a le *Russawslorg*, société anonyme russo-autrichienne industrielle et commerciale, qui exporte toutes matières premières et denrées alimentaires, faisant ainsi double, triple, ou quadruple emploi avec les organes déjà dénommés, et avec d'autres encore dont l'énumération serait trop longue.

Ces quelques indications sont données à titre d'exemple ; il faut renoncer à citer toutes les organisations chargées à un titre quelconque du commerce extérieur de l'Union soviétique et qui, empiétant et chevauchant les unes sur les autres, forment un ensemble impénétrable dans lequel un cerveau russe seul peut arriver à se reconnaître — si tant est qu'il y arrive.

En somme, si le défaut de ressources de la Russie soviétique est la principale cause de l'infériorité de ses échanges à l'extérieur, la mauvaise organisation du monopole y contribue certainement dans une large mesure. Comment obtenir de bons résultats avec un mécanisme surchargé de rouages, et qui ne peut donner qu'un faible rendement pour une énorme dépense d'énergie ? Cette déperdition de la force, qui se traduit par une élévation parallèle des frais généraux, s'aggrave encore par les malversations inévitables en tous pays lorsque l'Etat traite de grosses affaires avec des particuliers, et qui ont toujours été dans les mœurs russes. Il n'est donc pas surprenant que les bolcheviks songent, comme on le dit, à abandonner le monopole du commerce extérieur, auquel ils finissent par trouver plus d'inconvénients que d'avantages.

Chapitre IX

Les Finances

Pour bien comprendre l'infériorité de l'organisation financière de l'Union soviétique, et à quel point elle s'écarte du véritable communisme, il est indispensable de relire, dans les *Principes de l'Economie Socialiste*, les chapitres consacrés à la *Fixation de la Valeur*, au *Système financier*, etc. Tout lecteur de bonne foi, qui se sera bien pénétré de ces pages, écartera de lui-même l'objection puérile qui peut être faite à mes exposés : « Vous prétendez avoir apporté le seul système financier du socialisme. En réalité vous ne produisez qu'une conception personnelle à laquelle d'autres peuvent être opposées. Les bolcheviks se sont arrêtés à des idées différentes. Cela ne veut pas dire qu'elles ne vaillent pas les vôtres. » Car un tel raisonnement ne résiste pas une minute à la comparaison des deux systèmes. Il apparaît d'ailleurs nettement que le système de Moscou n'a absolument rien de socialiste. Il repose tout entier sur les principes qui caractérisent indiscutablement le régime capitaliste, et emprunte aux finances des Etats capitalistes leurs pires expédients pour conjurer les difficultés inhérentes à ce régime.

Le gouvernement soviétique, en effet, a débuté par une inflation qui a atteint des proportions fantastiques. Puis, il est revenu à l'étalon d'or. Il perçoit des impôts et il contracte des emprunts, ou du moins, il cherche à en contracter. Tout cela, c'est de la finance capitaliste. En régime socialiste, il n'y a pas d'inflation possible, puisque la monnaie mise en circulation équivaut toujours à la production consommable qui est son gage — gage plus solide que la monnaie d'or. Il n'est pas établi d'impôts et on n'a jamais besoin d'émettre des emprunts. Le crédit, qui est à la base de l'économie capitaliste, et de l'économie soviétique, est un mot qui sera rayé du vocabulaire socialiste. Donc, répétons-le encore, il n'y a rien, absolument rien de socialiste dans les finances soviétiques. Elles ne reposent d'ailleurs sur aucune idée neuve : les bolcheviks ont copié simplement ce qu'ils voyaient faire autour d'eux, le bon et le mauvais, surtout le mauvais.

On ne saurait donc, comme pour leur abandon de la socialisation, les excuser sur ce qu'ils ont dû céder à la pression des circonstances, car, même dans la période du communisme de guerre, ils n'ont jamais songé à introduire les principes socialistes dans leur appareil financier. La planche à roubles existait ; ils ont fait tourner la presse dans la mesure de leurs besoins sans la moindre hésitation ; et comme ces besoins croissaient sans cesse à mesure que la monnaie se dépréciait, ils augmentaient sans cesse les émissions, ne les ralentissant parfois, que lorsqu'ils manquaient de papier. De toute évidence, ils n'ont jamais reculé devant les ruines que devait entraîner la faillite inévitable d'un tel système. Tout indique au contraire qu'ils la prévoyaient et ne songeaient nullement à un rachat, à une consolidation quelconque, devant atténuer ces pertes. Avec le cynisme qui les caractérise en certaines matières, ils devaient se réjouir, au contraire, de consommer aussi facilement l'expropriation d'une partie du capital.

Ils ne renoncèrent à imprimer des roubles papier que lorsque la valeur de cette monnaie fiduciaire (?) étant tombée pratiquement à zéro, ils durent chercher un meilleur instrument financier pour assurer leurs services. L'événement se produisit en 1922. Une première émission de *tchervonetz*, dont le montant ne dépassait pas quelques dizaines de millions de roubles, fut faite au cours de l'automne de cette année ; d'autres suivirent ; mais leur total, au 1ᵉʳ janvier 1923, ne dépassait pas 130 millions de roubles.

Qu'était-ce que le tchervonetz ?

C'était un billet de dix roubles or, émis par la Banque d'Etat, et qui devait servir au financement des entreprises non déficitaires de l'Etat. Il ne constituait pas, à proprement parler, une monnaie, mais plutôt un chèque au porteur dont toute la valeur dépendait du crédit de la Banque d'émission.

La Banque d'Etat soviétique était d'ailleurs dans une bonne situation ; elle possédait des réserves d'or et de devises étrangères assez importantes ; et de plus elle encaissait les rentrées en devises étrangères du commerce extérieur, dont la balance fut favorable, ce qui lui créait des disponibilités. Cela suffit, bien que le tchervonetz n'eût aucun gage, au sens réel du mot, pour assurer pratiquement sa parité avec l'or et sa stabilité. Mais le tchervonetz, émis avec prudence pour des opérations limitées, ne pouvait suffire aux besoins de la circulation. C'était une monnaie de riches, la monnaie des entreprises d'Etat et des gros commerçants privés, ayant des comptes en banque et effectuant leurs recettes et leurs dépenses par compensation, sans avoir à manier de grosses sommes. Quant aux prolétaires, ouvriers, employés, paysans, petits commerçants, ils étaient réduits à l'ancienne monnaie d'Etat, le *sovznak*, qui se dépréciait constamment à la vitesse de 5 à 10 pour 100 environ par jour.

« Par suite de l'augmentation automatique des salaires, suivant les index de cherté de vie, écrit M. Henry Rollin, les ouvriers et employés n'avaient guère à supporter que la dépréciation subie par le sovznak entre deux jours de paye. C'était surtout le paysan qui portait tout le poids de cet impôt indirect que constitue l'inflation. Il ne devait pas tarder à s'en montrer d'autant plus mécontent qu'il se voyait ainsi imposer de mille façons directes ou indirectes au profit des usines.

« La coexistence du tchervonetz et du sovznak risquait donc de faire naître, en pays soviétique, une sorte de lutte de classes dans laquelle l'Etat et ses entreprises industrielles et commerciales joueraient, aux yeux des paysans, le rôle attribué jusque-là au bourgeois et au capitaliste d'antan. La stabilisation de la monnaie devenait ainsi le symbole du maintien de l'union, au sein de l'Etat ouvrier et paysan où le paysan menaçait de se dresser contre l'hégémonie des villes et protestait déjà contre les privilèges et la dictature de l'industrie d'Etat. C'est ce qui donna toute son importance à la réforme monétaire et c'est aussi ce qui en explique la brusque réalisation. »

Le 14 février 1924 parut un décret du Conseil des Commissaires du peuple metant fin à l'impression et à la mise en circulation des sovznak, dont le remplacement devait être fait par des billets de la trésorerie d'Etat de 1, 3 et 5 roubles or et par des pièces de monnaie divisionnaire en argent et en cuivre. L'émission des billets de la trésorerie ne devait pas dépasser la moitié de l'émission des tchervonetz. Quant à la monnaie métallique, un décret du Comité exécutif central du 21 février ordonna la mise en circulation immédiate de pièces d'argent de 10, 15, 20 et 50 kopeks et de pièces de cuivre de 1, 2, 3 et 5 kopeks, de façon que la circulation en espèces sonnantes s'élevât à 100 millions de roubles or au moins au 1ᵉʳ janvier 1925.

Le 28 février, devant le refus des paysans d'accepter le sovznak en échange de leurs produits, la nécessité d'avoir un instrument de circulation stable amena le Commissaire du peuple aux finances à établir la parité entre le billet de trésorerie et le tchervonetz. En même temps, les banques étatisées étaient invitées à échanger au pair les billets de trésorerie contre les tchervonetz. Ainsi, le billet de trésorerie prenait appui, d'un côté sur la monnaie d'argent, de l'autre sur le tchervonetz. Le tchervonetz qui jusque-là, n'avait rien eu de commun avec des signes monétaires émis par l'Etat, devenait une véritable monnaie garantie en fait « par tous les biens de l'Union des Républiques soviétiques ». L'un des premiers effets de la réforme monétaire était donc, pour faire face à une nécessité pressante, de compromettre un élément de stabilité et de crédit qui avait rendu des services appréciables à l'industrie et au gros commerce.

Certes, le billet de trésorerie bénéficiait du crédit qu'assuraient au tchervonetz les réserves de la Banque d'Etat, mais tant qu'il restait ainsi suspendu au tchervonetz, le dépréciait et risquait de le faire fléchir. Il était donc nécessaire de prendre en toute urgence une série de mesures pour éviter ou atténuer cette chute.

Ces mesures furent prises avec toute l'énergie nécessaire ; elles consistèrent en restrictions de la circulation du tchernovetz et des billets de trésorerie, en lutte contre la vie chère et en réductions des salaires. Grâce à elles le gouvernement soviétique put maintenir le cours du tchervonetz, à l'intérieur de la Russie, car cette monnaie n'a jamais été admise au change par les principales bourses étrangères, notamment Londres, Paris et New-York. La lutte contre la vie chère avait été rendue possible par la stabilisation de la monnaie ; et la réduction des salaires en avait été la conséquence. En somme, pour maintenir à peu près à la parité de l'or le cours du tchervonetz et des billets de trésorerie, le gouvernement soviétique réduisait la circulation à son plus strict minimum.

Avant la guerre, la circulation fiduciaire de la Russie s'élevait à deux milliards et demi de roubles en billets de banque et en monnaie. La circulation fiduciaire de l'Union des Républiques soviétiques s'élevait au premier février 1924 à la somme de 398 millions de roubles or, se décomposant ainsi : tchervonetz, 273 millions de roubles or ; sovznak, 41 millions ; bons du Trésor du commissariat des finances, 72 millions ; et bons de transport du commissariat des voies et communications, 12 millions. Il est bien évident qu'une circulation aussi restreinte apportait aux échanges de grandes entraves. Aussi, par la force des choses elle s'augmenta peu à peu, sans atteindre, à beaucoup près, le niveau d'avant-guerre. Au 1ᵉʳ janvier 1926, elle s'élevait à 1.241.431.000 roubles or se décomposant ainsi :

Billets de Banque d'Etat (tchervonetz) 716.119.000 roubles ; bons du Trésor : 370.209.000 roubles ; monnaie d'argent : 142.143.000 roubles ; billon : 7.861.000 roubles ; bons divisionnaires : 5.009.000 roubles.

● Si l'on juge de la stabilité du tchervonetz par les cours des quelques bourses secondaires où il est coté, on doit reconnaître que ses fluctuations ne sont pas considérables. Malheureusement — j'en trouve l'aveu dans la revue : la *Vie Economique des Soviets* du 3 mai 1926, sous la signature J. Reingold — son pouvoir d'achat à l'intérieur a baissé de 10 pour 100 : « Si pénible qu'il soit, écrit J. Reingold, il faut bien avouer ce fait. » Mais il ajoute : « Cette perte de 10 pour 100 de la capacité d'achat qu' a subi notre monnaie est-elle si dangereuse après deux ans d'existence (depuis avril 1924) et après toutes les difficultés auxquelles on a dû faire face pour obtenir le redressement de la vie économique dans le pays ? Ne connaissons-nous pas d'autres nations, dont l'Angleterre, qui, à ce point de vue, se trouvaient il y a peu de temps, ou se trouvent encore, dans une situation moins enviable ? Il serait peut-être trop flatteur d'exiger d'une devise aussi jeune qu'est le tchervonetz une stabilité plus grande qu'on n'en exige de beaucoup d'autres devises étrangères. Il convient de ne pas oublier qu'auçun pays étranger ne nous a accordé d'emprunt pour consolider le tchervonetz. »

Malgré ces raisons de se rassurer, J. Reingold laisse percer son inquiétude :

« Après avoir passé, pendant cette année, par des phases de hausse et de baisse, le tchervonetz est revenu à son point de départ. Cherchons dans l'économie même du pays les facteurs qui entraîneraient fatalement le tchervonetz vers l'abîme. Certes, des erreurs ont été commises, et certaines furent probablement inévitables ; mais il n'y a pas lieu de désespérer, loin de là.

« Cet automne, il y eut une émission excessive, faite dans le but de réaliser la récolte d'exportation que l'on avait surestimée.

« En conséquence, les transactions commerciales se sont réduites dans le pays. Aussi a-t-il fallu, dans le domaine de l'industrie, se contenter d'un développement plus modéré. Il s'est trouvé trop d'argent en circulation avec le peu de marchandises. C'est de là qu'ont dû surgir les difficultés d'ordre économique.

« Pour améliorer la situation, il a fallu une politique énergique de déflation et de redressement du bilan commercial. Nous sommes en présence de l'une et de l'autre. A partir du 1er décembre de l'année passée, la circulation monétaire a été réduite dans des proportions très sensibles. Il faudra insister sur cette politique de restriction.

« Quant au bilan commercial, celui-ci a déjà marqué au mois de mars, pour la première fois au cours de cette année, un excédent de l'exportation sur l'importation.

« Pendant le prochain semestre de l'exercice, il y a tout lieu de compter sur un important solde actif du bilan commercial .Les difficultés qui se sont fait sentir jusqu'à présent ne sont que passagères et temporaires. Certes, parmi ces difficultés, il y en a qui dépendent de causes plus profondes, en particulier d'un développement relativement faible de l'industrie et du caractère agricole du pays.

« Cependant, nous répétons qu'il s'agit non d'une crise, mais seulement d'un ralentissement. Nous ne nous faisons pas d'illusions sur notre véritable situation, mais nous ne pourrions recommander aux personnes sérieuses de céder à une panique provoquée par les informations tendancieuses et mal fondées de certains journaux. »

Il n'est pas même besoin de lire entre les lignes pour reconnaître que leur auteur, écho des milieux financiers soviétiques, est loin d'être convaincu de la stabilité du tchervonetz. Et, en effet, cette monnaie, n'ayant aucun gage véritable, ne repose que sur la prospérité de l'économie soviétique. Depuis deux ans, après avoir touché son point le plus bas, celle-ci s'est partiellement redressée, et le tchervonetz s'est maintenu. Tant que la situation sera à peu près favorable, il en sera de même ; mais vienne une crise intense, il ne pourra que s'effondrer. Or dans les circonstances précaires que traverse l'Union soviétique, elle est plus exposée que la plupart des pays à une telle crise, dont cependant les Etats les plus prospères ne sont pas exempts (1).

Quoiqu'il en soit, il serait injuste de ne pas reconnaître que les bolcheviks se sont tirés aussi heureusement que possible d'un bien mauvais pas, et que dans la situation où ils se trouvaient il leur était difficile de faire mieux.

D'ailleurs la thèse de ce livre n'est pas d'établir qu'ils se sont montrés des financiers exécrables, mais simplement de constater qu'à aucun moment ils n'ont parlé ni agi en financiers socialistes, et cela résulte clairement des expédients dont ils ont usé : tous appartiennent à la science financière capitaliste. Et on va voir tout à

____

(1) Le tchervonetz n'a cessé de baisser depuis que ces lignes sont écrites.

l'heure, par la suite de ce chapitre, qu'ils se sont également conformés à ses principes en matière de fiscalité et de crédit public. Quant à la science financière socialiste, n'en ayant pas trouvé trace dans Karl Marx, ils ignorent même qu'elle existe, ou du moins ils se refusent à l'étudier. A vrai dire, ils n'ont guère le loisir de se livrer à une telle étude : toute leur activité, toute leur intelligence sont absorbées par l'expédition des affaires courantes, par une lutte perpétuelle contre des difficultés de détail innombrables et toujours renaissantes. Embourbés dans le marécage des institutions économiques capitalistes, dont ils n'ont pas su se tirer, c'est sur ces vases molles qu'ils s'efforcent de rebâtir le monde alors que, mieux préparés à leur tâche, ils auraient pu lui donner comme fondement le roc solide du socialisme. Les problèmes insolubles au milieu desquels ils se débattent sont les mêmes, en somme, que ceux qui se posent devant les nations européennes qui ont pris part à la guerre : le socialisme reconstructeur seul en a la clef, et pour les bolcheviks, le socialisme reconstructeur est lettre morte.

Comme les états capitalistes, l'Union soviétique cherche son principal élément de sécurité économique dans la stabilité de sa monnaie et cherche à assurer cette stabilité par une balance commerciale avantageuse et un bon équilibre budgétaire. Mais l'excédent des ventes sur les achats, dans un pays de basse production, ne peut être obtenu qu'en restreignant les importations au-dessous des besoins ; d'où misère et stagnation. On ne peut pas sortir du cercle vicieux. Quant à l'équilibre budgétaire, avant de voir par quels moyens on essaie de l'obtenir, il faut insister sur cette constatation déjà faite, que les bolcheviks ont, comme les Etats capitalistes, un budget de finances, tandis que, s'ils avaient su organiser le régime socialiste, ils auraient un budget de la production. Et comme les recettes d'un budget de finances ne peuvent provenir que de l'impôt, ils ont un système d'impôts, alors qu'il n'en peut exister aucun en régime socialiste.

Le professeur Sokoloff, dans une notice publiée dans le livre déjà cité : *La Situation Economique de l'Union Soviétique*, indique que le revenu national de cette fédération d'Etats est évalué à 12-13 milliards de roubles. L'impôt perçu au profit de l'organisme central atteint, dit-il, 20 pour 100 de ce revenu ; les budgets locaux y ajoutent un prélèvement de 6 à 7 pour 100 ; total 26-27 pour 100 du revenu. Cela prouve, ajoute-t-il, que le poids de la taxation atteint actuellement dans l'Union soviétique son niveau d'avant-guerre (où ils représentait également 25 pour 100 du revenu national). Mais comme les dimensions du revenu national sont à présent bien moindres qu'avant la guerre, le fardeau des impôts, quoique représentant le même pourcentage qu'avant la guerre, doit peser bien plus fortement qu'auparavant sur l'économie nationale. »

Le professeur Sokoloff constate en outre que les dépenses du budget augmentent d'année en année avec une grande rapidité. Et, en effet, alors qu'elles ne s'élevaient en 1913-1924, qu'à 1.750 millions de roubles or, elles ont atteint 2.550 millions de roubles en 1924-1925 et 3.770 millions de roubles en 1925-1926. Le développement de cette progression inquiète le progesseur Sokoloff qui écrit :

« L'augmentation progressive de la part du budget dans le revenu national présenterait déjà un certain danger, particulièrement à l'égard de la récolte assez mauvaise de l'année 1924 et des perspectives quelque peu défavorables en ce qui concerne la récolte de 1925. Il est vrai que le développement ininterrompu, malgré la mauvaise récolte de 1924. de l'économie nationale permet d'envisager l'avenir de nos finances avec confiance. Mais il faut toujours avoir en vue que, la baisse du revenu national étant considérable, le budget d'Etat ne peut être réalisé sans émission que grâce à une réduction considérable des dépenses. »

Il est évident, en effet, qu'une économie aussi fragile aurait besoin de grands ménagements. Mais peut-on en garder quand on est assiégé par de multiples et pressantes nécessités ? Le professeur Sokoloff ne paraît guère l'espérer, car il ajoute :

« Nous devons prévoir qu'une forte pression sera exercée sur le Trésor pour répondre à des besoins non satisfaits. La reconstitution et l'augmentation de l'avoir public, l'accroissement des capitaux investis dans l'industrie et l'agriculture exigeront de notre économie publique de très gros efforts. »

L'avenir ne paraît donc pas très rassurant. Maintenant il est intéressant de voir si la fiscalité soviétique a réussi, comme c'était le désir de ses créateurs, à ménager les petites bourses et à prendre, selon la formule des socialistes français, l'argent là où il est. Hélas ! quand il faut équilibrer un budget, on s'attache surtout aux recettes les plus faciles à percevoir, et, en Russie comme ailleurs, ce sont les impôts indirects, impôts de consommation, frappant les besoins plutôt que les ressources, faisant de la progression à rebours, qui fournissent la plus forte part. Et ce sont aussi ceux qui s'élèvent le plus vite. Le professeur Haensel qui, dans la publication officielle déjà citée : *La Situation économique de l'Union soviétique*, étudie le Régime fiscal des Soviets, écrit à ce propos :

« L'imperfection de l'appareil fiscal et l'impossibilité de se rendre compte de ce que les différentes catégories de contribuables étaient en état de payer, ont obligé l'Etat à avoir recours à des moyens d'imposition très primitifs. On n'a pas lieu d'être surpris que, dans de pareilles conditions, à l'aube de la nouvelle politique économique, des ressources considérables étant nécessaires pour venir en aide aux victimes de la famine et pour lutter contre les épidémies qui ravageaient le pays, le gouvernement soviétique ait eu recours à un impôt direct de capitation, impôt très primitif en lui-même, mais garantissant des recettes suffisantes. »

En dehors de l'impôt de capitation, qui est évidemment le plus injuste de tous puisqu'il exclut toute proportionnalité, on trouve des taxes sur des objets de première nécessité : eaux minérales, sucres, mélasses, thé, café, sel, pétrole, allumettes, huiles, benzine, levures, bougies, caoutchouc, produits textiles, etc. Les tabacs, même de qualité inférieure, sont également frappés, ainsi que les poudres, et toutes les boissons alcooliques, aussi bien les moins alcoolisées comme la bière, le kwass et l'hydromel que les alcools d'industrie.

L'impôt sur les boissons alcooliques a pris en 1924 la forme d'un monopole d'Etat de l'alcool et des spiritueux. On a ressuscité ainsi une des pires institutions du tsarisme qui se gorgeait d'or en entretenant chez le misérable peuple russe, l'abrutissement de l'ivrognerie. Alors, dans les villes et dans les campagnes, ce vice dégoûtant avait pris des proportions inouïes et on rencontrait à chaque pas, étendu sur la voie publique, un pochard cuvant sa *vodka*. Il est permis de penser, d'ailleurs, que les souverain autocrate utili-conseillers sans scrupules du saient aussi l'ivrognerie à leurs fins politiques, estimant qu'un peuple qui se vautre dans l'alcool ne songe pas à revendiquer ses droits. En quoi ils ne se trompaient guère. Le monopole de l'alcool mettait, bon an, mal an, dans les caisses du Trésor, la somme énorme d'un milliard de roubles, et cette contribution sur la corruption populaire permettait au triste régime tzariste d'entretenir la corruption dans les hautes sphères impériales et gouvernementales.

Au début de la guerre, la vente des alcools et spiritueux

fut interdite en Russie comme dans la plupart des Etats belligérants, et cette suppression fut maintenue pendant la guerre civile, c'est-à-dire jusqu'en 1921. Ayant séjourné en Russie soviétique près d'une année (1920-1921), je puis porter témoignage que je n'y ai pas rencontré un seul homme en état d'ivresse. C'était, hélas ! trop beau pour durer : dans un pays de culture paysanne, c'est-à-dire de propriétés très morcelées, le pouvoir est sans force contre un vice profondément ancré par un ancien atavisme dans les habitudes populaires. Seul un régime communiste véritable, possédant la totalité des moyens de production, peut anéantir la fabrication de l'alcool de bouche, ainsi que je l'ai plusieurs fois démontré. Aussitôt que le blé devint un peu plus abondant, des distilleries clandestines surgirent de toutes parts, et les autorités soviétiques, ne pouvant empêcher le mal, se résignèrent à le mettre en coupe réglée. Aussi bien, leurs ressources étaient rares, leurs besoins pressants, et on ne saurait leur faire un crime d'avoir ressuscité l'un des pires abus du régime déchu. Mais quel aveu d'impuissance, quelle preuve affligeante qu'il n'existe en Russie soviétique qu'une caricature du communisme !

Les institutions financières de l'Union soviétique étant basées sur les purs principes capitalistes, et le crédit continuant à en être le principal moteur, les banques, ces organismes parasitaires, qui sont la ruine des producteurs et des épargnants, et que le vrai communisme anéantira du fait seul d'exister, y fleurissent plus abondamment que jamais. Il est juste de reconnaître qu'elles y soit moins des sangsues collées au flanc du travail, que des auxiliaires du Trésor et des trusts soviétiques. Mais on ne voit pas la nécessité de les multiplier comme elles le sont, et d'aggraver ainsi cette plaie du fonctionnarisme qui a toujours contribué pour une large part à épuiser la Russie.

Il y a d'abord la Banque d'Etat, chargée des émissions,

puis la *Prombank* (Banque Commerciale et Industrielle de l'U.S.), avec des comptoirs nombreux en Russie et à l'étranger, la *Banque panrusse des Coopératives*, la *Banque centrale de l'Agriculture*, etc., etc., chaque branche et chaque nature de la production et de la répartition possède sa banque spéciale.

Les principales opérations des banques consistent à faire des ouvertures de crédit aux trusts et syndicats de production et d'échange. Avec elles, apparaît donc cet élément si dangereux du crédit : la dette, qui n'a aucune possibilité d'exister sous un régime véritablement communiste, et qui n'existait d'ailleurs pas avant la *Nep*, mais qui progresse depuis avec une rapidité peu rassurante. Le total de la dette des différentes branches de l'économie soviétique, contractée dans toutes les institutions de crédit de l'Union, n'était au 1ᵉʳ janvier 1923, qu'une quantité négligeable: elle ne s'élevait qu'à 22 millions de roubles. Au 1ᵉʳ janvier 1924, elle a atteint 424 millions de roubles, pour s'élever à 1.022 millions au 1ᵉʳ janvier 1925. (Rapport du président du Soviet de Moscou, L. Kameneff, publié dans la presse de Moscou, le 20 janvier 1925.)

L'accroissement de la dette est une grave menace pour la sécurité de l'économie soviétique. Il pèse de plus en plus sur les opérations de production et de commerce, et révèle le caractère fictif de la prospérité relative dont on fait si grand étalage pour capter la confiance des capitalistes étrangers.

. Encore, si les organismes de production et d'échange étaient seuls à contracter des emprunts ! Mais l'État lui-même,(entité qui n'existe que par les éléments dont il se compose), emprunte aussi de son côté, bien qu'en dehors de ces éléments, déjà grevés eux-mêmes, il ne présente aucune garantie propre.

Il emprunte à l'intérieur, en attendant la possibilité de trouver des crédits à l'extérieur. Il emprunte de force lorsque les fonds ne lui arrivent pas de bon gré. Le professeur Lioubimoff, dans la *Situation Economique de l'Union Soviétique*, justifie de son mieux cette nécessité :

« L'utilité des emprunts forcés a été longuement débattue, écrit-il. On le sait aussi bien dans les milieux scientifiques que dans les milieux d'affaires. Il est incontestable que la répartition forcée d'un emprunt le rapproche des impôts et ne contribue pas à le rendre populaire. Mais, ainsi que le fait remarquer M. le Professeur Gaston Jèze, dont la compétence est très grande dans les questions de crédit public, un emprunt forcé peut être admis, s'il n'est qu'un dernier anneau dans une chaîne de mesures visant à relever les finances de l'Etat. Précisément, il ne faut considérer cette mesure que comme une étape vers l'assainissement du budget et la création d'une monnaie stable. »

Raisonnement bien fragile : le professeur français admet l'emprunt forcé comme « dernier anneau d'une chaîne de mesures », c'est-à-dire le pas final qui atteint sûrement le but. Le professeur russe reconnaît qu'il ne s'agit que « d'une étape ». C'est très différent.

Le montant des emprunts émis, sous diverses formes et pour diverses destinations, s'est élevé, d'après les documents officiels :

Au 1ᵉʳ octobre 1923, à 127 millions de roubles ;

En 1924-1925, à 766 millions de roubles.

Les deux chiffres s'ajoutent et on constate, là encore, la rapidité de la progression.

Il est tout naturel que des Etats capitalistes fassent des dettes ; mais en bonne économie socialiste, il ne doit pas, il ne peut pas y en avoir. Evidemment, la Russie soviétique tourne de plus en plus le dos au socialisme.

Chapitre X

Les issues possibles

On a dit très justement de la Russie qu'elle était le pays des possibilités illimitées. Les événements y déconcertent presque toujours les prévisions les mieux fondées en fait et en logique. Cela tient sans doute à la nature des hommes, chez lesquels on rencontre à la fois à un haut degré, par une contradiction inexplicable, l'esprit de résignation et l'esprit de révolution, ce qui rend possibles de brusques et violents soubresauts, après une longue période de tranquillité apparente. Cela tient aussi à l'immensité et au manque de cohésion du grand corps russe qui réunit sans les avoir fusionnés les peuples les plus divers, dont on ignore toujours en partie non seulement les dispositions, mais même la situation matérielle.

Il serait donc bien téméraire, en présence de la situation actuelle de la Russie, de vouloir prédire comment elle évoluera. Tout est possible.

Il se peut très bien que le profond mécontentement des masses rurales et ouvrières se résolve en une formidable insurrection qui emportera la minorité bolchevique dirigeante.

Mais il se peut aussi que cette minorité, qui a réussi à se maintenir neuf ans au pouvoir dans les circonstances les plus difficiles, y reste encore pendant un temps dont on ne peut prévoir la fin.

Il se peut que les antagonismes personnels qui déchirent le parti bolchevik amènent sa dissolution ; mais il se peut aussi que l'imminence d'un grand danger regroupe autour du drapeau tous les membres de ce parti, habitués à une stricte discipline, et qu'une concentration de l'autorité entre les mains d'un dictateur énergique sauve encore la situation.

Il se peut que les bolcheviks ne réussissent pas à relever économiquement la Russie; et les mauvaises méthodes qu'ils emploient, leur manque d'esprit d'organisation en matière économique, rendent cette hypothèse plausible.

Mais on peut admettre également que l'acharnement de leurs efforts, leur tendance indéniable vers le progrès technique, ayant amené une légère amélioration lorsque la situation paraissait désespérée, réussissent à élargir ces premiers résultats et à rendre à leur pays le degré, encore bien bas, de prospérité qu'il avait atteint sous le tzarisme. S'ils remontent à ce niveau, il n'y a pas de raison pour qu'ils ne s'élèvent pas beaucoup plus haut par la suite.

Il se peut que la grève des capitaux étrangers, qui résistent à leurs sollicitations, anéantisse leur industrie, faute de pouvoir renouveler son matériel fatigué. Mais il se peut qu'ils finissent par obtenir les concours pécuniaires dont ils ont besoin ; il se peut même qu'ils parviennent à s'en passer en fabriquant eux-mêmes leur outillage par l'utilisation du fer, de la houille et du pétrole dont ils sont abondamment pourvus. Ils y auraient même sûrement réussi s'ils étaient, dès le début, entrés dans cette voie qui était la bonne.

Il se peut que, la grande industrie disparue, la Russie revienne à la vie moyenâgeuse du paysan pourvoyant lui-même à ses besoins réduits, sans rien acheter ni vendre. Mais il se peut aussi que l'industrialisation, à peine commencée, se développe jusqu'au point atteint dans l'Europe Centrale et Occidentale. Il se peut, en d'autres termes, que, sous la direction d'un parti qui continue à se dire communiste, la Russie devienne un grand État capitaliste, aussi prospère qu'un État capitaliste peut l'être, c'est-à-dire un pays dont le capital s'est notablement accru, au bénéfice de la minorité privilégiée, sans que la masse participe à ses avantages. Une telle hypothèse n'est nullement à exclure.

Mais le point d'interrogation vraiment passionnant, le seul que je me pose avec anxiété, est celui-ci : La Russie après les concessions successives qu'elle a faites et qu'elle fera aux principes capitalistes, sera-t-elle un jour en état d'effectuer un redressement complet et d'établir chez elle un régime vraiment communiste ? Tel doit être le désir de ses dirigeants : on ne peut leur faire l'injure d'en douter, bien que, par moments, leur conduite autorise à supposer qu'ils sont tombés au rang d'une coterie de politiciens dont l'unique idéal est désormais de se cramponner au pouvoir, d'abord pour leur sécurité, ensuite pour continuer à jouir des avantages qu'il procure.

Seulement, un désir, si intense, si sincère qu'il soit, ne suffit pas, s'il n'est pas accompagné d'une claire conscience des moyens à employer pour le réaliser et d'une ferme volonté de les mettre en œuvre.

Ces moyens, dans la situation actuelle, existent-ils ?

Je n'hésite pas à répondre affirmativement.

Ils existent, dans leur matérialité ; il ne faut que vouloir et savoir en tirer parti. Seule de toutes les nations, la Russie est gouvernée par des socialistes, et ce gouvernement est une dictature. Il suffit donc que ses dirigeants l'orientent dans ce sens et il n'est pas nécessaire, comme dans les autres États, de créer d'abord un vaste mouvement d'opinion. La tâche se trouve bien simplifiée.

Étant donné les mauvais résultats de la tentative de socialisation générale du début, et étant donné que la *Nep* n'a relevé un peu l'économie soviétique qu'en s'écartant de plus en plus du socialisme, il est évident que le chemin à suivre doit différer du premier autant que du second.

Quand on suit avec attention les efforts actuels des bolcheviks pour améliorer leurs conditions économiques, on arrive à discerner assez facilement le point faible de leur méthode : dans le pays immense par sa population, plus immense encore par son étendue, dont ils ont en mains l'administration, ils veulent introduire le progrès partout simultanément. Les ressources, toujours insuffisantes, dont ils disposent sont dispersées par eux sur l'ensemble du territoire fédéral, et il arrive par suite que chaque point n'en reçoit qu'une fraction insuffisante pour atteindre le but visé. Les faibles subsides qui lui sont affectés se volatilisent sans avoir produit d'effet utile. Et tout est à recommencer l'année suivante.

Or, pour se procurer ces trop minimes subventions, le pouvoir central a épuisé ses moyens et ses forces d'action. A la fin de chaque exercice, il est à bout de souffle, et cependant, il doit remonter son rocher de Sisyphe au sommet de la montagne escarpée, s'il veut se tenir pendant l'exercice suivant.

De ces observations se dégage tout naturellement une méthode meilleure, qui peut se formuler en deux préceptes :

1° Au lieu de répartir les crédits d'amélioration sur la totalité des branches de l'économie et sur toute la surface du territoire de l'Union soviétique, il faut les concentrer sur un périmètre restreint, en se contentant de faire marcher le reste le mieux possible, au moyen des ressources ordinaires.

2° Il faut créer au point choisi un organisme supérieur, qui se rapproche autant que possible de la perfection économique socialiste; qui, par conséquent, soit en état de réaliser un maximum de production pour un minimum de dépenses, et dont les produits, écoulés aux prix du marché, laissent chaque année des bénéfices plus élevés que ceux des entreprises ordinaires. Il faut que ces bénéfices, au lieu d'être répartis, soient exclusivement affectés au développement de l'œuvre et s'ajoutent ainsi aux subventions de l'Etat, de façon à assurer la progression constante de ce développement. On comprend immédiatement qu'au bout d'un certain nombre d'années, une telle institution arrive à se créer des revenus énormes et qui s'accroîtront sans cesse, de façon à ce qu'elle puisse s'étendre indéfiniment par ses propres moyens, sans qu'il soit indispensable que l'Etat lui continue son concours. Cette extension sera irrésistible ; du fait de sa supériorité économique, l'organisme ainsi créé absorbera automatiquement, les uns après les autres, les organismes inférieurs. N'est-il pas clair que, de deux commerçants voisins, vendant les mêmes produits, mais dont l'un livre sa marchandise à vingt pour cent moins cher que l'autre, le premier monopolisera dans un temps donné toute la clientèle ?

Par suite de ces absorptions continuelles, dans une proportion toujours croissante, l'organisme créé deviendra un jour seul possesseur de la totalité des moyens de production et d'échange existant dans l'Union soviétique. Il aura, au fur et à mesure qu'il se les annexait, transformé toutes les entreprises privées à technique inférieure et à faible rendement, en exploitations scientifiques donnant un maximum de produits pour un minimum de main-d'œuvre. De sorte que le régime qu'il aura alors créé sera bien le socialisme, non purement nominal, mais effectif et produisant tous ses bienfaits.

La critique alléguera qu'une telle transformation prendra des siècles. C'est exagéré. Elle sera longue, certainement et il est impossible, par une autre méthode, d'espérer la réaliser en quelques années. Il faut le temps à une œuvre aussi colossale. Mais on doit compter sur le principe progressif de son extension pour abréger les délais : qu'on se rappelle la légende indoue du grain de blé dont le nombre doublait à chacune des soixante-quatre cases de l'échiquier, et dont le total finissait par dépasser la récolte d'un royaume.

D'ailleurs, en dehors de ce principe, dont l'action accélératrice sera puissante, il faut tabler sur d'autres éléments :

D'une part, toute la partie de l'Union Soviétique qui, sur une grande profondeur, s'étend en bordure de l'Océan Glacial, est impropre à toute production. Il faut la défalquer des 16 millions de kilomètres carrés, représentant la superficie totale, européenne et asiatique, de l'immense Russie (trente-deux fois celle de la France).

D'autre part, il est d'ores et déjà certain qu'à un moment donné, lorsque le régime communiste aura fait la preuve dans l'opinion de sa supériorité, ce qui subsistera encore de propriété privée viendra spontanément s'offrir à la socialisation.

Enfin, il ne sera pas indispensable que l'œuvre soit parachevée pour porter ses fruits. Lorsqu'elle aura pris une certaine consistance, et incorporé quatre ou cinq cent mille kilomètres carrés, elle sera devenue un facteur prépondérant dans l'économie russe dont elle relèvera sensiblement la production, en mettant fin à toutes les difficultés qui existent aujourd'hui. Or, on verra par la suite qu'un espace de temps relativement court suffira pour atteindre ce résultat.

D'ailleurs, on ne pourra se faire une idée exacte des conditions de développement et des conséquences favorables résultant de chaque étape franchie qu'après l'exposé plus complet du projet envisagé. On le trouvera au livre IV du présent volume.

Hors de cette conception, aucune idée pratique n'a surgi jusqu'à ce jour. Il se peut qu'on en produise une meilleure. Mais ce n'est certainement pas par la continuation pure et simple de la *Nouvelle politique économique* qu'on aboutira à une organisation socialiste. En attendant qu'on découvre un moyen plus efficace d'en sortir, je présente le mien, dans la conviction qu'il est capable de résoudre le problème.

LIVRE III

La Politique socialiste en France

CHAPITRE XI

Le Parti en proie aux politiciens

Y a-t-il encore, en France, un parti socialiste ?

La réponse serait affirmative, certes, si elle pouvait s'exprimer en chiffres. Jamais les contrôles du Parti n'ont enregistré autant d'adhérents. Jamais nos élus au Parlement n'ont été aussi nombreux. Les masses populaires viennent à nous. C'est indéniable. Mais où est l'âme qui anime ce grand corps ? Où est la pensée socialiste, si puissante et si féconde, qui devait régénérer l'humanité ? Sans doute, elle vit encore, car elle est impérissable. Mais où sont ses manifestations ?

O tristesse amère ! Songer à ce que tout le monde a souffert depuis tant de siècles ! Songer à tout ce qu'il souffre encore aujourd'hui ! Savoir qu'à ses maux incommensurables, il existe un remède souverain, qu'il est à sa portée, que sa guérison est suspendue à une affirmation de sa volonté, et qu'il l'ignore, et qu'il continue à souffrir ! Quelle fatalité tragique !...

Sans doute, il est puéril d'attendre le salut des inspirations spontanées du suffrage universel, qui théoriquement maître de ses destinées, est, en réalité, trop incapable de compréhension et de conception pour diriger les événements. Mais précisément parce que son inconscience le réduit à n'être qu'une force passive, il serait susceptible de recevoir les impulsions d'une élite éclairée et de traduire en actes ses propositions, si cette élite existait, ou plutôt si elle était à la hauteur de sa tâche.

Mais les savants ne travaillent pour l'humanité que dans la branche où ils se sont spécialisés et ne s'occupent que très exceptionnellement des problèmes généraux. Les intellectuels, les artistes s'en désintéressent encore davantage, s'il est possible. Et quant aux hommes politiques, qui devraient être, par destination, les véritables bergers du troupeau humain, ce sont eux qui sont les plus inférieurs à leur noble mission. Ces pasteurs déchus ne sont que des politiciens.

Qu'est-ce qu'un politicien ?

Un politicien, au sens péjoratif usuel de ce mot, n'est pas seulement un homme qui participe dans une mesure quelconque à la direction des affaires publiques, mais un homme qui ne s'en occupe que dans son intérêt personnel, c'est-à-dire au détriment de l'intérêt général.

Le politicien est le fruit vénéneux du régime capitaliste, de ce régime de boue où la poursuite du profit avilit l'âme et engendre une corruption effrénée, où la conquête de l'argent par tous les moyens devient la préoccupation dominante, presque exclusive, même des moins cupides, puisque sa possession est la condition stricte de l'existence. Dans cette atmosphère empoisonnée, où la contagion du mal est à peu près inévitable, bien rares sont ceux dont la conscience ne fléchit pas. Et ceux-là doivent se résigner à être dupes : non seulement, ils ne participeront pas à la curée, mais au lieu d'être honorés pour leur intégrité, ils seront méprisés pour leur pauvreté volontaire et ridiculisés pour leurs scrupules archaïques. Nul ne les comprendra ; les meilleurs n'auront pour eux que de l'indifférence, et ils encourront les haines de ceux qu'offusquera leur stoïcisme intransigeant.

Aussi, les plus fermes caractères seuls peuvent résister : l'homme moyen succombe toujours. Lorsqu'il est arrivé à disposer d'une influence, si minime soit-elle, il s'efforce

de la monnayer, ou tout au moins d'en retirer des avantages honorifiques. C'est une grave erreur de ne classer
parmi les politiciens que les privilégiés qui ont réussi à
pénétrer dans les hautes sphères gouvernementales et
financières. Il y a aussi les politiciens de quartier, de
petite ville et de village, les électeurs influents avec les-
quel les parlementaires doivent compter, les aspirants à
un mandat municipal, ou une écharpe de maire, à un
ruban violet, vert ou rouge. Pour être d'un ordre de
grandeur minuscule, ces ambitions-là ne sont pas forcément les moins âpres et, pour arriver à leurs fins, elles ne
répugnent pas plus que les grandes à l'emploi des pires
moyens.

Que l'esprit politicien ait infecté tous les partis de conservation sociale, c'est chose naturelle : ces partis-là, ne
sont en réalité que des syndicats d'intérêts particuliers.
On y entre pour s'assurer des avantages personnels et
non pour servir un idéal. Mais il est douloureux d'avoir à
constater que le parti socialiste n'est pas moins conta-
miné, et quiconque ne connaît pas à fond le cœur humain
s'en étonne avec une apparente logique : « Quoi ! ce parti
qui a pour but d'abolir les privilèges de la fortune et d'apporter à tous les hommes sans exception leur juste part
de bonheur, cette noble cause qui compte tant d'apôtres
et de martyrs, dont tous les noms ne sont pas connus,
n'a pas su échapper à la corruption capitaliste ! » Hélas,
non ! Pourtant, le socialisme, c'est la pureté même et le
mot de Montesquieu que la vertu est l'essence de la République, ne s'applique au fond qu'à la république socialiste, la seule où le principe démocratique ne soit pas un
vain mot. Le socialisme — je l'ai écrit et démontré ailleurs (1) — en assainissant le milieu économique, en éli-
minant toute possibilité de faire le mal, accomplira ce que
ni les religions, ni les philosophes n'ont pu accomplir: la

____

(1) Voir la *Fin du Mal social.*

régénération morale de l'humanité. Cela est d'une évidence entière pour quiconque l'a compris.

Oui, mais en attendant que le milieu soit assaini, c'est dans l'ambiance délétère du capitalisme que nos militants vivent et agissent. Elle les pénètre par tous les pores ; ils en sont tout imprégnés. Ils ont des besoins comme les autres hommes et ces besoins, déjà élargis par la civilisation moderne, deviennent d'autant plus grands qu'ils réussissent à s'élever plus haut dans la hiérarchie sociale. Bien peu résistent à l'irrésistible appât du luxe, des jouissances, qui s'offre à eux de toutes parts. Après une lutte plus ou moins longue, les consciences finissent par capituler.

Il en est même, dans la jeune génération surtout, qui, non seulement, n'ont pas eu à vaincre leurs scrupules, mais qui, politiciens-nés, ont calculé froidement et d'avance, ce que pourrait leur rapporter le socialisme, en ont jugé les bénéfices supérieurs à ceux d'une autre carrière, et y sont entrés, comme ils seraient entrés dans un parti bourgeois. Ceux-là se moquent des naïfs qui ont une opinion et professent que l'homme fort doit s'adapter aux circonstances. Ils sont ordinairement les plus violents démagogues, puisque leurs actes sont inspirés, non par le bien public, mais par le désir de capter les suffrages des électeurs au moyen d'adroites flatteries.

Disons-le, ce type de politicien est rare dans le parti socialiste. La grande majorité se compose d'hommes qui ont été sincères à l'origine mais qui ont subi la déformation du milieu. Il est curieux, quand on les observe, d'en suivre la marche envahissante. Au début, leurs convictions sont intactes ; l'intérêt du socialisme est le seul qui les préoccupe. Peu à peu, l'intérêt personnel apparaît et bientôt il prend le dessus, non en évinçant l'intérêt du socialisme, mais en s'y juxtaposant. Au terme de l'évolution, le premier s'identifie entièrement au second. De bonne foi, ou presque, le militant, devenu un élu, met le souci de sa réélection au premier rang de ses préoccupations ; il lui subordonne son attitude, et s'il atteint ce but, il estime que le socialisme est, sinon réalisé, du moins momentanément sauvé d'un grand danger.

C'est surtout dans le milieu parlementaire que se développe cet état d'esprit. Mais, chose pénible, il tend aussi à se généraliser parmi les simples militants. Devenus à leur tour des politiciens, membres de groupements qui, en fait, ne fonctionnent guère que comme des comités électoraux, ils épuisent, dans les batailles électorales toute leur combativité, et lorsque les urnes ont fait entendre leur voix, il leur semble que leur tâche est terminée : leur ardeur, subitement éteinte, délaisse la besogne permanente et essentielle de la propagande et de l'éducation. Ils dédaignent même leur propre culture : à quoi bon se fatiguer les méninges pour étudier une doctrine aride ? Ne suffit-il pas de savoir qu'en toutes circonstances, il faut voter et faire voter pour le candidat socialiste, afin de pouvoir, en cas de succès, tirer parti de son influence pour obtenir quelque faveur, et peut-être profiter du courant établi pour décrocher quelque mandat secondaire, en attendant mieux ?

Tels sont les grands et les petits leaders du parti socialiste, ceux qui en constituent les cadres, ceux qui en exercent la direction effective. Car les simples militants, poussés par des aspirations vagues dans les rangs du socialisme, dont ils ignorent le véritable programme, les suivent toujours comme des moutons, et disent *amen* à toutes leurs propositions. S'ils étaient éduqués, s'ils connaissaient le but du parti et les principes fondamentaux de son action, ils pourraient avoir une volonté propre et en se groupant, la faire prévaloir. Mais les dirigeants n'ont garde de les instruire, sachant qu'ils perdraient leur docilité. Ils détournent d'eux la lumière de la doctrine, comme les obscurantistes réactionnaires et cléricaux repoussaient la diffusion de l'enseignement populaire.

Les vrais socialistes s'indignaient jadis, en voyant le beau titre dont ils se faisaient honneur, servir d'enseigne à des politiciens sans vergogne, qui avaient l'audace de se déclarer radicaux socialistes, républicains socialistes, et ce, sans avoir rien de commun avec le socialisme. Aujourd'hui, le seul parti qui est censé représenter le socialisme est devenu aussi étranger à sa doctrine que ces contrefacteurs eux-mêmes.

La caractéristique d'un parti socialiste digne de ce nom, en effet ,est de marcher par les voies les plus directes, les plus rapides et les plus sûres, à la transformation de la société capitaliste en une société communiste, qui est l'article fondamental de son programme et de ses statuts.

Certes, on peut soutenir de bonne foi — c'était l'opinion de Jaurès — que le meilleur moyen d'effectuer cette transformation, c'est de la réaliser par des réformes partielles, qui, s'ajoutant les unes aux autres, devront finir par changer la nature essentielle de la société capitaliste. Nous discuterons plus loin cette conception. Reconnaissons simplement qu'elle est défendable.

Mais encore faut-il avoir un programme de réformes graduées bien établi, dont chaque étape paraisse se rapprocher du terme final. Encore faut-il rappeler sans cesse que ce terme est le but suprême de nos efforts et que, tant qu'il ne sera pas atteint, le socialisme ne portera pas ses fruits. Faute d'entretenir l'opinion dans cette pensée, on risque de la voir s'égarer et confondre l'accessoire avec le principal. On risque de voir le socialisme perdre de plus en plus son caractère propre, et d'un parti de transformation intégrale, devenir simplement un parti progressiste, une avant-garde radicale.

Et c'est ce qui est arrivé. Aujourd'hui, le divorce est complet entre la pensée socialiste et l'action du Parti. On parle bien encore de lutte de classe, d'internationalisme, de conquête du pouvoir par les travailleurs organisés. Mais pourquoi cette lutte, pourquoi cette action internationale, pourquoi cette conquête, c'est ce dont il n'est plus jamais question (1). Le moyen est devenu la fin. En fait, bien que la collaboration avec les partis bourgeois ne soit pas encore officiellement admise, on ne fait pas autre chose, on ne paraît pas concevoir qu'il y ait autre chose à faire que de travailler avec eux à la gestion de la société capitaliste, au Parlement et dans les commissions. Toute la vie du Parti est concentrée autour de la tribune et des couloirs de la Chambre. On s'intéresse aux intrigues, aux combinaisons ministérielles, à toute cette agitation superficielle et vaine, que jadis les vieux socialistes considéraient avec dédain. Ce n'est plus l'esprit socialiste qui a envahi la société capitaliste, c'est l'esprit capitaliste qui imprègne et corrompt le parti socialiste.

On s'efforce parfois de mettre à cette politique rétrograde un faux nez révolutionnaire, en provoquant à grand fracas des mesures soi-disant hardies, appuyées par des déclarations d'apparence violente. Pour n'en citer qu'un exemple typique, on propose de combler les déficits du budget et de la trésorerie, par un prélèvement de 15 pour 100 sur le capital, comme si c'était là un commencement de nationalisation, un pas décisif vers la réalisation du socialisme. C'est bien ainsi que le comprennent les simples. Et ils applaudissent !

Or, en fait, l'application d'une telle mesure laisserait le régime capitaliste parfaitement intact, et le moindre raisonnement permet de s'en rendre compte : de deux

---

(1) Je dois constater que, pour la première fois depuis bien longtemps, le but et les principes fondamentaux du socialisme ont été rappelés dans une série d'articles publiés par Léon Blum dans le *Populaire*, en février 1927. Mais cet éphémère changement de ton n'a pas même marqué une velléité de changement de tactique. Il n'avait pour but que de calmer quelques mécontents et de faire mieux accepter la politique de reniement socialiste en faveur depuis plusieurs années.

choses l'une, en effet, ou les contribuaires auraient en caisse assez d'argent liquide pour s'acquitter, et ils conserveraient leurs terres, leurs maisons, leurs magasins, leurs usines; ou ils seraient expropriés par le fisc et leurs biens, vendus aux enchères, deviendraient la propriété de capitalistes plus favorisés; et l'exploitation capitaliste continuerait comme devant. Tels sont les trompe-l'œil qui constituent toute la politique du parti socialiste.

Une autre variété bien réussie d'amusette à badauds a été les « gestes symboliques », dont le nom seul révèle cyniquement qu'il s'agissait d'une pure mystification, d'une ombre vaine jetée en pâture aux affamés de réalités. Type : le transfert des cendres de Jaurès au Panthéon. Un gouvernement radical, bien résolu à ne rien sacrifier des privilèges capitalistes, mais désireux de donner une satisfaction platonique aux socialistes, pour s'assurer leurs voix, imagine de décerner cet honneur à la mémoire du grand orateur socialiste. Il entoure la cérémonie de toutes les pompes imaginables. Le chef du gouvernement, qui y figure en personne, prononce des discours enflammés. Et le bon public, submergé par ces flots d'éloquence officielle, ne s'aperçoit pas que ce qu'on loue chez Jaurès, c'est ce qu'il y avait de moins socialiste dans sa pensée, c'est-à-dire sa politique réformiste qui faisait si bien le jeu des radicaux. Quant au programme fondamental du socialisme, auquel le célèbre tribun resta toujours fidèle, on n'en parle guère, et on songe encore bien moins à l'appliquer. Éternelle facilité des masses à prendre des vessies pour des lanternes !

Des artifices aussi grossiers ne font certes pas illusion aux malins qui tiennent la queue de la poêle dans la cuisine socialiste; mais ils feignent de croire et d'admirer et s'associent par là à la tromperie dont le peuple est victime.

Telle est la politique actuelle du parti socialiste. Nos politiciens s'en accommodent fort bien. Elle les dispense de tout effort de propagande et d'éducation ; et le confusionnisme qui en est la règle, en rendant incertaines les frontières qui séparent les partis, leur permet de recueillir bon nombre de voix mal classées et facilite leur réélection, ce qui est leur objectif principal, sinon unique.

Mais il est de toute évidence qu'elle ne nous rapproche en rien du socialisme, et qu'on pourra la pratiquer encore un siècle ou davantage, sans que nous soyons plus avancés qu'aujourd'hui.

Le socialisme, grâce à .elle, n'a plus qu'une existence nominale. Pour lui rendre sa forme et en faire une réalité. il faut adopter une politique entièrement différente. La détermination de cette politique est l'un des buts du présent livre.

Chapitre XII

Les Origines de la Déviation

Le *but* du mouvement socialiste actuel, but admis par tous ceux qui y prennent part, quelles que soient, à d'autres points de vue, leurs divergences, est essentiellement *économique* : il ne s'arrête pas aux aspirations philantropiques plus ou moins vagues du socialisme sentimentaliste de jadis; il ne se borne pas à l'amélioration des conditions de vie de la classe déshéritée dans le cadre de la société capitaliste ; il consiste en la destruction des bases mêmes de cette société, par sa transformation en une société communiste.

Si le but poursuivi est rigoureusement déterminé, le *moyen* par lequel il doit être atteint ne l'est pas moins, et son caractère est essentiellement *politique* : c'est la conquête du pouvoir. Tous les socialistes sont également d'accord sur ce point, bien que profondément divisés sur la tactique à suivre pour arriver à cette conquête. Ils reconnaissent unanimement que l'autorité gouvernementale peut seule briser la légalité sur laquelle repose la vieille société capitaliste, en lui substituant un ordre juridique nouveau.

Et c'est ce qui différencie nettement le socialisme des autres partis ou organisations économiques tels que l'anarchie, le syndicalisme et la coopération, qui prétendent également accomplir la révolution sociale, mais qui nient que la possession du pouvoir politique en soit la condition nécessaire, et préconisent chacun ses moyens propres.

L'examen de ces moyens n'entre pas dans le cadre du présent ouvrage, consacré exclusivement au socialisme : la politique socialiste qui y sera étudiée est donc l'action à engager et à poursuivre pour arriver le plus vite et le plus sûrement possible à la conquête du pouvoir.

Ce résultat atteint, l'ère politique sera close, et .e socialisme entrera dans sa phase définitive : l'organisation économique. Il ne pourra, en effet exister de partis politiques proprement dits en régime socialiste, où, selon le mot célèbre, le gouvernement des hommes sera remplacé par l'administration des choses. Les oppositions de vues qui sont la conséquence inévitable de l'autonomie des cerveaux et qui ne disparaîtront jamais complètement, ne porteront plus sur les systèmes de gouvernement, mais seulement sur les modalités de réalisation d'une conception économique admise. Elles perdront donc leur virulence. D'autre part, l'oligarchie capitaliste qui, aujourd'hui, impose sa domination à la masse des producteurs, dont les intérêts sont antagonistes des siens aura été anéantie et ne pourra se reconstituer dans une société basée sur la solidarité des intérêts. Sans doute, la cessation absolue des luttes politiques ne se produira pas dès le jour même de l'instauration du socialisme : les privilégiés vaincus ne déposeront pas immédiatement les armes, et il sera même nécessaire de défendre le régime nouveau contre leur hostilité. Mais cette agitation sera de courte durée, si elle est réprimée avec une énergie suffisante, et surtout si les mesures d'organisation économique, judicieusement et rapidement prises, étouffent tous ferments de mécontentement et de désordre sous les larges satisfactions accordées à l'immense majorité des citoyens.

Ces mesures, ainsi que l'éventualité de résistance des

ex-privilégiés, feront l'objet d'un prochain volume qui aura pour titre : l'*Organisation Socialiste*.

Tous les socialistes étant convaincus de la haute supériorité du socialisme sur le capitalisme, doivent être unanimement d'avis que la meilleure politique est celle qui nous conduira le plus rapidement possible à sa réalisation. C'est celle-là que je m'efforcerai de déterminer, et je ne m'arrêterai à discuter les méthodes d'action qui ont prévalu jusqu'à ce jour, que pour démontrer leur insuffisance.

Ces méthodes diffèrent d'ailleurs entre elles, et nulle n'est admise sans opposition. Le parti socialiste serait évidemment plus fort s'il arrivait à se mettre d'accord sur sa tactique. Mais les divisions qui existent dans son sein à ce sujet, ne sont pas la principale cause de son affaiblissement. L'ardeur des luttes de tendances serait plutôt une preuve de vitalité et ne diminuerait en rien l'énergie de son action extérieure, si les diverses opinions en présence étaient très fermes et très réfléchies dans l'esprit de leurs partisans.

Le malheur du parti socialiste, c'est que la presque totalité de ses membres, et non seulement des simples militants, mais aussi de ceux qui se prétendent ses chefs, n'ont jamais pris la peine d'étudier tout à fait à fond ces graves problèmes : ils suivent machinalement la route frayée qui leur paraît la plus commode, sans s'inquiéter de savoir si elle conduit réellement au but. Si incroyable que puisse paraître une telle légèreté dans un parti dont la responsabilité est immense, puisqu'il porte les destinées de l'humanité, on est obligé de constater qu'il est bien à ce point inférieur à sa tâche : entièrement dépourvu de sens auto-critique, il marche au hasard comme un troupeau inconscient, sans jamais se demander s'il est dans la bonne direction.

C'est ainsi qu'il est actuellement si bien fourvoyé, qu'il se consacre tout entier à l'administration de la société capitaliste, en oubliant son propre but, de sorte qu'il n'est plus socialiste que de nom.

Une déviation aussi totale est injustifiable ; mais ses auteurs en donnent au moins l'explication : les masses populaires, disent-ils, sont incapables de comprendre le programme fondamental du socialisme et, dans la mesure où elles en pénètrent le sens, elles n'y prennent aucun intérêt, le jugeant d'une réalisation trop éloignée. Nous ne pouvons les attacher à nous qu'en leur promettant des satisfactions immédiates, et pour les obtenir, nous sommes bien obligés de participer à la gestion de la société actuelle.

Il s'en faut de beaucoup qu'un tel raisonnement soit sans réplique : les résistances que rencontre, auprès de la foule des travailleurs, l'idée d'une transformation sociale dont la portée lui échappe, tiennent sans doute, pour une part, à son inaptitude à aborder des questions d'une telle complexité, mais elles sont dues principalement aux mauvaises méthodes employées pour faire son éducation, et les innombrables victimes du régime capitaliste feraient un tout autre accueil à la doctrine socialiste si celle-ci leur avait été présentée sous un meilleur jour. C'est ce qui sera démontré plus loin.

Quoiqu'il en soit, il est certain que le parti socialiste a été amené, d'abord à adjoindre à son programme essentiel, une liste de réformes dites immédiates, puis à donner à cet accessoire la place du principal, et enfin à mettre entièrement de côté le principal, par les difficultés qu'il a eues à l'origine pour faire admettre son véritable principe. Nos propagandistes ont cherché à tourner l'obstacle qui leur paraissait infranchissable ; la manœuvre pouvait être habile ; mais une fois engagé dans le chemin de traverse, le parti a continué, par habitude, à marcher droit devant lui en s'éloignant de plus en plus du but final qui est aujourd'hui complètement perdu de vue.

Ne nous dissimulons pas qu'il sera difficile de le ramener dans la bonne voie. Il n'en faut pas désespérer, cependant, puisque ce serait désespérer du socialisme.

Dans les pages qui vont suivre, j'étudierai successivement les diverses tactiques mises en avant jusqu'à ce jour, et dont chacune conserve ses partisans.

Je parlerai d'abord de l'évolutionnisme qui est la moins active, puis du réformisme, qui peut être compris de plusieurs façons différentes, puis de la conception révolutionnaire qui s'oppose généralement aux précédentes, bien qu'elle ne soit pas incompatible avec la seconde.

J'envisagerai également les questions qui tiennent tant de place dans les préoccupations socialistes : entente avec les partis bourgeois; participation au pouvoir, et tout ce qui en découle.

J'aurai également à m'occuper de l'organisation nationale et internationale du parti.

Enfin, après avoir décrit la politique socialiste pratiquée jusqu'à ce jour et constaté son impuissance, je montrerai celle qu'il devait adopter pour marcher droit vers la réalisation du socialisme, qui n'est pas aussi inaccessible que nos politiciens paraissent le croire.

Chapitre XIII

Evolutionnisme et Réformisme

Comme son nom l'indique, l'évolutionnisme est la doctrine de ceux qui attendent la transformation sociale de l'évolution spontanée et ne croient pas, par conséquent, à l'efficacité de l'effort humain pour la réaliser, ou même pour en avancer l'heure. Cette doctrine s'oppose donc nettement à la doctrine révolutionnaire qui affirme, au contraire, la nécessité d'une action, sans qu'elle doive d'ailleurs revêtir forcément un caractère violent.

D'après les évolutionnistes, la science transforme sans cesse les conditions de la production, et, par suite, les conditions de la vie. Sans doute, l'augmentation de la quantité de produits consommables et l'abaissement de leur valeur qui en résulte, ne profitent pas immédiatement aux consommateurs, car les capitalistes commencent par se faire leur part, aussi forte que possible. Mais, peu à peu, les travailleurs réagissent et obtiennent, à leur tour, une élévation de salaires. Au regard des autres consommateurs, les prétentions des capitalistes trouvent des limites dans la concurrence qui n'est pas complètement abolie par leurs ententes nationales et internationales. Ainsi, la situation générale s'améliore de plus en plus. D'autre part, si, dans le domaine économique, la concentration des entreprises est un acheminement vers leur nationalisation, dans le domaine juridique, le droit de propriété, graduellement dépouillé de ce qu'il avait de trop rigoureux, évolue vers la propriété sociale. Conclusion : il n'y a qu'à se croiser les bras, en attendant que le temps fasse son œuvre.

A vrai dire, les évolutionnistes ne vont pas jusqu'à cette apologie de la paresse qui ferait crouler leur thèse sous le ridicule. Ils prétendent, comme les réformistes purs, recourir à l'intervention législative, mais seulement pour donner une consécration légale aux progrès déjà entrés dans les faits. Selon eux, la loi est impuissante à créer; elle ne peut qu'entériner les créations spontanées de l'évolution. J'ai réfuté plusieurs fois cette thèse erronée.

En fait, les gens qui se disent évolutionnistes, sont rarement de véritables socialistes. On rencontre chez eux beaucoup de politiciens qui trouvent cette étiquette commode pour leurs combinaisons, en ce qu'elle leur donne figure de gens très avancés, sans, d'ailleurs, les engager à rien. Il faut admettre cependant, pour l'honneur de l'humanité, que quelques-uns d'entre eux sont sincères. Mais, quels que soient leurs véritables sentiments, ils agissent pratiquement comme s'ils n'étaient pas socialistes, et leur adhésion toute platonique au socialisme, n'en sert nullement la cause. On compte même parmi eux, un certain nombre de radicaux qui ajoutent à leur titre celui de socialiste, et qui, tout en se déclarant convaincus que le socialisme est le régime de l'avenir, ne voient rien de mieux à faire, en l'attendant, que de vivre tranquillement dans la société actuelle.

L'évolutionnisme est, en somme, en dehors du socialisme. Il peut être une école; il ne sera jamais un parti, puisque la règle de tout parti est l'action sur un programme déterminé. Je devais le mentionner dans cet ouvrage; mais ce serait sortir du sujet que de lui consacrer une trop grande place. Je dirai seulement en quelques lignes pourquoi le socialisme doit rejeter cette doctrine : Il n'y aurait pas d'évolution si l'humanité était composée de moines contemplatifs; l'évolution est la résultante, soit d'une action individuelle d'une grande portée comme les principales découvertes, soit d'un ensemble d'actions concordantes. L'action est donc à la base de la vie sociale; c'est elle qui détermine les changements qui s'accomplissent. Elle est la loi primordiale de la vie. Sans elle, rien n'existerait. Loin d'être impuissante, elle est l'unique puissance.

Dès lors, n'est-il pas absurde de vouloir en restreindre le champ et, après avoir reconnu qu'elle doit s'exercer librement dans le domaine de la science, de prétendre lui interdire le domaine de la sociologie, en affirmant témérairement que, sur ce terrain, elle perd toute sa force? Pourtant, la sociologie est, sinon une science exacte, du moins une coordination des méthodes scientifiques. Et peut-on raisonnablement soutenir que l'action, bonne et nécessaire tant qu'elle reste éparse et incohérente, perd toute sa valeur dès qu'elle est coordonnée, c'est-à-dire lorsqu'au lieu d'agir en sens divers et parfois opposés, les hommes concentrent leurs efforts pour atteindre un but d'intérêt commun ?

Sans doute, l'accord des volontés que cette concentration exige, n'est jamais atteint sans difficultés. Pourtant, toute l'organisation politique des sociétés modernes est fondée sur le principe démocratique qui exige la formation d'une majorité sur chaque question à l'ordre du jour. Il n'est donc nullement inadmissible qu'on réunisse une majorité en faveur du programme socialiste qui répond si profondément aux aspirations plus ou moins conscientes des foules. Et du moment où la possibilité en existe, le devoir est de lutter sans cesse pour l'obtenir, au lieu de s'enfermer dans la tour d'ivoire du fatalisme évolutionniste.

Dans la réalité, rien ne se fait spontanément : les quelques réformes partielles accomplies sous la troisième république : instruction gratuite, obligatoire et laïque.

liberté de la presse, de réunion et d'association, séparation des Eglises et de l'Etat, impôt sur le revenu, etc., ont été l'œuvre d'hommes et de groupements qui les ont fait accepter par l'opinion publique à la suite d'une persévérante propagande. Pourquoi donc la transformation complète de la société ne serait-elle pas obtenue par le même moyen? Tout progrès est lié à une évolution dans les idées, et n'est-il pas évident que les idées ne naissent, ne cheminent et ne mûrissent que si elles sont cultivées par l'éducation?

A supposer même qu'elles puissent fructifier sans culture, peut-on nier que leur diffusion effective et suivie soit un moyen efficace de les faire aboutir plus sûrement et plus vite? Ce serait fermer les yeux à l'évidence.

Or, si l'évolution inconsciente nous conduit au socialisme, il n'est pas indifférent de lui apporter l'aide d'une action réfléchie pour en avancer l'avènement qui pourrait, sans ce concours, se faire attendre longtemps encore. Après toutes les souffrances subies par l'humanité, et auxquelles le socialisme seul pourra mettre un terme, devant les épreuves nouvelles qui la menacent, il est vraiment urgent de lui donner l'affranchissement définitif; et dans une situation aussi tragique, l'indifférence est un crime.

Mais il n'est pas vrai que l'évolution, livrée à ses seules forces, soit capable de réaliser le socialisme, et ceux qui nourrissent cette illusion n'ont jamais cherché à se faire une idée précise de ce que pourrait être une organisation économique fondée sur la possession collective des moyens de production, ou, s'ils l'ont cherché, ils n'y sont pas parvenus.

Essayons de nous imaginer la physionomie que pourra prendre le régime capitaliste d'aujourd'hui après les modifications qu'y aura introduites une évolution poussée aussi loin que possible. Supposons réalisées toutes les réformes que nous pouvons concevoir. Admettons que, d'une part, elles aient amélioré, dans une large mesure, la situation des déshérités, et que, d'autre part, elles facilitent grandement le passage de la société ancienne à la société nouvelle. Il n'en est pas moins vrai que la propriété privée subsistera, sous une forme plus ou moins analogue à ce qu'elle est actuellement, car si l'évolution peut apporter des changement dans l'exercice du droit de propriété, elle ne peut aller jusqu'à l'abolir. Une intervention législative restera donc indispensable pour transformer la propriété privée en propriété sociale, et cette nécessité suffit pour ruiner la doctrine évolutionniste.

Non, le socialisme ne se réalisera pas de lui-même, par la force des choses. Qu'on dise qu'il est dans le sens de l'évolution, qu'il en sera le couronnement, c'est exact, et c'est ce qui justifie notre confiance; mais l'humanité n'en recueillera les bienfaits que si l'élite morale qui en aura reconnu la supériorité se consacre, avec une inlassable ardeur, à préparer son avènement.

Passons maintenant à l'étude du réformisme.

A première vue, il semble que la tactique opportuniste dite réformiste, soit non seulement la plus sage, mais la seule qui puisse nous mener au but : étant donné l'infinie complexité d'une organisation sociale et l'impossibilité manifeste de la transformer intégralement d'un seul coup, l'idée d'y marcher par étapes se présente tout naturellement à l'esprit.

Et pourtant, à la réflexion, on se rend compte que c'est une simple confusion de termes qui a permis de justifier le réformisme par ce raisonnement : il est très vrai que le socialisme ne peut pas réaliser d'un coup de baguette ; mais les réformes qu'on peut introduire dans la société actuelles ne sont pas des étapes vers le socialisme.

En effet, supposons réalisées celles qu'on nous fait entrevoir depuis tant d'années sans nous les donner jamais : fiscalité plus équitable, assurances sociales, nationalisatión de la Banque de France, des chemins de fer, des mines, des pétroles, de la grande métallurgie, etc., et poussons même l'esprit de conciliation jusqu'à admettre — pour un moment — qu'il puisse en résulter quelques heureux effets.

Quand nous aurons franchi ces prétendues étapes, non sans y avoir consacré, pendant de longues années ,nos efforts exclusifs, on aura évidemment jeté une certaine perturbation dans le régime capitaliste tel qu'il fonctionne aujourd'hui; mais on n'en aura nullement modifié le caractère individualiste, en qui réside surtout sa malfaisance. Après elles, et malgré l'extension du domaine de l'Etat, les bases de notre économie n'auront pas été modifiées; c'est l'entreprise privée, agricole, industrielle et commerciale qui constituera la cellule de l'organisme social, et sa transformation en entreprise collective présentera autant de difficultés qui si cette besogne préliminaire n'avait pas été accomplie.

Il est très simple, quand on dispose d'une part prépondérante de l'autorité publique, de décréter que quelques douzaines de grandes entreprises sont incorporées au patrimoine national. Les résistances des expropriés ne peuvent que céder à la force. Mais quand on se trouve en présence de millions de paysans, de petits commerçants, de petits patrons à qui il faut faire subir la même opération, les obstacles sont d'un tout autre ordre de grandeur. On a pu s'avancer jusqu'au bord du fossé qui couvre le rempart, mais le fossé reste aussi large, le rempart aussi haut. Le corps de place est demeuré intact, et la tâche finale n'a pas été facilitée par ces travaux d'approche. Dès lors, à quoi bon les entreprendre?

Ce qui constituerait véritablement une étape du socialisme, ce serait la création d'un organisme économique restreint à une partie de la population ou à une partie du territoire colonial, mais où le principe essentiel du socialisme serait appliqué. Ce principe, c'est la substitu-

tion aux entreprises privées d'une entreprise collective
à branches multiples, comprenant notamment le monopole du commerce extérieur et de la répartition au prix
coûtant à l'intérieur, et permettant, par conséquent la
mise en pratique du système financier exposé dans les
Principes d'Économie socialiste. On aurait alors un commencement de socialisme, appliqué seulement à ceux qui,
trouvant avantage à vivre sous ses lois, s'y rangeraient
de leur propre volonté, mais qui rallierait peu à peu tous
les réfractaires du début et s'étendrait automatiquement
à la totalité des moyens de production, du fait de sa supériorité économique. Mais une telle conception est en
dehors du réformisme. Il ne va pas aussi loin : les étapes
qu'il se propose de nous faire parcourir sont des étapes
du régime capitaliste; devant la réalisation, même partielle du socialisme, il s'arrête impuissant.

Tel est le réformisme moderne ,qu'il est déjà possible
de juger par ses fruits, puisque, depuis plus de trente ans,
nous le voyons à l'œuvre. Ce qui le caractérise, c'est son
absolue incohérence : entièrement dépourvu d'idées directrices, de plan méthodique, il s'attache sans réflexion
à toute réforme que l'actualité amène à sa portée, et
marche au hasard sans se préoccuper de jalonner sa
route.

A vrai dire, nous avons connu un autre réformisme
bien supérieur à celui-là. Mais, par malheur, il est resté
à l'état de projet. C'est Louis Blanc qui en était le père,
et voici en quels termes il l'exposait dans son célèbre ouvrage : *l'Organisation du Travail* :

Organisation du travail. — « Art. 1er — Il serait créé
un ministère du Progrès, dont la mission serait d'accomplir la Révolution sociale, et d'amener graduellement,
pacifiquement, sans secousse, l'abolition du prolétariat.

« Art. 2. — Pour cela le ministère du Progrès serait
chargé: 1° de racheter, au moyen de rentes sur l'Etat, les

chemins de fer et les mines; 2° de transformer la Banque de France en Banque d'Etat; 3° de centraliser, au grand avantage de tous, au profit de l'Etat, les assurances ; 4° d'établir, sous la direction de fonctionnaires responsables, de vastes entrepôts où producteurs et manufacturiers seraient admis à déposer leurs marchandises ou leurs denrées, lesquelles seraient représentées par des récépissés ayant une valeur négociable et pouvant faire office de papier-monnaie, papier-monnaie parfaitement garanti, puisqu'il aurait pour gage une marchandise parfaitement déterminée et expertisée ; 5° enfin, d'ouvrir des bazars correspondant au commerce de détail de même que les entrepôts correspondraient au commerce de gros.

« Art. 3. — Des bénéfices que les chemins de fer, les mines, les assurances, la Banque rapportent aujourd'hui à la spéculation privée, et qui, dans le nouveau système, retourneraient à l'Etat, joints à ceux qui résulteraient des droits d'entrepôt, le ministre du Progrès composerait son budget spécial, le budget des travailleurs.

« Art. 4. — L'intérêt et l'amortissement des sommes dues par suite des opérations précédentes seraient prélevés sur le budget des travailleurs ; le reste serait employé: 1° à commanditer les associations ouvrières; 2° à fonder des colonies agricoles.

« Art. 5. — Pour être appelées à jouir de la commandite de l'Etat, les associations industrielles et agricoles devraient être instituées d'après les principes d'une fraternelle solidarité, de manière à pouvoir acquérir, en se développant, un capital COLLECTIF, INALIÉNABLE ET TOUJOURS GROSSISSANT, seul moyen d'arriver à tuer l'usure, grande et petite, et de faire que le capital ne fût plus un instrument de tyrannie, la possession des instruments du travail un privilège, le crédit une marchandise, le bien-être une exception, l'oisiveté un droit.

« Art. 6. — En conséquence, toute association industrielle ou agricole voulant jouir de la commandite de l'Etat, serait tenue d'accepter, comme bases institutives de son existence, les dispositions qui suivent: après le prélèvement du montant des dépenses consacrées à faire vivre les travailleurs, de l'intérêt du capital des frais d'entretien et du matériel, le bénéfice sera ainsi réparti :

« Un quart pour l'amortissement du capital avancé par l'Etat ; un quart pour l'établissement d'un fonds de réserve dont la destination sera indiquée plus bas.

« Ainsi serait constituée l'association dans un atelier; il resterait à étendre l'association entre tous les ateliers de même nature, afin de les rendre solidaires l'un de l'autre.

« Deux conditions y suffiraient :

« D'abord, on fixerait le prix de revient, de manière à arriver à un prix uniforme et à empêcher toute concurrence entre les ateliers d'une même industrie.

« Ensuite, on établirait, dans tous les ateliers de la même industrie, un salaire, non pas égal, mais proportionnel, les conditions de la vie matérielle n'étant pas identiques sur tous les points de la France.

« La solidarité ainsi établie entre tous les ateliers de même nature, il y aurait enfin à réaliser la souveraine condition d'ordre, celle qui devra rendre à jamais les haines, les guerres, les révolutions impossibles ; il y aurait à fonder la solidarité entre toutes les industries diverses, entre tous les membres de la société.

« Pour cela, des divers fonds de réserve dont nous parlions tout à l'heure, on formerait un fonds de mutuelle assistance entre toutes les industries, de telle sorte que celle qui, une année, se trouverait en souffrance, fût secourue par celle qui aurait prospéré. Un grand capital serait ainsi formé, lequel n'appartiendrait à personne en particulier, mais appartiendrait à tous collectivement.

« La répartition de ce capital de la société entière serait

confiée à un Conseil d'administration placé au sommet de tous les ateliers.

« L'Etat arriverait à la réalisation de ce plan par des mesures successives. »

On peut certes élever des objections contre les diverses parties de ce programme; mais c'était un programme au véritable sens du mot, puisqu'avec l'indication de son but, il apportait celle des moyens à employer pour l'atteindre graduellement. Il créait un organisme de transformation dont le jeu normal devait éliminer peu à peu les antagonismes sociaux, en leur substituant des institutions solidaires, c'est-à-dire frayer un chemin conduisant directement au socialisme. Il suffit de faire la comparaison de cette méthode raisonnée avec l'action dispersée du parti socialiste actuel, qui se jette dans tous les sens à la poursuite de soi-disant réformes susceptibles de flatter l'opinion au lieu de lui montrer sa véritable route, pour reconnaître la haute supériorité de la première. On peut même dire que la seconde n'existe pas.

Sans doute, Louis Blanc, dans l'exaltation de son généreux idéalisme, ne voyait pas les obstacles que l'égoïsme et la cupidité des possédants allaient accumuler devant son projet et qui, en effet, le firent avorter. Mais les résistances ne sont pas moindres si les réformes sont présentées isolément, au lieu de se rattacher à un plan d'ensemble : toute mesure qui se propose d'introduire dans les rapports sociaux un peu plus de justice, ne pouvant le faire sans porter atteinte aux privilèges du capital, voit aussitôt se soulever contre elle la coaliion d'intérêts tout puissants qui fit échouer la conception de Louis Blanc.

C'est là ce que nos réformistes perdent trop de vue : si modérées que soient leurs propositions, elles se heurtent aux mêmes difficultés que s'ils réclamaient la socialisation intégrale. Pour la faire admettre, il leur faudrait une solide majorité au Parlement. Mais s'ils avaient cette majorité, ne vaudrait-il pas mieux réaliser le socialisme que de s'amuser aux bagatelles de la porte?

La tactique réformiste repose d'ailleurs sur une erreur capitale que, faute de réflexions assez approfondies sur la question, ses partisans n'ont pas aperçue : ils croient de bonne foi qu'il est possible d'introduire dans l'organisation sociale actuelle, plus de justice et par conséquent plus de bien-être pour les déshérités. Ils en sont tellement convaincus que la négation de ce postulat leur paraît un paradoxe; et malheureusement, la foule, inéduquée ou mal éduquée, le croit avec eux.

Entendons-nous bien : la possibilité d'obtenir des améliorations partielles sans changer les bases de la société n'est pas niable. Mais du fait qu'elles sont limitées à certaines catégories de citoyens, il résulte qu'elles n'ont pas de valeur générale, car les avantages qu'elles apportent à leurs bénéficiaires, ont pour contrepartie le préjudice qu'elles causent toujours à la masse. Il peut également arriver que la rançon de ces avantages soit payée par les bénéficiaires eux-mêmes, ce qui annule pour eux le profit de l'opération. Quelques exemples le feront comprendre. Faisons remarquer que cette thèse s'applique aussi bien aux réformes obtenues par la voie syndicale ou coopérative, qu'à celles résultant de l'action parlementaire.

Considérons un syndicat ouvrier bien organisé et fort, comme celui des mineurs, et admettons qu'il réussisse à obtenir un relèvement important des salaires de la corporation. Il est évident que les conditions de vie des ouvriers mineurs seront ainsi rendues meilleures. Mais les concessionnaires de mines récupéreront immédiatement sur les consommateurs de charbon le surcroît de frais généraux qui leur aura été imposé, et non seulement cette élévation des charges de l'industrie se traduira par une augmentation générale des prix de vente des produits, mais en outre, la masse des travailleurs de l'industrie, du commerce, de l'agriculture, auront à pâtir du relèvement du prix du charbon servant à leur chauffage. Mathématiquement, la somme des sacrifices ainsi imposés à l'ensemble des consommateurs sera égale à celle des avantages arrachés par la corporation des mineurs; et dans la pratique, elle sera toujours supérieure, car les exploitations minières profiteront de la circonstance pour augmenter leurs bénéfices en majorant leurs prix dans une proportion plus forte que celle de la majoration de leurs dépenses.

Mais, encouragés par l'exemple des mineurs, les boulangers obtiendront à leur tour une augmentation de salaire. Le prix du pain sera aussitôt relevé, et tout le monde en souffrira. Les cheminots feront de même, et il en résultera une augmentation générale des tarifs de transports, entraînant celle de tous les produits. Les maçons agiront à leur tour, et ce sera l'augmentation des loyers. Et quand toutes les corporations auront réussi à faire triompher leurs revendications, la situation générale de la classe ouvrière sera exactement la même qu'auparavant, sinon pire, puisque l'augmentation des salaires sera compensée par celle du coût de la vie, qui, en fait, sera toujours plus forte.

On ne saurait sérieusement soutenir que l'élévation des salaires restera à la charge des patrons et viendra en diminution de leurs bénéfices. Évidemment, nul ne supposera que la pensée puisse leur venir d'accepter bénévolement la perte qui en résulterait pour eux. Mais on pourra essayer de prouver qu'ils y seront contraints par la concurrence. D'abord, la concurrence, même si elle existait encore, ne jouerait pas dans une situation où tous les patrons d'une même branche d'industrie subiraient à la fois la même augmentation de leurs frais généraux. Puis la concurrence a été supprimée par les coalitions patronales qui se développaient parallèlement aux unions ouvrières. Cette organisation moderne de la production, en solidarisant les intérêts des entreprises similaires par la fixation de prix de vente établis d'un commun accord entre tous les intéressés, aurait pour effet certain de rejeter sur les acheteurs des produits le supplément des dépenses de fabrication.

D'ailleurs, dans de nombreuses exploitations, la marge des bénéfices n'est pas assez large pour ne pas être annihilée, ou même transformée en pertes, par la surcharge des frais généraux, et dans ce dernier cas, une industrie, écrasée, peut disparaître, réduisant au chômage tout son personnel.

Ce serait notamment ce qui se produirait en cas de concurrence étrangère redoutable, à laquelle ne s'opposerait aucune barrière douanière. L'accroissement des charges de la production entraînerait alors la mort de certaines de ses branches, et le chômage qui en résulterait prendrait des proportions calamiteuses ; au lieu d'améliorer leurs conditions de vie, les ouvriers se seraient eux-mêmes réduits à la famine.

Prenons maintenant un autre exemple, celui des assurances sociales. Évidemment, son résultat apparent serait de garantir les travailleurs des risques de l'invalidité et de la vieillesse. Mais à quel prix serait-il obtenu ? On exigerait une contribution des ouvriers et des patrons. L'État y ajouterait la sienne. Or, les ouvriers souffriraient directement des retenues opérées sur leurs salaires; ils supporteraient indirectement, comme consommateurs, la part exigée des patrons, et qui se traduirait par un relèvement du prix des choses. Enfin, la part de l'État ne pouvant être fournie que par des impositions supplémentaires, lesquelles par voie d'incidence, retomberaient sur le consommateur, l'ensemble des travailleurs pourrait tout au plus espérer recevoir en secours et pensions de retraite, l'équivalent de ce qu'ils auraient préalablement déboursé. Encore faudrait-il en déduire les frais ruineux de la nouvelle administration à créer pour assurer le fonctionnement de la caisse d'assurances. On a pu juger de leur énormité lors de l'essai de retraites ouvrières tenté avant la guerre et auquel on a dû renoncer, malgré l'enthousiasme qu'il avait suscité chez les socialistes réformistes, à commencer par Jaurès. On a pu également se rendre compte des complications inextricables auxquelles se heurtait son application et de l'impossibilité d'y comprendre un grand nombre des intéressés. Espère-t-on faire mieux avec le système recommandé actuellement ? En tout cas, à part les éternels faiseurs de surenchères démagogiques, tout le monde s'effraie déjà du surcroît de dépenses qu'il occasionnera à l'Etat, dont les finances sont si obérées, de la surcharge qu'il imposera à l'industrie et du renchérissement général qui en sera la conséquence certaine.

Une réforme réalisée après la guerre a été bien accueillie par la classe ouvrière : la réduction à huit heures de la journée de travail, rendue obligatoire par une loi. Il est certain que huit heures représentent le maximum de durée que devrait atteindre le travail quotidien, et j'ai montré, dans *La Production intensive*, que par une bonne organisation de la production, le socialisme le réduira graduellement bien au-dessous de ce chiffre. Mais cette amélioration incontestable de la condition des travailleurs est-elle compatible avec l'anarchie capitaliste et si on l'y introduit, ne présente-t-elle pas des inconvénients aussi grands, pour le moins, que ses avantages ?

D'abord, il est évident qu'elle augmente notablement le prix de revient, c'est-à-dire le coût de la vie. On a soutenu, avec raison, il est vrai, que huit heures bien employées permettaient une production au moins égale à celle de dix ou douze heures, qui excèdent évidemment les forces d'un ouvrier normal. Reste à savoir si les huit heures sont effectivement bien employées, et il s'en faut de beaucoup que partisans et adversaires de la loi de huit heures soient d'accord sur ce point. Il est inévitable que sous un régime qui a pour base l'opposition des intérêts entre patrons et ouvriers, ces derniers se rendent compte que plus ils se hâteront d'exécuter leur tâche, plus ils s'exposeront au chômage. On peut donc en inférer que, sauf les plus consciencieux, ils ne travaillent pas avec plus de zèle qu'à l'époque des longues journées.

Puis, il s'en faut que la loi de huit heures soit appliquée à tous ceux qui devraient en bénéficier : elle reste encore lettre morte dans un grand nombre d'entreprises. En régime capitaliste, il est plus facile de décréter une obligation que de la faire exécuter. ; on l'avait déjà vu à propos de l'enseignement et on le constate de nouveau pour les huit heures. Comment vaincre la résistance passive de centaines de milliers d'employeurs réfractaires ? Ce qui serait très simple si tous les moyens de production étaient à la collectivité devient impossible quand ils sont aux mains de propriétaires privés.

Dans d'autres cas, les ouvriers, poussés par la cherté de la vie, demandent eux-mêmes à faire des heures en plus. Et ceux qui ne l'obtiennent pas de leur patron cherchent du travail ailleurs. Cette habitude se répand de plus en plus.

Enfin, le plus grave, c'est qu'il s'en faut de beaucoup que toutes les nations aient adopté la loi de huit heures, malgré les efforts du Bureau international du travail pour les y amener. L'Allemagne, qui avait d'abord réduit la durée du travail, est revenue depuis à la journée de dix heures, en dépit des résistances acharnées de la classe ouvrière. Or, la concurrence des pays réfractaires est terrible pour les pays adhérents. La France y a résisté jusqu'à ce jour à cause de la dépréciation de ses changes. Mais si elle revenait à une monnaie saine, elle en subirait les désastreux effets.

On pourrait passer en revue toutes les réformes obtenues ou proposées, sur le terrain économique. et, comme pour les précédentes, on aurait à constater que le bien qui en résulte est toujours compensé par un mal au moins équivalent. On doit en conclure qu'une société fondée sur le principe d'injustice qu'est la propriété privée, est inaméliorable et qu'au lieu de chercher à la corriger dans ses détails, il faut envisager résolument sa transformation intégrale; c'est la condamnation du réformisme.

Il me reste à examiner un autre point de vue de la même question. Certes les réformistes sont animés des meilleures intentions, à l'égard de la Société bourgeoise, et c'est en toute bonne foi qu'ils s'évertuent à la rendre plus habitable à la foule des déshérités. Ennemis de la politique du pire, estimant que le socialisme ne naîtra pas d'une aggravation des conditions économiques actuelles, et qu'ils ont tout à gagner à ce que le prolétariat s'élève à un degré de culture de plus en plus élevé, ce qui ne lui est possible que dans une sécurité et un bien-être relatifs; persuadés que les résultats partiels obtenus, au lieu d'engourdir la classe ouvrière, seront pour elle un stimulant à des satisfactions plus complètes, les réformistes croient sincèrement à l'efficacité de leurs efforts. Lorsqu'ils sont parvenus à grand'peine à introduire dans notre législation quelque disposition en apparence plus juste et plus humaine, ils ne doutent pas d'avoir fait une œuvre utile. Par malheur, leur courte vue n'aperçoit pas, au delà des conséquences immédiates de la réforme, ses conséquences éloignées, et il leur arrive souvent de faire beaucoup de mal en voulant faire le bien.

Ce qu'ils ne comprennent pas, c'est qu'un organisme social, quelles que soient ses malformations, ne peut pas plus être redressé qu'un organisme vivant. Ses abus font corps avec lui et on ne peut les extirper sans porter atteinte à son fonctionnement ou même sans le tuer tout à fait. Des réformes à trop fortes doses ne peuvent pas être supportées par la société capitaliste ; en sapant les principes fondamentaux qui forment son assise, elles ébranlent tout l'édifice ; elles désorganisent au lieu d'améliorer. Or, ce n'est pas en bouleversant l'organisation sociale actuelle qu'on rendra plus supportable les conditions d'existence de la classe ouvrière, et qu'on préparera les voies au socialisme.

La société capitaliste, malgré la longue durée de son existence, est en effet, à ce point fragile, qu'il n'est même pas nécessaire de mesures perturbatrices pour la troubler dans son fonctionnement : il suffit de la menace de telles mesures. Cette extrême sensibilité s'explique par le fait qu'elle repose tout entière sur le crédit et que, par définition, le crédit c'est la confiance. Et la confiance n'existe qu'au sein d'une sécurité complète, sécurité du présent et de l'avenir.

On s'était déjà aperçu de ce caractère ombrageux de la confiance et des conséquences qui pouvaient en résulter pour l'économie : au lendemain de la révolution de 1848, le capital, inquiet, se mit tacitement en grève. La production se ralentit; le chômage se développa, plongeant les salariés dans la misère. L'insurrection de juin s'ensuivit et sa féroce répression, en balayant les derniers espoirs de transformation sociale, rassura les conservateurs et rétablit la confiance qui ne redevint d'ailleurs parfaite qu'après le coup d'Etat de décembre.

Une nouvelle manifestation de cette susceptibilité du capital, nous a été donné plus récemment : lorsqu'au lendemain des élections du 11 mai 1924, le pouvoir fut confié à un gouvernement radical, avec le soutien des socialistes, et qu'il fut fortement question de résoudre la crise financière par un prélèvement sur les fortunes, il se produisit un exode des capitaux français à l'étranger, qui fut la principale cause de la tension des changes et aggrava tellement la situation que la banqueroute parut un moment imminente.

Aussi longtemps que le capital sera le moteur unique de la production et de la circulation, il sera donc chimédique de chercher à limiter ses privilèges et de vouloir lui imposer des mesures de justice. De telles tentatives n'aboutiront qu'à déchaîner des paniques dont l'effet sera toujours désastreux.

Les partisans de la politique du pire diront : Eh bien, quoi ? la banqueroute ! Qu'elle vienne, et nous serons débarrassés du régime capitaliste.

Ah ! s'il devait en être ainsi, je serais le premier à prêcher l'agitation à outrance jusqu'à paralysie totale des organes qui assurent actuellement la production et la répartition. Mais c'est bien le cas de rappeler le mot célèbre de Danton : « On ne détruit que ce qu'on remplace. » La banqueroute créerait des ruines, des misères, elle déplacerait partiellement les fortunes et, dans une telle crise, les non-possédants seraient naturellement ceux qui souffriraient le plus. Puis, la bourrasque passée, il faudrait se reprendre à la vie, se remettre au travail. Les affaires renaîtraient, quelquefois en d'autres mains, mais toujours sur les bases de l'organisation capitaliste. Et pourquoi ? Parce qu'il n'en existe pas d'autres. Parce que le socialisme marxiste, le seul qui compte, n'apporte aucune formule de reconstruction. Il aurait passé sur le monde, comme la force malfaisante d'un cyclone, détruisant tout sans pouvoir rien remettre en place. Ses partisans eux-mêmes n'oseraient pas le proposer comme remède ; ils sont les premiers à ignorer sa puissance créatrice et réparatrice, et c'est pourquoi ils déclarent volontiers qu'ils ne veulent recueillir la succession du régime capitaliste qu'au sein d'une période de prospérité.

Ces constatations de l'expérience, justifiées par le raisonnement, sont la condamnation sans appel de la politique réformiste ; ou elle laissera subsister tous les abus, ou, en voulant les extirper, elle engendrera des maux plus grands que ceux qu'elle voulait éviter.

Le régime capitaliste, avec son principe d'erreur et d'iniquité fondamentale, est inaméliorable. La seule tactique efficace pour le parti socialiste est d'en dénoncer inlassablement les abus, de montrer qu'ils n'ont d'autre remède que le socialisme et de préparer les institutions socialistes pour être en mesure de les mettre en vigueur, sans hésitations ni tâtonnements, lorsque l'explosion du mécontentement général les portera au pouvoir.

Un des inconvénients majeurs du réformisme, c'est qu'il ne se contente pas d'une place secondaire dans le programme socialiste : il l'envahit entièrement et en exclut le principe essentiel de transformation sociale. Cette éviction a été graduelle, mais continue : aujourd'hui, dans les discours des orateurs socialistes, dans les productions de nos écrivains, sauf les socialistes reconstructeurs, et surtout dans les luttes électorales, il n'est pas plus question de remplacer le régime capitaliste par un régime collectiviste que si ce n'était pas le but de toute notre action. Aussi, les nouveaux adhérents du parti ignorent complètement en quoi consiste le socialisme : habitués à entendre leurs leaders leur parler de réformes, et rien que de réformes, ils s'imaginent que la classe ouvrière, dont le parti socialiste est l'organe, n'a pas d'autres revendications à formuler que d'introduire plus de justice dans la société actuelle. Et quand, d'aventure, quelque radical échauffé soutient la même thèse, ils ne font aucune différence entre les deux doctrines, et, en général, leur préférence ira à celui qui criera le plus fort et gesticulera le plus énergiquement. Ce confusionnisme est le résultat inévitable de l'absence de toute éducation socialiste qui caractérise l'action du parti depuis la guerre. Il sert admirablement les intérêts électoraux de nos politiciens ; mais il tue l'idée socialiste.

Pour clore ce chapitre, il convient de rappeler le vieil adage qu'on juge l'arbre à ses fruits. Depuis qu'il est représenté au Parlement, le parti socialiste n'a pas fait autre chose que de la politique réformiste. Quel résultat a-t-il obtenu ? Sans doute on pourrait dresser une liste, d'ailleurs assez courte, de mesures insignifiantes ou secondaires, obtenues au prix de grands efforts et dont on promettait d'avance monts et merveilles. Faites-en le total : se trouvera-t-il un homme doué de raison pour soutenir que ces soi-disant réformes ont apporté une amélioration appréciable dans la condition des deshérités ? Après comme avant, le douloureux problème social ne reste-t-il pas posé dans toute son ampleur tragique ? Et dès lors peut-on espérer mieux dans l'avenir ? Le moment n'est-il pas venu de déclarer que l'expérience a assez duré, qu'elle est décisive et qu'il faut adopter une autre tactique ?

CHAPITRE XIV

Coalitions avec les partis bourgeois

Voilà une question qui a fait couler beaucoup d'encre, car elle est le thème habituel des polémiques entre les diverses tendances. Dans l'oubli complet où est tombée la doctrine socialiste, la tactique seule se prête aux discussions qu'elle suffit d'ailleurs, non seulement à entretenir, mais à envenimer.

Les adversaires des coalitions avec les partis bourgeois se flattent d'avoir pour eux les grands, les éternels principes du socialisme : « Le prolétariat, disent-ils, est en lutte perpétuelle avec la classe bourgeoise. Se coaliser avec elle, c'est abandonner le combat, c'est trahir le socialisme. »

Et les partisans quand même des coalitions sont fort embarrassés par ce raisonnement. Prisonniers, eux aussi de la formule : lutte de classe, ils se défendent avec énergie d'y renoncer : « Mais quoi, ajoutent-ils, dans toutes les batailles, il y a des trêves. Ne peut-on se reposer un moment pour mieux se battre ensuite ? D'ailleurs il est habile, quand on ne dispose pas de la supériorité numérique, de diviser ses ennemis. En faisant un cartel momentané avec les radicaux, nous dissocions le bloc bourgeois et nous arriverons mieux à le détruire. Tandis qu'en repoussant leur alliance, nous les rejetons à droite et perdons toute chance de remporter la victoire. »

Et les coalitionnistes énumèrent complaisamment les nombreux sièges législatifs qui seront gagnés par leur tactique et perdus si elle n'est pas adoptée. Mais ils n'arrivent pas à ébranler l'intransigeance farouche des purs théoriciens de la lutte de classe. Et la querelle continue, rouverte à tous les congrès, absorbant toutes les forces vives du parti et le détournant des besognes fécondes.

Querelle oiseuse, querelle néfaste, qu'on liquiderait définitivement si le parti socialiste arrivait à comprendre que la lutte de classe n'est pas la doctrine même du socialisme, mais simplement une tactique discutable. Il n'y a qu'un principe socialiste : la socialisation des moyens de production. A celui-là, il faut se tenir solidement, car si on l'oublie, il n'y a plus de socialisme. Mais la lutte de classe, conception marxiste, ne fait nullement corps avec lui. C'est une excroissance qui pourrait, qui devrait être extirpée. J'ai démontré dans *Délivrons-nous du Marxisme* que la notion de lutte de classe est non seulement inutile, mais nuisible à notre recrutement. Elle détourne de nos rangs plus d'adhérents qu'elle ne nous en amène. Par malheur l'état-major du parti, composé de militants que cette formule a séduits, ne peut pas concevoir que d'autres cerveaux la repoussent, et on continue à se traîner dans l'ornière marxiste, au lieu de s'en arracher d'un effort vigoureux.

Si on écarte ce parti pris fanatique pour une idée accessoire, la question des coalitions se règle facilement par des raisons d'opportunité. Elle se pose sous cette forme : « Le parti socialiste a-t-il avantage à s'unir, dans des conditions déterminées, à certaines fractions non socialistes ? » Et dès lors la réponse ne peut être qu'affirmative.

En effet les coalitionnistes ont raison d'affirmer qu'en s'unissant avec les radicaux, les socialistes enlèveront un plus grand nombre de sièges, au Parlement et dans les

autres assemblées électives, qu'en allant aux urnes avec
leurs seules forces : c'est l'évidence même. Et, pour
un parti qui se propose la conquête du pouvoir politique,
il n'est pas indifférent de mettre dans les corps élus des
garnisons de plus en plus fortes. C'est même, en dehors
de l'éventualité d'une révolution, le seul moyen pratique
d'y obtenir un jour la majorité. Le danger serait de verser
dans le confusionnisme en faisant non seulement listes
communes, mais programmes communs, car ce serait la
disparition du socialisme lui-même. Mais rien de plus
simple que de s'unir en marquant la différence des vues.
Il n'y a là rien que de normal et d'honorable, car on
peut être en désaccord sur les solutions définitives et
s'entendre loyalement pour écarter un danger immédiat, menaçant également les deux partis.

Il n'est même pas indispensable, dans la pratique,
d'observer la règle qui a été posée par le parti socialiste
lui-même, c'est-à-dire d'aller à la lutte au premier tour
de scrutin avec des bulletins séparés et de s'entendre
seulement au deuxième tour. Car les électeurs ne comprennent pas toujours qu'après avoir combattu tel candidat au profit de tel autre, ils doivent retourner leur posi-
tion et adorer ce qu'ils brûlaient. On peut leur éviter cette
difficulté en s'unissant dès le premier tour, s'il s'agit
d'un vote plural, en présentant la même liste avec des
étiquettes différentes ; s'il s'agit d'un vote uninominal
en se mettant d'accord à l'avance sur un candidat unique.
Mais dans tout cela, rien d'absolu : la sagesse est d'adopter dans chaque circonscription et à chaque élection la
tactique qui sera reconnue la plus sûre, sans se préoccuper d'un prétendu principe en opposition avec le sens
commun.

Je ne saurais trop insister, d'ailleurs, sur la nécessité
rigoureuse pour les socialistes d'arborer leur véritable
drapeau et de le tenir bien déployé dans les batailles
électorales. Ils doivent rigoureusement écarter toutes les

petites habiletés qui pourraient créer l'équivoque, et exposer en toute franchise leur but avec les raisons qui les portent à s'unir avec un autre parti. C'est une question de vie et de mort pour le socialisme.

Mais ce premier point résolu, il reste à examiner un autre aspect non moins important, du même problème : après s'être entendus pour se présenter devant le corps électoral, les deux partis doivent-ils reprendre aussitôt après leur liberté et poursuivre exclusivement leur propre politique sans avoir égard à leurs alliés d'un jour ?

Là encore, la question est très simple si on ne la complique pas en 'y mêlant le faux principe de la lutte de classe. Dès qu'on a reconnu que le parti socialiste forme un parti distinct, très distinct des autres partis, mais non pas un parti de classe en opposition fondamentale avec tous les éléments bourgeois, il ne s'agit plus que de déterminer la tactique qui le mènera le plus directement à la victoire. Or il est manifeste que, s'il est assez fort au Parlement pour pouvoir devenir l'appoint nécessaire d'une majorité gouvernementale de gauche, son influence devient énorme et il peut obtenir les avantages les plus décisifs en faveur du socialisme.

A condition, toutefois, qu'il sache profiter adroitement de sa situation privilégiée en mettant à son concours des conditions d'intérêt socialiste bien entendu. Et il faut avouer que dans la pratique il a fait, jusqu'à présent, tout le contraire.

La tactique qu'il aurait dû suivre sera exposée au chapitre XVIII. Disons seulement ici dans quelle erreur il est tombé.

Au lendemain des élections du 11 mai 1924, lors de la constitution du ministère Herriot, le parti socialiste a décidé de lui prêter son appui et, par l'organe d'un de ses leaders, a précisé dans une lettre historique les bases de son entente avec les radicaux qui prenaient seuls le pouvoir. « Nous ne vous demandons pas de faire notre politique, écrivait Léon Blum à M. Herriot, mais simplement de faire la vôtre. »'En d'autres termes, nous savons bien, nous socialistes, que vous ne pouvez pas appliquer notre programme, mais nous nous tiendrons pour satisfaits si vous allez jusqu'au bout du vôtre, c'est-à-dire si, sans transformer la société capitaliste dans son principe, vous y introduisez toutes les améliorations que vous réclamez vous-mêmes.

Sans doute, en fixant ainsi leur attitude, les socialistes croyaient faire preuve de logique et d'habileté : nous ne sommes, pensaient-ils, qu'une minorité dans la majorité. Nous ne pouvons pas songer à prendre le pouvoir et à instaurer le régime socialiste. Laissons donc les radicaux montrer leur savoir faire ; facilitons-leur la tâche; quand ils auront accompli toutes les réformes envisagées par eux, les électeurs s'apercevront que la situation du pays reste à peu près aussi mauvaise, et alors, ils viendront au socialisme qui sera leur dernier espoir. Nous aurons ainsi usé les radicaux, débarrassé le terrain de l'obstacle qu'ils formaient sur notre route et nous nous serons ouvert un accès facile vers le succès définitif.

Il y avait du vrai dans ce raisonnement. Mais, outre que, dans cette affaire, les socialistes faisaient un marché de dupes en donnant leur appui sans rien retirer d'immédiat et de tangible pour le socialisme, la façon dont ils ont compris leur rôle, à côté de leurs alliés radicaux, a créé à ces derniers une situation intenable et amené finalement le divorce aux torts et griefs des socialistes.

En effet, aux termes mêmes du contrat de mariage, il fallait laisser les radicaux faire leur politique. Il fallait les laisser juges des réformes à réaliser, des voies à suivre pour y parvenir et de l'allure à prendre pour y marcher. Il fallait leur laisser toute liberté d'action en prenant à côté d'eux une attitude passive et en dégageant soigneusement la responsabilité du parti socialiste.

Au lieu de cela, les parlementaires socialistes ont voulu

diriger leurs collègues radicaux et leur dire ce qu'ils avaient à faire. Ils ont prétendu connaître mieux qu'eux la politique radicale et être plus capables qu'eux de la mener à bien. Sur toutes les questions à l'ordre du jour, ils ont apporté leurs propres projets, en exerçant la plus vive pression sur leurs alliés pour les leur faire accepter, en leur forçant la main au besoin. Ils ont ainsi causé une grande gêne au gouvernement, toujours menacé de voir les socialistes l'abandonner s'il ne cédait pas à leurs injonctions et ne se résignait pas à aller plus vite et plus loin qu'il ne l'eût voulu. Les socialistes oubliaient trop, en l'occurrence, que les radicaux, malgré leurs programmes soi-disant avancés, restent des défenseurs du régime capitaliste, que c'est pour le consolider qu'ils cherchent à en atténuer les abus, et qu'ils ne peuvent pas, par conséquent, se placer au point de vue socialiste, qui est de le détruire.

De plus, en adoptant cette attitude, les socialistes faussaient à la fois la politique des radicaux et la leur propre : d'une part ils permettaient aux radicaux de se dérober à leur responsabilité en alléguant, non sans apparence de raison, que s'ils n'avaient pas réussi, c'est qu'on les avait empêchés d'agir à leur guise. D'autre part ils manquaient à leur devoir socialiste et compromettaient gravement le parti en assumant, eux adversaires nés de la société capita-
ainsi dans la déviation funeste signalée plus haut.
liste, le rôle d'administrateurs de cette société, et tombant

Si, mieux inspirés, ils étaient restés à l'écart, disant aux radicaux : « Nous vous avons promis notre appui ; nous sommes prêts à sanctionner de nos votes les mesures que vous nous proposerez, mais sans les discuter ni sans nous porter garants de leur efficacité », l'opinion publique n'aurait pas rejeté sur eux, comme elle l'a fait, la responsabilité de l'inévitable avortement, et ils n'eussent pas attiré sur le parti les haines de tous ceux dont les intérêts ont eu à en souffrir.

Pourquoi les socialistes sont-ils tombés dans cette aberration de vouloir prendre la gérance de la société capitaliste, à l'encontre de la résolution du congrès d'Amsterdam qui, très sagement, déclinait en termes formels « toute responsabilité dans les conditions politiques et économiques basées sur la production capitaliste » ? Sans aucun doute ils n'ont commis cette lourde faute que parce qu'ils n'ont trouvé dans les livres de Marx aucune doctrine socialiste positive, et que n'ayant par conséquent pas idée de ce qu'ils avaient à faire pour réaliser le socialisme, ils n'ont rien trouvé de mieux, pour occuper leur activité et faire briller leurs talents, que de travailler avec les radicaux, à faire marcher notre vieille société vermoulue en essayant d'y introduire de chimériques améliorations. Ils n'ont abouti qu'à rompre le cartel et à perdre une occasion, qui ne se représentera peut-être pas de sitôt, de faire faire au socialisme un grand pas en avant.

On mesurera mieux la gravité de l'erreur qu'ils ont commise après avoir compris, par la lecture du livre v, le parti qu'ils auraient pu tirer de la chance favorable qui leur était échue.

Chapitre XV

Participation au Pouvoir

Comme la précédente, cette question est une des plus controversées: elle remplit toutes les harangues, tous les écrits, et alimente sempiternellement les discussions des congrès.

Les purs partisans du grand principe (?) de la lutte de classe condamnent sans appel la participation au pouvoir avec des éléments bourgeois. Les opportunistes s'efforcent de trouver toutes sortes de raisons pour la justifier. Et certaines ne sont pas trop mauvaises. Mais ils se gardent de donner la véritable : la soif de portefeuilles et de bonnes places de la plupart d'entre eux.

Les uns et les autres, d'ailleurs, posent mal la question. Pour lui donner tout son sens, il faudrait l'élargir en ces termes : participation à la gestion de la société capitaliste. Cette participation est nettement interdite par la résolution du Congrès international d'Amsterdam citée au chapitre précédent, et qui n'est pas abrogée puisqu'elle est toujours imprimée en tête des cartes délivrées aux membres du parti (1). Elle est contraire, non seulement à l'esprit de lutte de classe, qui exclut toute collaboration, mais aux traditions constantes du Parti qui a toujours

____

(1) La résolution d'Amsterdam dit : « La démocratie socialiste ne saurait rechercher aucune participation au gouvernement, dans la société bourgeoise ».

vu en elle un premier pas vers l'abandon total des principes fondamentaux du Socialisme.

Pourtant la participation a toujours compté de nombreux partisans, et elle est revenue à la mode depuis la guerre qui l'avait établie à titre tout à fait exceptionnel. Elle a été et est encore pratiquée en divers pays — sans avoir apporté d'ailleurs le moindre avantage au socialisme — et si elle n'a pas été récemment acceptée en France, elle y a rallié une forte minorité. Ce qu'il y a de curieux en France, c'est que ceux qui la combattent sont les premiers à la trouver bonne lorsqu'elle ne s'applique pas à la formation des ministères mais seulement au travail du Parlement, soit dans les discussions publiques, soit dans les commissions. Et pourtant si on admet qu'un socialiste peut contribuer à la gestion de la société bourgeoise sur le terrain parlementaire, il est tout à fait illogique de lui refuser le même droit au sein du conseil des ministres. C'est en quoi j'écris plus haut que la question devrait être posée en termes plus généraux : il faudrait ou interdire complètement la participation à la gestion de la société bourgeoise, ou l'autoriser par tous les modes, y compris l'entrée dans les ministères bourgeois. Quelle différence y a-t-il, en effet, entre le travail d'un socialiste qui, membre ou même rapporteur de la commission du budget, contribue pour une large part à dresser l'état des dépenses et des recettes de la société capitaliste, et celui qu'il ferait s'il détenait le portefeuille des finances ? Dans les deux cas il est tellement absorbé par cette occupation qu'il ne lui reste plus le temps de faire œuvre socialiste. Et c'est ce qui arrive fatalement à tous les élus socialistes ayant fait preuve d'une certaine valeur. Telle est la conséquence fatale du réformisme qui détourne du but final socialiste les meilleures activités, pour en faire les auxiliaires des dirigeants bourgeois, car de glissement en glissement, après avoir commencé à collaborer avec eux sous le prétexte de détruire les abus du régime, on finit par les aider à maintenir debout le régime tel qu'il est.

Ce qui est surprenant c'est que certains réformistes se prononcent énergiquement contre la participation au pouvoir : si l'on admet l'utilité des réformes, où est-on mieux placé pour les réaliser qu'au gouvernement ? On y dispose de moyens d'information et d'action qu'aucun parti ne peut posséder.

Jeté hors de sa véritable voie par le marxisme, le parti socialiste français roule d'erreur en erreur sans pouvoir se raccrocher à rien de solide. Il en est arrivé, peu avant la rupture complète du cartel de 1924, à cette singulière conception que si le principe de lutte de classe l'empêche de partager le pouvoir avec une des fractions de la bourgeoisie, il ne fait pas obstacle à ce qu'il prenne tous les portefeuilles, à lui seul, même si, ne disposant que d'une minorité à la Chambre, son existence ministérielle est à la merci de la majorité bourgeoise, qui y mettra fin sans hésitation à la moindre velléité de faire quelque réforme d'un caractère plus ou moins vaguement socialiste.

A fortiori, dans une telle situation, un cabinet socialiste serait dans l'impossibilité d'appliquer son programme de transformation. Il ne jouerait donc pas d'autre rôle que celui de gérant de la société capitaliste. Et au lieu de partager avec les radicaux la responsabilité de l'aventure, il l'assumerait toute entière. Il est inouï qu'une telle idée ait pu germer dans des cervelles socialistes et plus inouï encore qu'elle ait été adoptée dans un congrès. La tentative de Ramsay Mac Donald, en Angleterre, dans une situation analogue, et les piteux résultats qu'elle a donnés en obligeant les représentants du parti à continuer la politique impérialiste des conservateurs sans apporter le moindre avantage substantiel au socialisme, aurait dû détourner le congrès de cette fâcheuse inspiration.

Ceux de ses membres qui reconnaissent encore quelque

valeur à la résolution d'Amsterdam auraient dû se souvenir qu'en déclinant toutes responsabilités dans les conditions du mode de production capitaliste, elle condamnait l'exercice total du pouvoir en régime bourgeois, plus encore que la simple participation à ce pouvoir. Mais la perspective — d'ailleurs invraisemblable et irréalisée — d'avoir à se partager tous les portefeuilles et d'occuper une foule de situations officielles semblait avoir halluciné nos parlementaires et leurs mandants.

La solution de la question de la participation au pouvoir, de même que celle des coalitions avec les partis bourgeois, doit être cherchée en écartant toutes considérations tirées du faux principe de la lutte de classe, sur le terrain de l'intérêt du socialisme.

Mais à ce point de vue, et contrairement à la question des coalitions, la solution ne peut qu'être très nettement négative. En effet, autant, la lutte de classe mise à l'écart, les coalitions avec les partis bourgeois pouvaient sembler avantageuses au socialisme, autant la participation au gouvernement, ou la prise de tout le pouvoir par une minorité parlementaire socialiste, paraissent devoir être inutiles ou dangereuses pour lui. D'abord, l'une et l'autre seraient en opposition par trop flagrante avec son but définitif : le jour où il deviendrait le gérant responsable de la société capitaliste, il renoncerait du même coup à en poursuivre la transformation, ou tout au moins, ce qui reviendrait au même, il ne disposerait pas de forces actives suffisantes pour mener parallèlement les deux tâches, de sorte que la seconde serait sacrifiée à la première.

Puis, à partir de ce moment, tout en s'épuisant dans l'œuvre chimérique de remettre en équilibre stable une société anarchique vouée par sa nature même à un déséquilibre permanent, et de faire régner la justice, sous un régime fondamentalement inéquitable, le parti socialiste deviendrait l'endosseur de tous les mécontentements, de toutes les colères, de toutes les haines soulevées aujourd'hui contre les privilégiés ; l'échec certain de sa tentative malencontreuse serait sa ruine totale.

Et enfin, sa possession complète ou partielle du pouvoir ne lui donnerait — en eût-il la conscience et la volonté, — aucun moyen de servir la cause du socialisme qu'il ne pourrait avoir, avec une égale efficacité et sans courir le moindre risque, par une simple politique de soutien — *conditionnelle*.

Cela apparaîtra en pleine lumière au livre V, lorsqu'on aura vu ce qui, dès à présent, pourrait être accompli pour frayer une voie directe au socialisme.

Chapitre XVI

La Mystique internationaliste

Les hommes de toutes nations et de toutes races se grisent de mots et ne descendent presque jamais au fond des choses.

Le socialisme est essentiellement une organisation supérieure de la production et de la répartition des produits dans laquelle le principe d'association générale remplace celui de lutte. Mais le marxisme a obscurci cette notion claire en lui substituant celle de la lutte de classes. Sans doute, dans la pensée de Marx, la lutte de classes n'était que la route qui devait conduire au communisme. Mais, faute d'avoir précisé son but et d'avoir indiqué la manière de le réaliser, la doctrine marxiste a laissé tomber ce but dans un oubli de plus en plus profond, et aujourd'hui, le moyen est devenu la fin : le socialisme, dans sa déviation actuelle, c'est la lutte de classes et rien de plus.

Mais comment la lutte de classes doit-elle être menée? Marx a écrit : « Travailleurs de tous les pays, unissez-vous. » Et mettant le conseil en pratique, il a fondé la première Internationale, marquant par là que c'était sur le terrain international que les travailleurs devaient associer leurs efforts.

A partir de ce moment, l'idée élémentaire et à certains égards, très logique, de l'entente internationale de la classe ouvrière de tous les pays, a envahi les cerveaux. Simple modalité de la lutte de classes, l'internationalisme ne devait être, comme elle, qu'un moyen. Lui aussi, est devenu une fin. Lutte de classes, internationalisme, telles sont les notions qui, pratiquement, constituent, aujourd'hui toute la doctrine des fractions socialistes organisées, aussi bien sous la bannière de la deuxième internationale que sous celle de la troisième.

Les idées vagues ont, hélas ! plus de facilité que les idées précises pour pénétrer dans des esprits incultes ou confus. Aussi, l'internationalisme est devenu, chez la plupart des militants socialistes, un véritable fanatisme. On lui attribue une force irrésistible, qui doit accomplir les destinées du prolétariat; on ne sait pas comment, mais ce mystère fascine les imaginations et les exalte. Il n'a d'ailleurs, ainsi que je l'ai fait observer dans *Délivrons-nous du marxisme*, de prise que sur une fraction relativement minime de la classe ouvrière, dont la grande masse aspire uniquement au bien-être dans la tranquillité et répugne aux violences. Mais ceux qui l'acceptent s'en tiennent là et ne veulent plus entendre parler d'autre chose. Il n'y a pas plus à essayer de raisonner avec eux qu'avec un fervent catholique.

Dégagé de cette exagération, l'internationalisme n'est certes pas à rejeter. Il est incontestable que les mouvements socialistes qui se manifestent à peu près partout dans le monde ne pourraient qu'accroître leur puissance en se coalisant et en menant leur action sur le même terrain, tout en tenant compte, bien entendu, des situations nationales, qui sont très différentes les unes des autres, et en ne donnant pas aux règles communes le caractère d'obligations trop strictes. Mais pour être efficace, l'action de l'Internationale socialiste devrait tendre à affermir le principe fondamental du socialisme et à rectifier les déviations qui peuvent se produire dans les les organisations nationales. C'est bien ainsi que, jadis, les congrès internationaux comprenaient leur mission ; on l'a vu par la résolution d'Amsterdam. Mais les éléments nationaux qui prennent part à ces congrès s'affaiblissant de plus en plus et versant dans un réformisme participationniste qui n'a plus rien de commun avec le socialisme, les décisions de l'organisme international perdent la belle énergie socialiste qui les caractérisait avant la guerre, lorsque les vieux leaders éprouvés dirigeaient les débats.

L'Association internationale des travailleurs, que l'on appelle ordinairement l'Internationale tout court, en y ajoutant l'adjectif numéral deuxième ou troisième, pour distinguer entre le groupement à tendance modérée et le groupement à tendance extrémiste, est en réalité une fédération internationale des partis socialistes et devrait porter ce titre qui lui donnerait toute sa signification en précisant son caractère véritable.

L'habitude prise de l'appeler par abréviation l'Internationale contribue, au contraire, a affaiblir dans les esprits l'idée de son but socialiste. Nombreux sont les militants qui se glorifient d'être internationalistes alors qu'ils négligent le plus souvent de se dire socialistes. La notion d'internationalisme se substitue à celle de socialisme. Et c'est un grand malheur, car le terme d'internationalisme par lui-même, ne répond qu'à une idée mal définie, alors que celui de socialisme, dépouillé depuis longtemps du sens trop vague qu'il avait au début, exprime aujourd'hui une doctrine précise, ayant pour base fondamentale, la substitution d'une société collectiviste à la société individualiste. Il peut y avoir plusieurs internationales; et de fait, non seulement, il y en a deux au sein du parti socialiste, mais il existe, en dehors de lui, nombre d'autres associations internationales. Or, il n'y a, et il ne peut y avoir qu'un socialisme, malgré les tendances qui le divisent.

La foi mystique si fréquente en la vertu toute puissante de l'Internationale pour régénérer le monde est donc une pure illusion. C'est n'avoir aucune opinion que de se dire internationaliste sans ajouter socialiste. Il serait même inutile d'employer le premier vocable qui est impliqué par le second, car aucun socialiste ne peut rejeter l'action internationale.

Pour fixer l'orientation du parti, perdu sur l'océan brumeux de la métaphysique marxiste, il faudrait, au préalable, répondre clairement à cette question qui n'a jamais été posée dans aucun congrès : le socialisme peut-il se réaliser, pour commencer, dans une seule nation, ou n'a-t-il de chances de vie que s'il est instauré simultanément dans toutes, ou tout au moins dans un groupe de nations d'une certaine importance ?

Il est évident que, dans les deux cas, l'action nationale et internationale du parti devra s'inspirer de tactiques très différentes. C'est donc bien le premier point qu'il faudrait déterminer pour donner à notre effort son maximum d'efficacité. Or, bien qu'il tienne une certaine place dans les préoccupations des militants, il n'a jamais été abordé officiellement dans les assemblées du parti. Cela n'est d'ailleurs pas surprenant car pour donner une solution à la question, il faudrait avoir élaboré la doctrine positive du socialisme et envisagé de façon concrète ses voies de réalisation. Or, nos leaders marxistes n'en sont pas là !

Personnellement, j'ai traité ce sujet dans le chapitre XIX de mes *Principes d'Economie socialiste*, et établi que poursuivre l'avènement du socialisme dans tous les pays, ou même dans plusieurs pays à la fois, c'est le reculer indéfiniment. Il faudrait au contraire, concentrer les efforts sur celui d'entre eux qui paraîtrait le plus propre et le mieux préparé à la grande transformation et la hâter par une propagande intensive, à l'alimentation de laquelle les autres nations, dans l'intérêt commun, devraient participer aussi largement que possible.

Mais, malgré la grande utilité des concours extérieurs, c'est sur le terrain national que devrait être menée l'action principale. Si l'on admet — et il est difficile de ne pas l'admettre — que le socialisme doit débuter dans un seul Etat, l'action internationale n'a évidemment plus qu'un rôle secondaire et elle doit être réglée en conséquence.

Malheureusement, sans avoir étudié à fond ce problème, les diverses fractions du parti inclinent manifestement de plus en plus à le résoudre dans un sens contraire. Les bolcheviks ont affirmé, dans toutes leurs déclarations, surtout dans la période 1917-1921, que la Révolution, victorieuse en Russie, ne pourrait s'y maintenir que si elle gagnait les autres pays, et ils ont gaspillé le plus clair de leurs ressources en argent, en intelligences et en énergie, à provoquer des mouvements insurrectionnels, partout où ils apercevaient quelque chance de succès. Ils ont ainsi effrayé le capitalisme international et se sont attiré des haines violentes qui se sont traduites, au début, par des actes d'agression déclarés. L'inutilité de leurs efforts, la malveillance générale qu'ils leur ont value, l'isolement économique où ils se sont trouvés, leur a montré le danger de cette politique, sans les convaincre, au fond, qu'elle ne pouvait les mener à rien. Ils ont mis une sourdine à leur campagne d'agitation à l'étranger, et leurs agents diplomatiques se sont efforcés de gagner la confiance des gouvernements bourgeois en affirmant qu'ils y avaient renoncé. On ne les a pas crus, parce que ce n'était pas vrai et que trop de faits indéniables sont venus les démentir. Ils ont alors essayé d'établir une distinction entre l'action gouvernementale soviétique, assez correcte en apparence, et celle de la troisième Internationale, organisation tout à fait autonome, affirmaient-ils, dirigée par l'ensemble des partis communistes du monde, bien qu'elle siégeât à Moscou. Mais ce faux-fuyant n'a pas été mieux admis, car personne n'ignore que la troisième internationale est entièrement dominée par les éléments russes et qu'elle tire des subventions du gouvernement soviétique, les vastes ressources qui entretiennent l'agitation dans le monde entier. Actuellement, la défiance est plus grande que jamais à l'égard de l'Union soviétique ; son double jeu ne trompe même pas les quelques pays qui, par nécessité ou par intérêt, ont conclu des accords avec elle. Aussi toutes ses sollicitations pour obtenir des crédits ont échoué et son économie en souffre cruellement.

Telle est la conséquence de l'erreur initiale commise par les bolcheviks, et dans laquelle ils persévèrent au fond, en cherchant la consolidation de leur régime dans le déchaînement de la révolution à l'étranger au lieu de concentrer tous leurs moyens dans l'œuvre de leur relèvement économique.

Leur échec inévitable ne leur a rien appris, et il n'a, hélas ! rien appris aux socialistes des autres pays, non seulement à ceux qui sont rangés sous la bannière de la troisième internationale et qui, dénués de toute indépendance, traînés à la remorque des dictateurs moscovites, ne savent qu'admirer tout ce qu'ils font et approuver leurs fautes les plus évidentes, mais aussi les socialistes modérés, bien qu'ils ne se privent pas de mettre en lumière les erreurs de la tendance d'en face. Ceux-là ont une autre raison, inavouable, d'ailleurs, de laisser croire que le socialisme ne pourra s'enraciner que s'il arrive au pouvoir dans plusieurs pays à la fois : c'est qu'une telle croyance reculera bien loin l'échéance redoutable de l'application du socialisme. Très satisfaits de leur confortable situation actuelle, nos politiciens n'éprouvent guère le besoin d'en abandonner les douceurs pour se lancer dans des aventures. Il faut d'ailleurs dire à leur décharge que, faute de connaître le socialisme reconstructeur, ils n'ont pas conscience des immenses bienfaits qu'il apporterait à l'humanité et que la plupart d'entre eux ne voient rien au delà de l'horizon borné de leurs chimériques réformes. Au surplus, la masse inéduquée de leurs mandants ne les pousse pas aux réalisations socialistes, dont elle ignore encore bien davantage la portée grandiose. Dans de telles conditions, on ne peut que piétiner sur place, et la fausse croyance à l'impossibilité d'une instauration du socialisme dans un seul pays pour commencer est une excellente justification de l'inaction de ses chefs.

On verra au livre V ce qui peut être fait immédiatement pour arracher le socialisme à ce funeste sommeil.

CHAPITRE XVII

La Conception révolutionnaire

Je me suis attaché surtout jusqu'ici à dénoncer sans ménagements les défaillances des politiciens français de la deuxième internationale. En cela, je me rencontre avec les communistes, qui ne sont pas tendres pour leurs frères en marxisme. Mais, pour être impartial, je dois maintenant constater qu'avec des formes plus violentes, les communistes sont coupables du même abandon du véritable programme socialiste.

Ah ! quel beau parti communiste on aurait pu créer en France, en groupant sur le véritable programme socialiste tous les militants écœurés par les capitulations sans nombre de la fraction de droite, en faisant, dans l'intérêt du socialisme, tout ce qu'elle n'a pas su faire ! Les communistes français en étaient-ils capables ? C'est au moins douteux. En tout cas, il eût fallu, pour les mettre dans cette voie, une impulsion de Moscou. Mais comment leur serait-elle venue, alors que les bolcheviks eux-mêmes n'ont su faire chez eux que de l'agitation démagogique, que leurs essais informes d'organisation économique socialiste du début sont de plus en plus abandonnés, et qu'ils reviennent chaque jour davantage aux modes de production et de répartition capitalistes ?

D'ailleurs, les communistes français n'ont parmi leurs chefs aucun cerveau capable de les orienter dans ce sens.

Les quelques hommes de valeur que comptait leur fraction ont été éliminés à cause de leur indépendance. Sous prétexte de discipline, Moscou impose à ses féaux une véritable asservissement. On a vu avec autant d'étonnement que de tristesse, ressusciter les pires inepties ultramanistes : proscription des intellectuels, toute l'autorité, toutes les fonctions aux manuels. Les rares esprits cultivés que compte le parti communiste ne s'y maintiennent qu'à force de platitude et non sans avaler fréquemment des couleuvres de taille.

Sous l'inspiration de meneurs dont l'influence repose sur la plus vile démagogie, le parti communiste français n'est plus aujourd'hui communiste que de nom. Son action consiste en une agitation continuelle et intensive. Il fait du désordre à jet continu, pour l'amour de l'art, sans but défini, car les plus bornés de ses adeptes ne peuvent croire que le régime communiste pourra sortir de leurs extravagances. Il se proclame révolutionnaire, mais il n'a pas droit à ce titre qui suppose la conscience d'un état social meilleur, comme aboutissant de la révolution victorieuse. Il n'a que des mots d'ordre de bataille ; le peu d'idées organiques qu'il élabore est affecté à faire des recrues et à leur donner des formations de combat. Encore si cette besogne était intelligemment conçue et exécutée ; s'il arrivait à grouper des forces suffisantes pour prendre d'assaut la bastille capitaliste, on ne pourrait pas dire qu'il a perdu sa peine. Mais l'armée communiste n'est bonne que pour défiler, avec drapeaux rouges et bannières, dans les manifestations, tout au plus pour provoquer quelques bagarres sur la voie publique, pour échanger quelques horions avec les sergents de ville ou les fascistes. Tout cela n'est pas sérieux.

Par malheur, les adversaires du socialisme feignent de le prendre au sérieux; ils en font des épouvantails à bourgeois, et leur habile exploitation des stériles violences communistes déchaîne contre tout ce qui relève du socialisme un courant de haines de plus en plus fort. Si jamais, contre toute probabilité, le fascisme l'emporte en France, c'est en grande partie aux insanités des communistes qu'il devra son triomphe.

Si le parti communiste ne songe guère à doter la France d'une organisation économique communiste, en revanche, il tend de tous ses efforts à y importer le régime soviétique; et cela s'explique fort bien, car ce parti ne contient que des politiciens exclusivement préoccupés de questions politiques et tout à fait ignorants en matière économique.

Mais le soviétisme n'est pas un progrès sur les institutions démocratiques des nations occidentales ; il n'est qu'un parlementarisme imparfait, basé sur un suffrage restreint à certaines catégories sociales. Encore celles qui sont admises à participer à l'administration et au gouvernement n'ont-elles jamais pu, jusqu'à présent, exprimer leur volonté en toute liberté. Leurs votes sont faussés par une pression plus forte encore que celle pratiquée en France sous le second empire. En réalité. c'est le parti communiste qui dirige tout, et lui-même suit docilement les directives d'une poignée de meneurs : la pseudo dictature du prolétariat aboutit à la concentration de tous les pouvoirs de l'Etat entre les mains d'une oligarchie et ne diffère guère du tsarisme. La Russie, façonnée séculairement à l'obéissance passive, peut s'accommoder d'un tel régime. Il faut être fou pour songer à l'importer en France.

Le soviétisme, d'ailleurs, n'a rien de commun avec le communisme : il peut servir de fondement à n'importe quel gouvernement bourgeois et n'est même pas incompatible avec la monarchie.

Ainsi, sous l'impulsion aveugle de ses obscurs dirigeants, le parti communiste français se fourvoie de plus en plus ; ses adeptes se grisent de mots creux : révolution. internationalisme, soviétisme, et se détournent des réalités économiques du communisme. Leur action incohérente, violente, antinationale, en choquant constamment l'esprit public, et même les sentiments de l'immense majorité de la classe ouvrière, fait le vide dans leurs organisations et cause à la propagande socialiste un tort incalculable. Il suffit aux partis adverses de les montrer en spectacle, comme l'ilote ivre, pour exciter un dégoût universel.

S'inspirant du langage des bolcheviks russes, nos communistes prétendent créer en France le « bloc ouvrier et paysan ». C'est cette formule qu'ils arborent en tête de leurs manifestes électoraux. Mais chez nous, elles ne répond à rien. Les paysans, petits et moyens propriétaires, sont entièrement hostiles au communisme, et un nombre infime d'entre eux vient s'agréger au fameux bloc, sans accepter d'ailleurs l'idée de socialiser leurs propriétés. Ils y viennent parce qu'on se garde bien de leur montrer le véritable but du socialisme : on cherche à surexciter leurs convoitises en leur faisant espérer que, comme en Russie, ils se partageront les grandes propriétés capitalistes. La terre à ceux qui la cultivent ! Telle est la revendication actuelle du parti communiste ; elle est non seulement l'oubli, mais la négation du principe fondamental du socialisme. Les prétendus communistes français ne sont plus que des partageux.

De toute évidence, une pareille tactique ne saurait aboutir à aucune réalisation socialiste. Mais il reste à savoir si une tactique révolutionnaire plus judicieuse n'est pas nécessaire pour atteindre notre but final.

A cette question, nul socialiste sincère ne peut répondre par la négative. L'histoire nous montre que tous les gouvernements traîtres à leurs devoirs ont été brisés non par la légalité, mais par la force. C'est aussi la force qui a été l'instrument des usurpateurs contre les autorités légitimes. Renoncer dès à présent à nous servir d'une arme aussi efficace serait abandonner nos meilleures chances de succès. Un parti socialiste digne de ce nom doit donc se tenir constamment prêt à l'insurrection. Il doit avoir ses unités de combat bien groupées et bien encadrées pour intervenir énergiquement le jour où les circonstances le permettront, et selon un plan préparé d'avance dans son ensemble, quoique modifiable au dernier moment dans ses détails.

Mais, pour qu'une telle intervention atteigne son but, pour qu'une minorité résolue et organisée renverse les pouvoirs établis et se substitue à eux, il faut que l'opinion publique la favorise, soit par ses sympathies déclarées, soit au moins par sa neutralité. Si elle était nettement hostile, le mouvement échouerait infailliblement.

L'action permanente du parti socialiste devrait donc tendre à gagner la confiance générale. Et il faut n'avoir pas un grain de sens commun pour s'imaginer qu'il y parvient en entretenant l'agitation et le désordre, en troublant la vie publique, en heurtant inutilement les idées acceptées par la masse, en menaçant les intérêts, en agitant sans cesse le spectre de la guerre civile. Il devrait, au contraire, se présenter comme l'unique réparateur des innombrables maux engendrés par le capitalisme et ne jamais se lasser de donner la preuve, à chaque occasion, de son aptitude à jouer un tel rôle. Pour cela, il devrait avoir un programme positif très précis et très complet, ce qui lui permettrait d'opposer ses solutions larges et solides aux misérables expédients dont, faute de mieux, usent nos gouvernants. Et en même temps, tout en pensant sans cesse à la révolution et en s'y préparant activement, il devrait n'en parer jamais au grand public. C'est en rassurant et non en effrayant les électeurs, qu'il s'insinuerait peu à peu dans leur confiance. Même ceux qui ne comprendraient ou n'accepteraient pas ses principes, se tourneraient vers lui, à la longue, lorsqu'ils seraient trop mécontents du présent, comme vers l'unique espoir d'une amélioration.

Et, dans une ambiance aussi favorable, il trouverait, sans avoir à l'attendre trop longtemps, l'occasion de déclaucher une attaque brusquée contre le régime avec toutes. chances de succès.

Il est possible, au surplus, qu'il n'ait pas besoin d'en venir à cette extrémité, — et ce serait hautement désirable, car une révolution fait toujours des victimes.

Dans les pages qui vont suivre, j'indiquerai un moyen certain d'arriver pacifiquement à la réalisation intégrale du socialisme.

CHAPITRE XVIII

L'Organisation et l'Action du Parti. Ce qu'elles devraient être.

Le parti socialiste français est le seul parti qui possède une organisation régulière. Répond-elle à l'importance de sa mission ? Lui permet-elle d'atteindre son but ? C'est ce que l'on va examiner.

Le groupement de base de l'organisation est la *section* locale. Dans les villes et les communes divisées en plusieurs agglomérations, la section peut comprendre plusieurs groupes. Mais la section seule est qualifiée pour prendre des décisions ; en dehors d'elle, dit le règlement général, il ne saurait y avoir d'action publique du Parti.

Les communistes ont éprouvé récemment le besoin de se différencier en donnant aux groupes et aux sections le nom de cellules et de rayons; mais le principe reste le même et il est inutile d'entrer dans le détail des modalités de l'application qu'ils en ont faite.

Dans les grandes villes divisées en arrondissements, il peut y avoir, en outre, des groupes de quartiers.

Les membres de la section sont astreints au paiement d'un droit d'entrée et d'une cotisation mensuelle. Ils reçoivent une carte nominative, sur laquelle le versement des cotisations est constaté par l'apposition de timbres mobiles.

Chaque section désigne un trésorier et un secrétaire.

Elle élit, en outre, un ou plusieurs délégués pour la représenter à l'organisme départemental, dit *fédération*. La Fédération a un secrétaire fédéral et un trésorier fédéral. Elle se réunit à des époques et selon un mode de représentation fixés par ses statuts, soit en Conseil fédéral, soit en Congrès fédéral, comprenant les délégués de toutes les sections du département.

Chaque fédération élit un ou plusieurs délégués pour siéger au Conseil National et aux Congrès nationaux du Parti, dont les réunions ordinaires ont lieu tous les ans et les réunions extraordinaires selon les circonstances.

Dans l'intervalle des sessions, l'administration du Parti est confiée à une Commission administrative permanente.

Le Conseil national élit le secrétaire général et le trésorier général du Parti.

Le trésorier général remet les cartes et timbres aux fédérations, contre paiement de la valeur à laquelle ils sont fixés. Le trésorier fédéral les remet aux sections avec une majoration de prix, et le trésorier de la section les remet à son tour aux membres avec une deuxième majoration. Ces diverses perceptions alimentent la caisse des sections, des fédérations et du Parti.

Le Parti prélève, en outre, des retenues assez fortes sur les traitements de ses élus et il en est de même des fédérations.

Les conseils fédéraux et le conseil national, qui comprennent un nombre de délégués moindre que les congrès, sont généralement consacrés aux affaires administratives du Parti et les congrès aux affaires politiques.

« La direction du Parti, dit l'article 13 du règlement général, appartient au Parti lui-même, c'est-à-dire au Congrès national. »

Arrêtons-nous à ce passage, qui indique la base démocratique sur laquelle repose l'organisation du Parti. Tout membre d'une section participe à la direction politique et administrative du Parti. En ce qui concerne les affaires locales, sa participation est directe et s'exprime par son vote à la section. Pour les affaires départementales, elle s'exerce par le suffrage à deux degrés, et pour les questions intéressant l'ensemble du Parti, elle est plus indirecte encore, puisqu'elle a lieu par le suffrage à trois degrés. Il ne saurait d'ailleurs en être autrement, puisqu'il est impossible de réunir dans un même local tous les adhérents du Parti.

Dans tous les Etats démocratiques, c'est le suffrage universel qui, par ses mandataires, légifère et gouverne. Cette conception moderne est incontestablement un progrès sur l'ancien absolutisme. Si faiblement éclairée qu'elle soit, la volonté populaire risque moins d'aller contre l'intérêt général que les caprices d'un autocrate qui, l'histoire le prouve, est souvent d'une intelligence au-dessous de la moyenne. Néanmoins, si, jusqu'à ce jour, aucun système de politique meilleur n'a été sérieusement proposé, si, d'ailleurs, par l'institution d'une deuxième Chambre, il est possible d'empêcher, pendant quelque temps du moins, les trop grosses erreurs du suffrage universel d'avoir des conséquences tout à fait désastreuses pour la nation, on se rend compte, de plus en plus, que l'incompétence de la masse électorale, lorsqu'elle est appelée à se prononcer sur les graves questions de politique et d'économie intérieures et extérieures qui se posent constamment dans la vie d'un peuple, est un obstacle presque insurmontable au progrès de l'humanité. L'ignorance de l'ensemble des électeurs les empêche de comprendre les idées nouvelles qui leur sont présentées et de sortir des sentiers battus de la routine. Les monarchistes avaient bien tort, jadis, de se méfier du suffrage universel : il n'y a pas d'institution plus conservatrice ni d'instrument de gouvernement plus commode ; il suffit de savoir s'en servir. Toujours il obéit à l'impulsion du pouvoir ; toujours il est dupe de la presse capitaliste et des charlatans politiques. Seuls les novateurs sociaux peuvent redouter sa force d'inertie.

On peut donc se demander si le suffrage universel des adhérents du Parti socialiste est capable de donner à son action l'impulsion éclairée qui serait indispensable pour atteindre son but. Observons ici que la tâche des électeurs socialistes dans le Parti est bien plus difficile que celle des électeurs ordinaires dans les scrutins politiques et administratifs. Ces derniers n'ont, en somme, qu'à assurer la bonne marche d'institutions existantes, tandis que les premiers ont à créer un monde nouveau. Ils auraient donc besoin d'une culture beaucoup plus haute. La possèdent-ils ? Ils pourraient la posséder s'ils étaient bien recrutés à l'origine et si leurs facultés étaient ensuite élargies par une bonne éducation socialiste.

Mais il n'en est malheureusement pas ainsi, en France surtout, et c'est de la France qu'il s'agit ici en ce moment. On entre dans une section comme dans un moulin, sans avoir à présenter la moindre garantie morale et culturelle. Il suffit de savoir débiter avec aplomb les lieux communs les plus grossiers sur l'exploitation des travailleurs, l'internationale, le pacifisme et déblatérer contre les capitalistes et les politiciens bourgeois. Souvent même on n'en demande pas tant au postulant et la recommandation d'un camarade lui tient lieu de tout bagage doctrinal.

Du moins, une fois qu'il est membre du groupe, le nouveau militant va-t-il avoir l'occasion de se perfectionner, de s'instruire sur le but du Parti et les moyens par lesquels on compte l'atteindre ? En aucune façon. Sauf de rarissimes exceptions, les séances des sections et même des congrès fédéraux sont entièrement remplies par l'indigeste cuisine de l'organisation, par des querelles personnelles ou des compétitions électorales. On ne sort jamais de ces questions inférieures. Jamais on n'a l'occasion d'entendre une conférence sur la doctrine socialiste, ni de participer à une discussion contradictoire sur le même sujet. Si quelque orateur plus ou moins qualifié prend la parole, c'est pour critiquer le gouvernement bourgeois, ou pour traiter les problèmes à l'ordre du jour du Parlement, c'est-à-dire pour donner son avis sur l'administration de la société capitaliste ou les améliorations qui peuvent y être apportées, et son succès est assuré s'il sait assaisonner son exposé de mots ronflants sur la lutte de classe et l'antimilitarisme. Quant aux principes fondamentaux du socialisme, à ses moyens de réalisation, aux conséquences prodigieuses de son avènement pour l'humanité, il n'en est jamais question.

Telle est la vie des groupes ; le peu de place qu'elle laisse aux idées générales est rempli par les potins parlementaires, les combinaisons ministérielles et les querelles de tactique. C'est surtout la préparation aux élections qui passionne les esprits. On peut dire qu'en dehors des périodes électorales, l'existence du Parti est à peu près suspendue. Les sections ne se réunissent pas, ou il n'y vient que les quelques militants les plus zélés. Les autres s'engourdissent comme les marmottes en hiver, pour ne se réveiller qu'au prochain scrutin.

Les bons citoyens qu'un sincère entraînement vers le socialisme pousse à se faire inscrire à leur section éprouvent, lorsqu'ils ont assisté à quelques séances, un étonnement, un écœurement profonds et ne tardent pas à s'en aller pour ne plus revenir. Les effectifs numériques du parti seraient dix fois plus forts si les nouvelles recrues qu'il fait constamment restaient dans ses rangs ; mais le courant des sorties égale à peu près celui des entrées, de sorte que ses progrès sont lents.

« Le Parti est une passoire », disait un ancien secrétaire général en constatant ce phénomène. Et ce sont les meilleurs éléments qui s'en vont. Après leur départ, il ne reste qu'un résidu de politiciens et d'inconscients, toujours prêts à voter les motions les plus ineptes, pourvu qu'elles soient conçues en termes violents.

D'ailleurs, quiconque a participé quelque temps à la vie des sections se rend compte que, si leurs membres sont loin, dans la plupart des cas, d'être des hommes tarés, du moins ils sont fréquemment des déséquilibrés, ayant en tout des opinions extrêmes et surtout des façons de les exprimer qui heurtent de front les tendances du milieu où ils pourraient propager le socialisme. De sorte que leur influence extérieure est nulle. Dans la population d'un village ou d'une petite ville, la section socialiste ne forme ordinairement qu'une infime minorité sans contact moral avec la masse, et il suffit qu'elle soutienne un candidat pour que les suffrages se portent sur un autre.

Dans les sections socialistes, on lit quelquefois le journal local du Parti, plus rarement l'organe central, mais presque jamais des brochures de propagande ; et quant aux livres de doctrine, leur existence y est totalement ignorée. Il n'y a pas de bibliothèque dans quatre-vingt-dix-neuf sections sur cent, au moins.

D'ailleurs, il n'existe dans le Parti aucune organisation d'éducation par le livre et la brochure. Les rares publications de ce genre qui voient le jour, sont l'œuvre de militants agissant individuellement, et trois fois sur quatre, au lieu de les signaler à leurs lecteurs, les journaux du Parti les passent sous silence. Ces journaux ne sont eux-mêmes qu'un ramassis de faits locaux, de ragots politiciens, de polémiques personnelles et de boniments électoraux. Lorsque, de temps en temps, quelque rédacteur du crû s'essaye à y traiter un point de doctrine ou de tactique, il le fait de façon si grotesque qu'il discrédite l'idée socialiste au lieu de la servir.

Un parti socialiste ainsi organisé est évidemment incapable de préparer la grande transformation sociale qui, nominalement, est son but. Par contre, il constitue un instrument docile pour les politiciens et se prête à merveille à leurs machinations. C'est tout ce qu'ils demandent et c'est pourquoi ils jugent inutile, et même dangereux de l'améliorer.

Actuellement, il n'est plus du tout question, dans les discussions des sections, des fédérations et des congrès, nationaux, des principes fondamentaux du socialisme. Les motions qui y sont votées se rapportent exclusivement à la tactique électorale et parlementaire, quand elles ne sont pas des blâmes ou des exclusions pour les indisciplinés.

Le plus triste, c'est qu'on ne voit pas de quel côté pourra venir le salut. Muré dans sa routine et dans ses erreurs, le parti est impénétrable à toute idée saine. Tel qu'il est, il constitue d'ailleurs un levier électoral à peu près égal en puissance aux organisations politiques des partis bourgeois ; il leur serait même supérieur s'il disposait de leurs ressources pécuniaires. Il n'est donc pas impossible qu'à la faveur des mécontentements, il arrive à grossir la représentation socialiste au Parlement, et même à y réunir la majorité. Mais après ? Le jour où un Parti socialiste sans doctrine ni préparation arriverait au pouvoir, serait celui de la déclaration de faillite du socialisme. Peut-être réussirait-il à conserver quelque temps le gouvernement, mais en reniant tous ses principes et en se faisant simplement le gérant de la société capitaliste.

Il ne faut pas désespérer, pourtant. L'avachissement général d'après-guerre, qui a si profondément affaibli notre action, ne sera pas éternel. Il suffira d'un militant de valeur et d'énergie pour arracher le Parti à son funeste marasme, lorsque le moment sera venu. C'est dans cette conviction que je continue mon effort de redressement qui ne sera pas toujours inutile.

Peut-on envisager la reconstitution du parti socialiste sur de meilleures bases ? Oui, sans doute, et il le faut.

Deux réformes d'inégale ampleur peuvent, à cet égard, être proposées.

La première consisterait à entourer l'admission des nouveaux adhérents de sérieuses garanties. Tout postulant devrait être astreint à un premier examen de capacité, portant principalement sur sa connaissance de la doctrine socialiste ; puis, si son éducation était reconnue insuffisante, à un stage plus ou moins long, au cours duquel il devrait étudier les livres et brochures qui lui seraient confiées, et enfin à un deuxième examen qui, s'il était défavorable, donnerait lieu, soit à un nouveau stage, soit à un refus définitif. Par ce moyen, on écarterait du Parti les mauvais éléments et on relèverait sensiblement son niveau intellectuel et moral.

Ce moyen n'est pas nouveau : il a été pratiqué, avec quelques variantes, à la Fédération du Nord, avant la guerre. Mais dans la pratique, il se heurte à de grandes difficultés. D'abord, dans la plupart des sections, on ne trouverait pas d'examinateurs capables. Puis le besoin de se créer quelques ressources pousse toujours la section à admettre en bloc tous les candidats qui se présentent, en sacrifiant la qualité à la quantité. Enfin, il faut compter avec le relâchement qui s'insinue avec le temps dans les règlements les mieux conçus et arrive à faire, des sages précautions édictées, des formalités inopérantes. Et pourtant, si l'on doit conserver le système actuel d'avoir des groupements locaux, départementaux et nationaux, et de remettre au suffrage de tous leurs membres la direction du Parti, il est absolument indispensable de le mettre en vigueur. Et il faudra charger les délégués à la propagande de sérieuses inspections du travail des sections et fédérations, en prenant des sanctions énergiques contre celles qui auraient dérogé aux prescriptions salutaires du règlement.

Mais on pourrait concevoir un parti socialiste organisé dans des conditions très différentes ; ou pour être plus exact, un mouvement socialiste qui ne serait pas emprisonné dans le cadre étroit d'une organisation de parti. Dans cette hypothèse, il n'y aurait plus de groupes fermés prenant des décisions, plus de congrès imposant une discipline stricte aux élus. Toutes les actions seraient libres. Il subsisterait des groupements libres dont les membres ne seraient rapprochés que par leurs affinités spontanées. A la place des cotisations fixes, dont le total est tout à fait inférieur aux besoins de la propagande et de l'action, il y aurait des contributions volontaires proportionnelles aux ressources et à la générosité de chacun. Lorsque leur montant le permettrait et que le groupement disposerait, en outre, des éléments intellectuels suffisants, il pourrait, soit seul, soit par entente avec d'autres groupements, faire paraître un journal, publier des brochures, organiser des conférences. Dans les élections, toutes les candidatures pourraient se produire, et les groupements ne donneraient à aucune d'investiture officielle au nom du Parti, de sorte qu'aucune ne serait frappée d'exclusive. Mais les groupements n'en auraient pas moins la faculté d'accorder leur patronage à celles qui auraient leurs préférences et les électeurs jugeraient.

Je vois bien les inconvénients d'un pareil système : le principal serait de détruire l'unité d'action et l'unité de programme du Parti, aussi j'avoue que je ne l'envisage qu'avec hésitation, je dirais presque avec répugnance. Je n'ai pas le tempérament anarchiste ; j'aime la discipline et la concentration des efforts. Mais, d'autre part, le système actuel mène le Parti aux antipodes du socialisme et étouffe toute tentative de redressement. En matière électorale, il favorise les manœuvres des intrigants aux dépens du mérite et de la sincérité. Dans la plupart des fédérations, il est facile à un habile faiseur de se faire désigner comme candidat en créant des groupes nouveaux, composé chacun de quatre ou cinq de ses créatures, ou en déplaçant la majorité dans certains des groupes existants par l'introduction de membres nouveaux, dévoués à ses intérêts. En pareil cas, la corruption joue un grand rôle, sous forme d'avantages pécuniaires ou honorifiques. C'est ainsi que les hommes de valeur sont écartés et que les médiocrités sans scrupules ni convictions arrivent au premier rang et s'y maintiennent. D'ailleurs, sans même avoir besoin de recourir à ces machinations, elles parviennent souvent à l'emporter, grâce à l'inconscience des membres du Parti qui donnent presque toujours la préférence à un démagogue adroit et beau parleur sur un militant éprouvé qui exprime simplement son opinion et se refuse aux surenchères dont il voit le danger.

Une fois désigné par le parti, un candidat est assuré des suffrages de tous les socialistes sincères, chez qui le sentiment de la discipline prime toute autre considération. Aucune candidature socialiste indépendante, si recommandable qu'elle soit, n'a de chances contre lui. Et son élection est certaine si la circonscription comprend une majorité d'électeurs socialistes.

Il n'est que trop vrai qu'un socialiste sincère, s'il n'est pas doué d'une fermeté à toute épreuve, ne tarde pas à voir ses convictions s'émousser, puis disparaître dans l'atmosphère dissolvante du Parlement. Pour parer aux défaillances des élus, le parti a bien organisé un contrôle, et il est évident que ce contrôle cesserait de fonctionner dans toute sa force si le parti n'existait plus sous sa forme actuelle. Mais serait-il vraiment à regretter ? On ne voit pas jusqu'à ce jour qu'il ait empêché les trahisons, lorsqu'elles ont eu l'art de se déguiser sous un langage adroit, masquant les actes suspects sous l'outrance des paroles. Les meilleurs des élus, ceux dont la conscience refuse de se plier aux exigences de la discipline lorsqu'elle leur impose des capitulations ou des déviations funestes, sont plus exposés au blâme ou à l'exclusion que les pires politiciens.

D'ailleurs, à défaut du contrôle des congrès du parti, il resterait la surveillance des groupes qui auraient soutenu la candidature de l'élu traître à ses engagements, il resterait l'opinion de ses électeurs qui, dans la plupart des cas, ne lui renouvelleraient pas leur confiance.

Maintenant, à côté des inconvénients que pourrait présenter pour le mouvement socialiste une transformation aussi profonde de son organisation, il est nécessaire de montrer qu'il en résulterait pour lui des avantages bien supérieurs.

Tout d'abord le courant des adhésions qui lui viennent de toutes parts s'intensifierait considérablement le jour où elles ne seraient plus refoulées par l'obligation de se soumettre à un crédo rigoureux, d'accepter des dogmes étroits, antipathiques à beaucoup de libres esprits, d'employer une terminologie qui déplaît ou qui répugne à la plupart. Ce qu'il faut remarquer, c'est que les plus choquantes des formules et des idées en usage au parti actuel ne font nullement corps avec sa doctrine fondamentale. Elles ne sont que des excroissances morbides engendrées par le marxisme ou l'interprétation qu'on en fait, et qui nuisent aux progrès du socialisme sans lui amener une recrue de plus que celles qui lui viendraient si elles n'étaient jamais employées.

Au surplus ceux qui trouvent bonne la façon actuelle de mener l'action socialiste continueraient à la pratiquer. Mais ceux qui la désapprouvent auraient également le droit de se dire socialistes et d'agir en cette qualité.

Je me souviens qu'en 1899, au congrès d'Epernay, dans une conversation privée, je posai à Jules Guesde cette question : « Quiconque est partisan de la transformation de la société capitaliste en société collectiviste, mais repousse la tactique de la lutte de classes, doit-il

être considéré comme socialiste? » Après une courte
hésitation, Guesde me répondit nettement : « Oui ».
Et cependant, en pratique, il faut accepter la lutte de
classes pour être admis dans le Parti. Cette formule, et
tout ce qui en découle, écarte de nos rangs nombre
d'hommes de bonne volonté. La liberté laissée à chacun
sur cette question nous attirerait une foule de sympathies. Nous conserverions en outre les innombrables
adhérents qui, écœurés du spectacle offert par leur
section, s'en retirent presque aussitôt après y être entrés.
Ces réfractaires, si un groupe leur déplaisait, s'affilie-
raient à un autre plus à leur goût au lieu d'abandonner
le socialisme.

Il est bien vrai que la liberté laissée aux groupements
pourrait aboutir à plusieurs tactiques différentes et
même à des variations sur le fond de la doctrine. Mais,
en dépit de l'apparente unité d'aujourd'hui, n'existe-t-il
pas de profondes divergences entre les tendances, et
même des oppositions totales de méthode? Du moins,
entre les diverses conceptions du socialisme qui se
feraient jour, y aurait-il des chances pour que la seule
bonne, celle du socialisme reconstructeur prît sa
place et devînt prépondérante. tandis qu'elle est
étouffée actuellement. Quelques hérésies sur des points
de détail seraient bien moins dangereuses que l'ortho-
doxie imposée par les Congrès, puisqu'elle est la négation même de ce qu'il y a d'essentiel et de meilleur dans
le socialisme.

Dans cette atmosphère vivifiante de liberté, non seulement les masses viendraient bien plus volontiers à
nous, mais on verrait surgir de fortes idées directrices
et des personnalités de haute valeur qui jetteraient sur
le socialisme un éclat puissant et lui donneraient une
influence qu'il n'a jamais eue.

Je livre ces considérations aux méditations des militants. Ceux d'entre eux qui ont conservé quelque luci-

dité seront d'accord avec moi pour reconnaître qu'il y a quelque chose à faire pour arracher le Parti à la routine aveugle où il s'enfonce de plus en plus, et l'élever à la hauteur de sa grande mission d'émancipation humaine. Même si mes suggestions ne sont pas entièrement acceptées, elles pourront servir de guides dans la recherche d'une organisation meilleure.

Quelle que soit la solution qui prévaudra, et le *statu quo* fût-il même maintenu, il est indispensable au salut de l'idée socialiste agonisante que l'action politique du parti soit remise dans une nouvelle voie.

J'ai examiné, dans les chapitres XIV et XV, les questions des coalitions électorales et de la participation au pouvoir. Inutile d'y revenir ici. Je répète seulement que les coalitions ne sont interdites par aucun véritable principe socialiste, et qu'il n'y a pas à hésiter à y recourir si elles peuvent augmenter le nombre de nos élus. De même aucun principe ne s'oppose à des ententes entre élus de différents partis s'il doit en résulter un avantage tangible pour le socialisme. Par contre, non seulement les élus socialistes doivent s'abstenir de toute participation au pouvoir et de toute prise de la totalité des portefeuilles, tant qu'ils ne sont qu'une minorité au Parlement, mais ils doivent se refuser à toute participation à la gestion de la société capitaliste, soit dans les commissions, soit à la tribune de la Chambre et du Sénat.

Il doivent, une fois pour toutes, se bien mettre en l'esprit qu'ils n'ont pas pour mission d'administrer, fût-ce dans le but de l'améliorer, la société bourgeoise, mais bien de préparer la venue du socialisme. A cet effet, ils doivent, dans des déclarations solennelles et réitérées en toute occasion, affirmer bien haut, conformément à la motion d'Amsterdam, qu'ils n'ont aucune responsabilité dans les maux et les injustices innombrables engendrés par ce régime et qui ne prendront fin qu'après l'avènement du socialisme.

Une telle attitude n'a rien d'incompatible avec les obligations d'un cartel ou d'une entente quelconque. Les socialistes disent ouvertement aux radicaux : « Vous croyez qu'on peut faire régner la justice sociale sans changer les bases de l'organisation économique actuelle : propriété privée, entreprise privée. Nous, pas. Proposez donc dans ce but toutes les réformes que vous jugerez utiles. Nous les voterons sans discussion, mais en expliquant bien que nous ne croyons pas à leur efficacité. Faites la politique que vous croirez bonne. Nous ne la combattrons pas. Vous gouvernerez à votre guise, sans craindre une pression de notre part pour vous faire aller plus loin que vous ne croiriez devoir aller. Vous aurez toute la liberté, mais comme conséquence, toute la responsabilité de votre politique. Et si elle avorte, comme nous le croyons inévitable, nous en tirerons argument en faveur du socialisme. »

Le parti socialiste doit-il donc se borner à prendre cette attitude passive? Doit-il, comme Jaurès le reprochait jadis à Guesde, s'enfermer dans un rôle de critique et de négation, au lieu de se mêler au vaste mouvement qui prépare à l'humanité un avenir meilleur ? Non certes ! Mais dans ce mouvement, il doit se garder des gestes irréfléchis, et toute son action doit être inspirée exclusivement par l'intérêt direct et exclusif du socialisme.

Pour la lutte parlementaire, il doit réserver ses meilleurs orateurs, et ceux-ci ne doivent laisser passer aucune occasion d'affirmer la doctrine socialiste. Pauvre doctrine ! Elle n'a connu qu'une seule fois les honneurs de la tribune du Palais Bourbon : ce fut quand Jules Guesde l'opposa à Paul Deschanel. Jamais il n'en a été question depuis ! Mais entendons-nous : des exposés généraux comme celui-là ne peuvent être répétés à de courts intervalles. C'est en détail et dans son application aux diverses questions à l'ordre du jour que la doctrine devrait être présentée au Parlement. En face des solutions étriquées et inopérantes, ou plutôt des misérables expédients par lesquels la bourgeoisie aux abois s'efforce d'esquiver ou d'ajourner les difficultés qu'elle est impuissante à vaincre, il faudrait dresser les solutions si complètes du socialisme. Entendons-nous bien encore : il ne s'agirait pas de montrer comment l'ingéniosité des représentants socialistes est capable de conjurer ces difficultés en régime capitaliste, mais d'expliquer qu'en régime socialiste, elles ne surgiraient même pas, étouffées dans leur germe par la force souveraine du principe d'association générale.

Croit-on, par exemple, qu'au lieu de rechercher les moyens de remplir le tonneau des Danaïdes que sont les finances capitalistes, nos orateurs ne seraient pas mieux inspirés en faisant connaître au Parlement, à la France et au monde entier, le système financier socialiste exposé dans les *Principes d'Économie Socialiste?* La comparaison entre cette conception simple, harmonieuse et puissante de la valeur, de la monnaie, des échanges, qui apporte en même temps le moyen de pourvoir aux dépenses de la collectivité sans impôts ni emprunts, et l'échafaudage toujours croulant de procédés artificiels par lesquels le régime capitaliste cherche à assurer son existence, produirait une impression profonde, et les gens de bonne foi, plus nombreux qu'on ne pense, commenceraient à comprendre qu'il y a dans le socialisme autre chose qu'une force de désagrégation.

Sur toutes les autres questions, il serait également possible de frapper l'opinion universelle et de créer en faveur du socialisme un courant qui deviendrait vite irrésistible.

Les grands leaders du socialisme au Parlement se consacrant à cette tâche essentielle, les autres élus auraient mieux à faire que de s'immobiliser sur leurs bancs. Dans la mesure où le règlement autorise leurs absences, ils devraient se répandre dans les milieux populaires des villes et des campagnes, et y accomplir une besogne semblable : montrer inlassablement, sur toutes les questions d'actualité, les solutions du socialisme ; établir qu'en dehors d'elles tout est désordre et néant.

Ainsi serait accomplie à la perfection la première partie de l'action socialiste : la propagande et l'éducation. Mais il en resterait une seconde non moins essentielle : la préparation de l'organisation économique et politique du socialisme. Jusqu'à ce jour — je le dis avec plus de tristesse que d'orgueil — j'ai été seul à étudier cette question, hors de laquelle, personne ne peut le contester, aucune réalisation socialiste ne sera jamais possible. Mais quand même d'autres écrivains isolés comme moi auraient suivi la même voie, avec plus de talent et de bonheur, leurs travaux ne seraient jamais que l'expression de pensées individuelles. Nos adversaires les passeraient sous silence pour ne s'occuper que de l'action officielle du parti, remplie par de tóutes autres préoccupations. Ce qu'il faudrait donc, ce serait que l'organisation pratique du socialisme fut élaborée par un organisme officiel du Parti, une sorte de Conseil d'Etat socialiste permanent, où siégeraient toutes les lumières que nous pourrions réunir, et dont la mission principale serait d'établir la doctrine positive du socialisme, de préparer les voies à son application. Cette assemblée se diviserait naturellement en commissions et sous-commissions, pour aborder à fond l'étude des nombreuses questions de détail qu'elle aurait à régler. La plupart de ses membres ne tarderaient pas à se spécialiser, selon leurs aptitudes, dans les diverses branches de l'économie socialiste et y acquerraient une compétence exceptionnelle. Ils deviendraient ainsi, le jour de la prise du pouvoir, des directeurs tout trouvés pour les grands services communistes, et il leur suffirait alors de s'entourer de techniciens, même non socialistes, pour être en état de remplir, sans erreur ni tâtonnements, ces difficiles fonctions.

Dans de telles conditions, le socialisme serait en état de conquérir la majorité au Parlement, d'assumer toutes les responsabilités gouvernementales et d'accomplir la transformation sociale qui est sa mission. Aucun esprit éclairé et impartial ne pourra le contester.

Mais ces conditions peuvent-elles être réunies?

On m'a souvent accusé — sans malveillance, d'ailleurs — de n'être qu'un rêveur perdu dans son idéal, et sans contact avec les hommes et les choses. C'est mal me connaître. Je me crois au contraire les vues objectives et les aptitudes pratiques d'un réalisateur. Si ma foi dans le socialisme est profonde, elle ne m'aveugle pas. Si j'aime l'humanité et crois qu'elle deviendrait par le socialisme infiniment meilleure, je ne suis pas illusionné sur la valeur morale des éléments qui la composent aujourd'hui. Je ne les méprise pas pour cela, sachant qu'ils sont le produit de leur milieu.

C'est pourquoi, jugeant très lucidement la situation actuelle, connaissant personnellement la plupart des principaux militants socialistes et ce qu'on peut attendre d'eux, de ceux qui les entourent et de la masse qui les suit, je n'hésite pas à reconnaître qu'il est impossible d'espérer, pendant un temps dont la durée échappe aux prévisions, que le parti socialiste rentre dans sa véritable voie et s'élève à la hauteur de ses grands devoirs. Le marxisme l'a trop profondément pénétré. On ne trouve chez lui que des esprits critiques, tout à fait impropres à une œuvre d'organisation ; que des discoureurs, plus ou moins éloquents, c'est-à-dire tout le contraire des hommes d'action qu'il lui faudrait. Ce sera seulement quand la diffusion des principes du socialisme reconstructeur dans les classes instruites lui aura amené des éléments nouveaux qu'il pourra prendre une attitude nouvelle. Or, il faut beaucoup de temps à une idée pour faire son chemin et devenir prépondérante.

Alors, faut-il renoncer à tout espoir de réaliser le socialisme dans un avenir prochain? Non, heureusement, pas plus en France qu'en Russie. Et je vais, dans les chapitres qui suivent, indiquer le chemin qui peut nous y conduire sans exiger du Parti l'énorme effort de préparation organique qu'il est manifestement incapable d'accomplir. Il lui suffira d'un peu de bonne volonté, et c'est peut-être encore beaucoup lui demander, dans sa composition actuelle. Néanmoins, étant donné que l'intervention d'un seul de ses leaders pourrait l'amener à envisager cette solution, on peut considérer qu'elle n'est pas tout à fait chimérique.

III PARTIE

Pour sortir de l'ornière marxiste

LIVRE IV
La Solution en Russie

Chapitre XIX

Caractères généraux de la Cellule socialiste
à créer

L'idée générale de la solution en Russie, c'est-à-dire d'un projet pratique et réalisable devant, par son développement normal, aboutir au socialisme, a été exposée au Chapitre X. Il s'agit maintenant de la préciser.

Ce projet consiste essentiellement en la création d'un organisme économique, constitué sur le principe de la possession et de l'exploitation collectives des moyens de production, une cellule socialiste qui vivra de la vie socialiste et s'étendra automatiquement, du fait de sa supériorité technique, jusqu'à complète absorption de la totalité des moyens de production de l'Union soviétique.

L'épine dorsale de toute organisation économique, c'est son système financier. Il faudra donc que le système financier socialiste, décrit dans mes *Principes d'économie socialiste*, soit applicable à la cellule socialiste envisagée. Or, pour qu'il puisse y fonctionner, il sera inutile que, dès le début, la collectivité produise elle-même la totalité des objets de consommation : il suffira qu'elle ait le monopole de leur répartition, aussi bien pour ceux qu'elle produira que pour ceux qu'elle devra acheter. On va voir que cette condition sera remplie.

Néanmoins, un organisme dont l'unique fonction serait la répartition des produits ne serait qu'une coopérative de consommation, et ne constituerait pas un commencement de socialisme. Il ne réaliserait pas le but essentiel du socialisme, qui est l'augmentation de la production, et resterait infécond. Il est donc indispensable qu'il comprenne dès le premier jour, une branche au moins de la production. Quelle branche devra être choisie? Dans un pays comme la Russie, dont la principale richesse est et restera toujours la production agricole, la question ne se pose pas : c'est par la culture de la terre qu'il faudra commencer, et d'autant mieux que c'est elle qui pourvoit à la plus grande partie des besoins de l'homme.

Mais, pour assurer cette production dans de bonnes conditions économiques, il sera indispensable d'y annexer graduellement, et dans la mesure des besoins de l'entreprise, des organes industriels.

On commencera par ceux qui sont les plus simples, les moins coûteux et qui répondent à une nécessité immédiate. A mesure que l'entreprise se développera, que son personnel sera plus nombreux et que les besoins seront plus grands, des industries plus importantes deviendront nécessaires pour fabriquer les produits qu'on serait forcé d'acheter au dehors, à des prix majorés par les bénéfices industriels et commerciaux des vendeurs.

Mais, petites ou grandes, simples ou complexes, ces industries seront toujours créées avec un maximum de perfection technique, et c'est également par les procédés les plus perfectionnés de la science moderne que se fera la culture des terres. Insistons encore sur cette condition essentielle du succès : malgré la surabondance de la main-d'œuvre dans l'U.S., malgré l'élévation des dépenses de premier établissement qui résultera des installations et du matériel réalisant cette perfection, il faudra tenir énergiquement la main à ce que le principe ne comporte aucune dérogation. Distinguons cependant entre les frais de création, qui précéderont la production proprement dite, et qui ne se reproduiront plus, une fois le stade de la production atteint, et les frais généraux de cette production, qui représenteront des dépenses permanentes. C'est surtout à ces derniers que s'appliquera la règle qui vient d'être posée. Quant aux premiers, il faudra d'autant mieux s'en tenir aux procédés les moins coûteux qu'en l'absence de toutes installations, ils seront les seuls possibles. En somme, on n'atteindra pas dès le début la perfection technique ; il faudra seulement s'en rapprocher le plus possible et y marcher résolûment.

Mais, pour y arriver, il ne suffira pas d'avoir un matériel moderne ; il faudra aussi et surtout avoir un personnel dirigeant de tout premier choix. Aucun sacrifice ne devra être épargné pour le recruter. S'il ne se trouve pas dans l'U.S., on ne devra pas hésiter à l'aller chercher à l'étranger : quelle que soit la dépense à faire, elle sera largement compensée par les résultats. De plus, il faudra considérer que, si les débuts de l'entreprise sont modestes, elle sera appelée à prendre une énorme extension. Pour préparer cette extension, on devra, dès le premier jour, placer à sa tête l'organisateur de premier plan qui en dirigera par la suite les développements, et l'entourer d'un état-major de techniciens d'élite.

Rappelons, à propos de cette question du haut personnel, quelques principes d'ordre général, applicables également au personnel subalterne :

Toute organisation sociale repose sur une hiérarchie des fonctions et sur l'esprit de discipline. En régime capitaliste, ce sont les plus riches qui dirigent. En régime communiste, ce doivent être les plus capables. Si la direction est confiée aux plus ignorants, tout s'effondre. Or, c'est ce qui a été fait dans la période de prétendu communisme intégral qui a suivi la révolution d'octobre. Partout des soviets ouvriers ont été substitués aux anciens directeurs et ingénieurs. C'est l'une des causes, et sans doute la principale, qui ont amené le fléchissement de la production. Il est nécessaire que cela soit bien compris à l'avenir, car une tentative nouvelle viciée par les mêmes erreurs, ne pourrait que conduire au même échec.

C'est dans l'intérêt même de la classe ouvrière, et sans porter atteinte à ses droits politiques et économiques, qu'elle doit, sur le terrain de la production, être subordonnée à des chefs d'une valeur reconnue. N'est-elle pas la première et la principale victime de l'infériorité de la production, et peut-elle espérer accéder à un large bien-être si la production n'est pas considérablement accrue? Or, pour arriver à ce résultat, il faut que la science commande et que l'ignorance obéisse.

Il ne faudrait même pas placer la direction d'un établissement industriel ou agricole dans les mains d'un conseil, ou comme on dit en Russie, d'un collège de personnes compétentes. Il n'en résulterait que des divergences, des tiraillements, des oppositions nuisibles à la rapidité indispensable des décisions. Il faut un chef unique, omnipotent mais responsable.

Cela ne veut pas dire qu'aucun avis utile ne puisse venir des chefs subalternes ni des ouvriers. Il est évident que toute la sagesse n'est pas enfermée dans un seul cerveau. Il devra donc y avoir, à côté du directeur, un comité consultatif où seront représentés les chefs de service et le personnel ouvrier et employé. Mais ses avis n'auront pas force exécutoire si le directeur ne les approuve pas.

Cela ne veut pas dire non plus que l'œuvre à créer tout entière doive reposer sur une seule tête. Elle devra évidemment être placée sous l'autorité supérieure d'un Conseil d'Administration qui en règlera la marche, et dont le directeur ne sera que le délégué. Mais pour faire exécuter les décisions du Conseil d'administration, tous pouvoirs lui seront donnés.

Il est évident aussi que, sous les ordres du directeur général, il existera des directeurs particuliers pour chaque établissement ; ils seront investis des mêmes pouvoirs.

Un autre écueil à éviter serait de donner à l'administration nouvelle le caractère de celles qui existent déjà, c'est-à-dire de créer entre elle et les autres de multiples liens qui, en faisant dépendre les décisions à prendre, ou l'exécution des décisions prises, du bon vouloir et de la célérité des administrations voisines, sèmerait devant elle des obstacles sans cesse renaissants.

Il faudra, au contraire qu'elle puisse marcher librement, et pour cela, il sera nécessaire de lui conférer sa pleine autonomie.

Dans tous les pays, l'appareil des administrations d'Etat est ralenti et alourdi par les interminables formalités dont est entouré chacun de leurs actes. C'est pourquoi on a fait à l'Etat la réputation d'un administrateur incapable, bien que ses chefs de service, pris individuellement, soient, en général, d'une valeur reconnue. Et la supériorité attribuée aux administrations prives n'est due qu'à la liberté dont y jouissent leurs directeurs.

Il vaudrait mieux ne rien tenter que de tomber dans les mêmes errements. L'œuvre à créer, tout en restant bien entendu, sous l'autorité suprême de l'Etat, devra pouvoir agir aussi aisément qu'une entreprise privée. Son statut constitutif devra l'affranchir de toute dépendance à l'égard des autres organismes d'Etat. Elle ne devra relever que du Soviet des commissaires du Peuple. Au début, elle pourra, à la rigueur, être placée sous la tutelle d'un des commissariats existants, par exemple celui de l'agriculture ; le besoin ne tardera pas à se faire sentir de lui donner à cette assemblée un représentant direct.

En somme, elle devra être une Régie autonome, et pourra prendre le nom de Régie autonome du Domaine communiste. Elle aura un budget spécial dont les ressources seront à sa disposition.

Il conviendra, notamment, de la soustraire, par dérogation aux lois générales, aux ingérences tracassières des syndicats et de l'Inspection ouvrière et paysanne. Quelle est la justification des pouvoirs excessifs conférés à ces institutions? La protection des travailleurs. Or, une œuvre purement communiste comme la Régie autonome, ayant pour but exclusif le bien-être des travailleurs, n'aura pas besoin que l'on défende contre elle son propre personnel. Loin de chercher à l'exploiter, elle s'ingéniera à lui créer une existence douce et agréable, et des interventions extérieures ne feraient qu'ajouter inutilement aux difficultés de sa tâche.

Pourtant elle ne pourra être au-dessus de tout contrôle. Elle devra justifier de l'emploi des subventions qu'elle aura reçues, et des ressources qu'elle se créera par la suite. Ce sera un contrôle purement comptable qui ne donnera lieu à aucune immixtion dans sa gestion.

Le choix du premier emplacement aura une grande

importance, car le premier établissement créé sera en quelque sorte la cellule mère dont tous les autres devront sortir, et le succès de l'œuvre tout entière dépendra, dans une certaine mesure, du fait qu'il aura été bien ou mal situé.

A bien des égards, il serait à souhaiter qu'il ne fût pas trop excentrique. Mais en général les provinces les plus rapprochées de la capitale sont les plus peuplées et ne comprennent guère d'espaces libres. Celles du Nord sont surtout forestières; le climat y est très rigoureux et les jours d'hiver très courts. C'est donc du côté du sud qu'il faudrait chercher, dans la région des steppes où de grandes étendues de terres fertiles restent en friche. Une superficie de 25 à 30.000 déciatines serait nécessaire pour commencer, et il y aurait avantage à ce qu'elle fût plus considérable. Par malheur, la région des steppes est très aride, et on ne pourrait y obtenir régulièrement des rendements élevés qu'après l'exécution de longs et coûteux travaux d'irrigation.

Le premier emplacement devra avant tout être desservi par une voie navigable, sur laquelle il y aura un port, afin que la colonie puisse recevoir à peu de frais les produits lourds dont elle aura besoin, et plus tard expédier les siens. Si la voie navigable est à une certaine distance, il devra y être rattaché par un chemin de fer spécial. Il sera également très important, pour assurer la circulation des hommes et des marchandises, qu'il se trouve à proximité d'une grande voie ferrée, à laquelle il puisse être relié par un embranchement.

Comme il est inutile d'accumuler les difficultés au début, on s'efforcera de trouver pour le premier emplacement une étendue fertile, susceptible d'être mise rapidement en culture avec un minimum de temps et de dépenses, c'est-à-dire sans nécessiter des travaux exceptionnels et coûteux de défrichement, de drainage, d'irrigation, etc. De tels terrains ne sont pas rares dans la Russie. Mais il serait très avantageux, pour faciliter l'extension de l'œuvre, de pouvoir disposer d'un territoire très étendu et très peu peuplé susceptible de devenir, au bout de quelques années, un véritable Etat socialiste. Les relations entre les différentes parties d'un tel bloc seraient évidemment plus faciles que si, faute de place, on était obligé de disperser les colonies socialistes à travers l'étendue immense de l'U. S., c'est-à-dire à des distances considérables les unes des autres.

Cette condition importante serait réalisée si on adoptait comme point de départ de l'œuvre à créer la région occidentale et méridionale de la Sibérie. On trouverait là-bas en abondance, avec des cours d'eau navigables, la terre fertile et la forêt, ces éléments fondamentaux d'une colonie nouvelle. La Sibérie n'est pas toute entière, comme certains se l'imaginent, un vaste désert glacé. Elle est parfaitement habitable, surtout pour des Russes, à quelques degrés en deça du Cercle polaire. On y trouve de magnifiques terres à blé et d'excellents pâturages. Les mines de Koutznetz, qui sont peut-être les plus riches du monde entier, fournissent une houille flambante excellente pour le chauffage des chaudières. Le fer se trouve, sinon en gisements aussi considérables, du moins en quantité exploitable sur de nombreux points, ainsi que la plupart des minéraux usuels. Les métaux précieux abondent dans l'Altaï. Le pétrole paraît plus rare ; mais outre que la houille en tiendrait lieu, on peut s'en procurer par l'Oural, riche région industrielle possédant de nombreuses mines métallurgiques en pleine activité et dont la proximité faciliterait grandement la création des premières colonies.

D'autre part cette région de la Sibérie est voisine du Turkestan et pourrait faire avec ce pays des échanges avantageux pour l'un et l'autre, car le Turkestan produit du coton, mais non du blé, tandis que la Sibérie a du blé et n'a pas de coton. C'est surtout du côté du Turkestan que l'œuvre socialiste pourrait s'étendre et elle finirait par englober ce pays tout entier avec ses vastes ressources.

Le point faible des établissements à créer en Sibérie est l'insuffisance du Transsibérien comme moyen de communication avec la Russie d'Europe. Ce chemin de fer si important est encore à voie unique. Il faudrait évidemment le doubler dans un temps donné et même le quadrupler. Mais cela n'a rien de chimérique. Pour les relations avec la Sibérie, les grandes rivières navigables de la région envisagée, le Tobol, l'Ichim, l'Irtych et le Tom, avec leurs nombreux affluents, donneraient toutes les facilités désirables, du moins en été.

Le caractère exact de la portée de l'œuvre que je propose, et dans laquelle je vois, sinon le moyen unique, du moins le plus sûr et le plus direct d'instaurer le socialisme dans le monde entier, apparaîtra plus complètement au cours des chapitres qui vont suivre. Je crois devoir cependant, pour terminer celui-ci, montrer combien il est éloigné de toute utopie, n'en déplaise aux marxistes étroits qui n'ont que ce mot à la bouche.

L'un d'eux, bolchevik notable, à qui j'exposais sommairement mon projet, n'attendit pas la fin de mes explications pour se faire une opinion sur lui, et, avec un sourire ironique, m'interrompit par ces mots : « Mais c'est le phalanstère de Fourier que vous voulez recommencer ! » Voilà tout ce que mon interlocuteur avait compris ; et j'eus beau protester et lui montrer son erreur, il n'en voulut pas démordre. Son jugement était définitif.

Dans le chapitre XIV du *Maroc Socialiste*, j'ai étudié les expériences malheureuses de Fourier, de Robert Owen et de Cabet, et montré qu'elles reposaient vraiment sur des conceptions utopiques. Sans doute leurs auteurs avaient compris la supériorité de l'association sur l'individualisme ; mais ils croyaient à tort que l'association implique l'égalité absolue des pouvoirs et des avantages. De plus ces grands idéologues ne se rendirent pas compte des conditions pratiques qui s'imposent à toute entreprise, aussi bien socialiste que capitaliste, et notamment l'aptitude du personnel aux travaux qu'il doit accomplir. Leurs exploitations agricoles étaient dirigées et les travaux exécutés par des intellectuels ou des artisans des villes, tout à fait impropres au dur labeur de la terre. Je ne puis répéter ici la démonstration si concluante du *Maroc Socialiste* et me borne à y renvoyer le lecteur consciencieux.

Tout au contraire, le projet que je présente, s'il est socialiste par son but et par son organisation économique, est essentiellement pratique en ce sens qu'il repose sur la technique perfectionnée que, dans des conditions analogues, emploierait un capitaliste riche et intelligent. Entre autres concessions accordées par le gouvernement soviétique, figure un territoire agricole de 25.000 déciatines, dans la province du Don, mis à la disposition de l'Allemand Krupp, et qui, bien que la concession ne remonte qu'au 1ᵉʳ décembre 1922, entre déjà dans la voie de la plus grande prospérité. Voici en quels termes la revue officielle : *La Vie Économique des Soviets*, N° 21-22, rend compte de la marche de l'entreprise :

« Le concessionnaire a entrepris l'organisation de la concession avec la plus grande énergie. On construit en toute hâte des maisons pour les ouvriers, des stations électriques destinées à fournir l'énergie aux machines agricoles et à l'éclairage des bâtiments, des hangars pour la récolte. Dès à présent, les ouvriers sont pourvus de logements confortables et propres, éclairés à l'électricité. L'eau étant rare dans la région, le concessionnaire a fait creuser des puits pour avoir de l'eau potable et de l'eau d'arrosage. Il a également installé un certain nombre d'entreprises auxiliaires, telles que four à chaux, briqueterie, carrière de pierres de taille, et projette la construction d'un four Hofmann et d'autres fours de systèmes perfectionnés pour la calcination, afin d'être à même de fournir à la population locale les matériaux de construction nécessaire.

« Mais, ce qu'il importe surtout de signaler, ce sont les énormes progrès réalisés par l'application de la mécanique à l'outillage agricole de cette région arriérée et, par ses conditions climatériques, peu favorables à la culture. Krupp a déjà investi près de 600.000 roubles dans sa concession, ce qui représente un capital de début considérable. Il a importé une grande quantité de matériel agricole, tel que tracteurs, charrues, herses, semoirs, faucheuses, moissonneuses, râteaux, tarares, etc., etc.

« L'impulsion donnée à l'exploitation montre que le concessionnaire a mis toute son intelligence au service de sa tâche formidable ; il a fait preuve, en outre, d'un grand talent organisateur ; il entretient d'excellentes relations avec ses ouvriers et les paysans d'alentour ; une discipline sévère règne dans la concession : chacun des employés et ouvriers doit remplir une tâche nettement déterminée, ce qui évite le va-et-vient inutile. Le rendement du travail est très élevé. Chaque minute de travail doit donner le maximum de rendement et l'on tient un compte minutieux de l'emploi du temps de chacun. Mais, en même temps, les conditions de travail de la concession Krupp sont excellentes. Les salaires y sont relativement élevés, davantage même que dans la plupart des autres concessions agricoles. Les vêtements de travail sont délivrés régulièrement et le concessionnaire en assure le blanchissage aux dates fixées.

« Des bains suffisamment spacieux ont été installés à l'usage des ouvriers. Il existe un club.

« Les résultats obtenus par le concessionnaire parlent en faveur de l'avenir de l'exploitation. Jusqu'à présent, il est vrai, Krupp n'a pas encore réalisé de bénéfices. Une entreprise agricole d'une aussi vaste étendue, exigeant l'investissement de fonds considérables, ne saurait donner des revenus appréciables au bout de deux années d'existence. Cependant, avec la puissante impulsion que Krupp a su imprimer à son exploitation, les résultats tangibles ne doivent pas tarder à apparaître.

« En ce qui concerne le chiffre des capitaux investis, on pourrait évidemment observer qu'il est loin de correspondre à l'étendue de la superficie concédée à Krupp. Il y a lieu néanmoins de considérer que cette superficie n'est mise en exploitation que progressivement ; le chiffre des capitaux investis augmentera donc au fur et à mesure du développement de cette exploitation et du remplacement de la main-d'œuvre, trop coûteuse, par le travail mécanique.

« La concession Krupp présente cependant un côté qui est d'une extrême importance pour l'économie publique de l'U. R. S. S. Le rendement du travail plus élevé que l'on y constate est le résultat non seulement de la réorganisation de la production sur des bases techniques perfectionnées, mais de l'habileté déployée dans l'administration de cette exploitation vaste et complexe, dans l'utilisation rationnelle de tous ses éléments. Ce n'est que dans quelques années que nous pourrons faire le bilan de tous les résultats obtenus par la concession Krupp, mais d'ores et déjà nous affirmons hardiment qu'elle possède tous les éléments d'une exploitation modèle très productive, qui réalisera toutes ses promesses si la direction qui lui a été imprimée se maintient dans la bonne voie. »

Eh bien ! la Régie communiste, telle que je la conçois, égalera pour le moins la concession Krupp aux points de vue de la perfection technique, de la valeur du personnel dirigeant et de la discipline du personnel dirigé. Et elle la surpassera de beaucoup par l'organisation économique, car l'économie socialiste réalise tous les avantages de l'économie capitaliste la plus parfaite sans se heurter à aucune de ses difficultés. De cette affirmation nul ne peut douter après lecture de mes *Principes d'Economie Socialiste*.

Non, ce n'est pas au phalanstère fouriériste qu'il faut remonter pour trouver un terme de comparaison permettant de juger le projet que je présente : il faut simplement se reporter à la forme moderne adoptée par la grande industrie allemande, *la concentration verticale des entreprises*, connue sous le nom *Konzern* et à laquelle, selon Helfferich, l'empire allemand a dû sa prospérité d'avant-guerre. La concentration verticale est un groupement sous la même direction d'entreprises de natures différentes, mais complémentaires, et dont chacune permet aux autres de se procurer directement, sans subir les majorations bénéficiaires de producteurs et d'intermédiaires étrangers, les matières premières, les matériaux, l'outillage qui leur sont nécessaires, de faire elles-mêmes tous leurs transports, de pourvoir en un mot à l'ensemble de leurs besoins industriels et à ceux de leur personnel, sans avoir à employer des fournisseurs extérieurs à leur groupement. Ainsi un métallurgiste achète une mine de fer et une mine de houille ; il crée un embranchement pour se relier au chemin de fer, avec locomotives et wagons, ou encore une flotte fluviale et au besoin maritime ; au lieu de livrer ses produits bruts ou demi-finis, il crée des usines de mécanique pour les employer; il construit lui-même ses bâtiments industriels, les logements des ouvriers et des écoles pour leurs enfants ; il ouvre un économat pour assurer au prix coûtant leur nourriture et leur habillement, il est son propre assureur, son propre banquier, etc., etc. La supériorité d'un tel système est évidente et si la liquidation du Konzern Stinnes a pu jeter le doute sur les avantages d'une telle concentration, cela tient à ce que Stinnes avait donné à son consortium des développements abusifs en y annexant des éléments qui n'avaient rien d'utile pour les autres et que, notamment, pour se créer une grande influence politique, il avait acheté environ cent cinquante journaux. Mais sur le terrain socialiste, cet écueil ne saurait se produire, car l'association générale embrassant toutes les branches de l'industrie, il n'y a pas de lutte de concurrence à soutenir contre d'autres groupements analogues, et les préoccupations de la direction générale sont infiniment réduites. D'autre part chaque branche a un directeur à peu près autonome et responsable, dont la dépense de travail est ainsi limitée, au lieu que toute l'administration du Konzern Stinnes reposait sur une seule tête, ce qui constituait un fardeau excessif.

Il y a bien encore quelques différences entre les konzerns allemands et l'organisation socialiste que je propose. Les premiers sont exclusivement industriels alors que la seconde sera principalement agricole. De plus le but des groupements capitalistes est naturellement l'augmentation du profit, alors que l'organisation socialiste vise l'abondance de la production pour assurer le bien-être de tous. Mais le principe économique fondamental est le même pour tous, et il est impossible de soutenir sérieusement qu'une telle conception relève du fouriérisme ou de l'utopie.

Chapitre XX

Les Voies et Moyens

La première question qui se pose est celle des ressources financières, et avant de savoir où elles pourront être trouvées, il est nécessaire de déterminer, sinon le montant exact des dépenses, qui échappe évidemment aux prévisions, étant donné les variations incessantes de valeur de la monnaie et des produits, du moins leur ordre de grandeur.

On peut les évaluer, pour la période de début, à cinq millions de roubles par an ; il est certain que la première, et même la deuxième année, ce chiffre ne sera pas atteint par les dépenses effectives ; mais il sera dépassé les années qui suivront. On peut donc l'adopter en toute sécurité, pour les quatre premières années, le rythme de la création à réaliser pouvant toujours être légèrement ralenti si les ressources font défaut, sans que l'œuvre soit appelée à en souffrir sérieusement.

Évidemment si on pouvait disposer d'une somme plus forte, les choses n'en marcheraient que mieux ; mais il ne faut demander que le possible.

A partir de la cinquième année jusqu'à la dixième, la subvention devrait être portée au double en moyenne, par échelons successifs, soit 8 millions la cinquième année, 9 la sixième, 10 la septième, 11 la huitième et 12 la neuvième. Ensuite, si la situation le permettait, il y aurait avantage à la verser encore plusieurs années, les développements de l'œuvre ne pouvant qu'en être plus rapides. Mais à la rigueur, on pourrait s'arrêter là, l'ensemble des exploitations créées en neuf ans ayant acquis assez de vitalité pour continuer à s'étendre par leurs propres ressources. Il n'y a rien d'absolu dans ces chiffres ; toutefois, il est évident qu'ils constituent un minimum.

Le budget de l'U. S. peut-il les fournir ? Oui, certainement, si on a la ferme volonté de les trouver. Il est assez important, et quoique déjà obéré, garde une élasticité suffisante pour que les services généraux alimentés par lui n'aient pas à souffrir d'une façon appréciable de tels prélèvements.

On peut objecter, il est vrai, que l'U.S. manque des capitaux indispensable au relèvement de son industrie. Sans doute. Mais du fait qu'elle n'est pas en mesure de se procurer les milliards de roubles dont elle aurait besoin pour la remettre toute entière en bon état de productivité, il ne s'ensuit nullement qu'elle ne puisse pas arriver à réunir cinq ou dix millions par an pour une création d'un intérêt reconnu. Actuellement ces maigres ressources, éparpillées sur son immense territoire, ne donnent aucun résultat satisfaisant ; mais concentrées sur un seul point, elles suffiraient largement pour atteindre le but. Ainsi une légère et courte pluie tombant sur toute la surface d'un pays, ne produit aucun effet utile ; tandis que si la même masse d'eau était précipitée sur un seul district, elle donnerait un arrosage copieux.

Il est évident d'ailleurs qu'en dehors d'une subvention du gouvernement soviétique, il n'existe aucun moyen de se procurer le capital de création sans lequel aucune entreprise, même socialiste, ne peut être fondée. Ce n'est pas sur le concours des banques étrangères qu'on devrait compter, à raison du but poursuivi, et aussi parce que les capitalistes n'engagent leurs fonds que dans les affaires où ils espèrent de gros bénéfices. alors que dans celle-ci, même en cas de réussite complète, il n'y aurait aucun dividende à distribuer. Expliquons-nous bien sur ce point.

L'économie socialiste ne vise pas à produire pour réaliser des profits, puisque sa règle est de vendre tout à prix coûtant, en comprenant dans ce prix les frais généraux sociaux. Mais cette règle ne peut être appliquée qu'aux membres de la collectivité ; elle ne s'étend pas aux acheteurs du dehors. Il ne sera donc pas contraire aux principes socialistes que l'entreprise envisagée écoule à l'extérieur, c'est-à-dire soit dans le surplus de la Russie soviétique, soit à l'étranger, ses produits en excédent, à des prix supérieurs à leurs prix de revient, et qu'elle réalise ainsi des bénéfices. Mais si ces bénéfices étaient répartis à des bailleurs de fonds, l'entreprise manquerait des ressources indispensables à son développement. Il faut au contraire qu'ils restent entièrement dans l'affaire en augmentation du capital primitif, et lui donnent ainsi une force d'expansion qui s'accroîtra d'année en année.

Ceci doit être bien compris, car c'est l'accroissement indéfini et la non-distribution des bénéfices qui constituent le caractère spécial de l'œuvre projetée et en assureront la marche progressive. Supposons par exemple que la période des bénéfices soit atteinte la troisième année, alors qu'un capital de 15 millions de roubles aura été investi, et que le bénéfice s'élève alors à un million de roubles. L'année suivante, après un nouvel apport de 5 millions de roubles, permettant d'étendre l'exploitation à une surface d'un tiers plus grande, il sera logiquement un tiers plus élevé, soit 1.333.333 roubles. L'année d'après la subvention étant de 8 millions, le bénéfice devra atteindre environ 1.800.000 roubles, et ainsi de suite. Sans doute, dans la pratique, l'augmentation des bénéfices ne sera pas chaque année rigoureusement proportionnelle à celle du capital ; mais en moyenne elle le sera et c'est la moyenne seule qui importe. Au bout de neuf ans, après que 70 millions auront été employés, on pourra, sans excès d'optimisme, espérer un bénéfice de 5 millions de roubles, qui sera suffisant pour assurer les développements ultérieurs de l'entreprise si l'état du budget ne permet pas de continuer la subvention.

Il n'est pas possible de douter de la réalisation de tels bénéfices en se rappelant la perfection technique, qui sera la règle constante, et qui assurera des prix de revient très inférieurs à ceux des cultures paysannes, en tenant compte aussi que les terrains seront fournis gratuitement, que les matériaux de construction seront trouvés sur place, que la nourriture et l'entretien du personnel seront obtenus, ainsi qu'on le verra plus loin pour une infime dépense et que les salaires seront versés presque entièrement, non en argent, mais en papier-monnaie socialiste qui équivaut à des bons de consommation, ce qui réduira le fonds de roulement et permettra d'affecter à la production la totalité des capitaux investis.

Assise sur de tels principes, l'œuvre socialiste s'étendra toujours et ne connaîtra aucune phase de régression. Elle arrivera donc à absorber non seulement toutes les terres disponibles, mais par la suite toutes celles qui sont occupées, et dont les propriétaires, ne pouvant lutter avec leurs moyens réduits contre sa formidable concurrence, demanderont à y incorporer leurs parcelles en échange de la garantie d'une existence confortable, exempte d'aléas.

Je ne m'arrêterai pas à la niaise observation qui, pourtant sera souvent faite, à savoir que les socialistes, qui combattent le capital, ne peuvent pas s'en passer pour créer leur régime. Les socialistes ne sont hostiles qu'au capital individualisé qui engendre tous les maux de l'humanité. Ils ne veulent d'ailleurs pas supprimer le capital si l'on donne à ce mot sa signification étendue, qui est synonyme de richesse sous toutes ses formes. Ils veulent seulement le restituer à la collectivité et le rendre inaliénable entre ses mains. Mais comme c'est, par la force des choses, dans le milieu économique actuel que naîtra et grandira notre cellule socialiste, il est évident qu'elle aura besoin de capitaux-argent pour couvrir ses dépenses de premier établissement. Cependant si on lui fournissait en nature tout ce qui sera nécessaire à sa création et à son développement, elle se passerait parfaitement de numéraire.

Chapitre XXI

La Phase préparatoire

L'emplacement du premier village à créer ayant été fixé, dans les conditions indiquées au chapitre XIX et en prévision de l'extension considérable que cette cellule mère sera appelée à prendre par la suite, on entrera dans la phase préparatoire qui précèdera forcément celle d'exploitation normale.

Même si les terrains remplissent les conditions indiquées au chapitre XIX, des travaux préalables importants devront être exécutés avant que l'exploitation puisse en être commencée : construction des bâtiments d'habitation, d'exploitation, d'industrie et d'administration, création de routes, adduction d'eau, établissement d'égouts, etc.

Le personnel chargé de ces travaux devra loger dans des baraquements. Il pourra être emprunté à l'armée rouge en y faisant une sélection des professionnels et techniciens nécessaires, ou encore en en détachant quelques bataillons entiers du génie, avec leurs officiers. Un prélèvement de quelques milliers d'hommes ne l'affaiblirait nullement puisqu'en cas de besoin ils resteraient disponibles, et de cette façon, la création à effectuer ne coûterait aucune dépense supplémentaire de main-d'œuvre, les frais d'entretien de l'armée rouge étant déjà prévus au budget.

Et comme la création du premier établissement devrait être suivie de celle d'un second, puis d'un nombre infini d'autres, il y aurait lieu d'y employer des effectifs permanents qui se déplaceraient au fur et à mesure de l'achèvement de leur tâche, laissant la place au personnel sédentaire à qui incomberait l'exploitation.

Il est très important que le premier emplacement soit choisi à proximité d'une forêt, car pour gagner du temps, les bâtiments à y édifier devront être construits entièrement en bois. Ce sera presque une nécessité, d'ailleurs, car, pour créer dès le début un établissement définitif, il faudrait non seulement avoir préalablement mis en marche la fabrication des matériaux de construction : pierre, chaux, briques, tuiles, ciment, mais de plus avoir établi les installations d'énergie électrique, d'éclairage le chauffage, etc. Tout cela prendrait au moins deux ou trois ans. Il est donc préférable de commencer les cultures avant que ce degré de perfection soit atteint.

Les maisons de bois, d'ailleurs, peuvent, si elles sont convenablement construites, être un excellent abri contre le froid et même présenter tout le confortable qu'on peut désirer. Il n'y a pas si longtemps qu'en Russie on connaît les maisons de pierre, et dans la plupart des villages il n'en existe encore aucune. Le poêle russe les chauffe parfaitement. Donc la vie est possible dans ces conditions, et le seul inconvénient des constructions en bois est d'être plus exposées aux dangers d'incendie. Néanmoins avec un peu de prudence, les sinistres peuvent être évités, et comme il ne s'agit, en somme, que d'une création provisoire, destinée à disparaître au bout d'une dizaine d'années, il n'y a évidemment pas à hésiter à employer le bois.

Les détachements de l'armée rouge qui seront affectés à cette création se ravitailleront par leurs moyens ordinaires. Mais pour faire l'économie de l'achat de la nourriture des colons définitifs lorsqu'ils seront arrivés, il importera de leur préparer d'avance des vivres abondants. A cet effet, et parallèlement à l'édification des bâtiments, on commencera les cultures de céréales, on établira un vaste jardin potager, on achètera quantité de vaches laitières, de volailles, on créera des réserves fourragères, etc.

Pendant ce temps le matériel agricole et celui des petites industries du début sera reçu et mis en place. Le moteur central sera à vapeur et chauffé au bois, en attendant qu'on équipe une chute d'eau à proximité. D'ailleurs l'existence sur place d'une quantité considérable de bois rendra peu coûteux ce mode de production de l'énergie électrique.

Au cours de la période préparatoire, on pourrait encore construire l'embranchement destiné à rattacher le village à la ligne de chemin de fer la plus proche, le rattacher également par voie ferrée au port fluvial dont il sera peu éloigné, aménager ce port, ouvrir des carrières de pierre et de sable, établir des scieries mécaniques et usines à bois, des briqueteries et tuileries, des fabriques de chaux, de plâtre et de ciment, etc. ; mais ces divers travaux pourront, s'ils ne sont pas achevés au moment de l'arrivée des colons définitifs, être continués par ceux-ci. L'essentiel est qu'ils trouvent en arrivant un abri confortable et des vivres abondants.

Chapitre XXII

Recrutement du Personnel

Il y aura, naturellement, le personnel dirigeant et le personnel exécutant.

Pour le premier, on devra ne pas hésiter à le recruter à l'étranger si l'on ne trouve pas en Russie un nombre suffisant de techniciens de tout premier ordre. Même si on les trouve, quelques éléments étrangers ajoutés au personnel russe lui apporteront l'esprit de précision rigoureuse et d'organisation qui fait presque toujours défaut, en Russie, même dans les meilleures têtes. Pour obtenir le concours de ce haut personnel d'élite, il faudra, évidemment le payer très cher ; mais ce ne sera pas un sacrifice stérile. N'oublions pas que l'avenir de l'œuvre socialiste repose entièrement sur la valeur personnelle de ses premiers dirigeants.

Quant à la masse des travailleurs, on la trouvera facilement en Russie où, dans certaines régions, l'extrême densité de la population engendre une misère permanente. A ces pauvres paysans russes, habitués à se contenter de si peu, la promesse d'un large bien-être, promesse qui sera facilement tenue, comme on le verra plus loin, suffira pour les décider à aller s'établir en Sibérie, qui est également une terre russe et où ils retrouveront très améliorées, sous un climat à peine plus rigoureux les conditions d'existence et de travail de leur province natale.

Le paysan russe, chez lui, n'est pas un grand travailleur parce que, le plus souvent, il n'a pas assez de terre pour l'occuper toute l'année. Mais il est robuste, endurant et ne craint pas sa peine. S'il n'a pas beaucoup d'initiative, il est industrieux et excelle à se servir d'outils grossiers pour la fabrication d'objets à usage courant. Il est de plus très docile et susceptible de s'adapter à tous les genres de travaux. Dans bien des cas, en Russie, les paysans travaillent aux champs l'été et à la ville l'hiver. Ils sont donc aptes aux occupations les plus diverses.

A l'élément paysan, il faudra néanmoins adjoindre un certain nombre de professionnels des villes, pour les travaux spéciaux. On les trouvera aussi facilement puisque, au moment où j'écris, il y a en Russie de 12 à 1.500.000 chômeurs.

Ce serait une dangereuse erreur de croire que, pour fonder une colonie socialiste, il est indispensable d'y envoyer des militants du parti ou des syndicats. Tout au contraire, l'éducation qu'ils ont reçue dans ces milieux n'a pu que leur fausser l'esprit, les porter à formuler des prétentions et leur donner des habitudes inconciliables avec la bonne marche de l'œuvre. Le socialisme de lutte de classes enseigné dans les organisations ouvrières n'a rien de commun, hors le but, avec le socialisme d'organisation qu'il s'agira de pratiquer. Le temps sera passé alors des sempiternels palabres où se dissipait le meilleur des heures de la journée ouvrable, alors que le travail utile restait en plan. L'action devra reprendre ses droits aux dépens du verbe. Il n'y aura plus lieu de dresser sans cesse, contre une direction exclusivement préoccupée de l'émancipation complète et définitive des travailleurs, les revendications opiniâtres d'un prolétariat exploité contre ses exploiteurs. Il faudra bien se garder d'entraver une œuvre de réalisation socialiste par les exigences tracassières, ou le mauvais vouloir systématique dans le travail, qui étaient jadis des armes de lutte contre le patronat capitaliste. Mais, tout cela, les militants du parti et des syndicats le comprendraient mal. Ils ne pourraient rompre du jour au lendemain avec des habitudes anciennes et manqueraient certainement des qualités d'obéissance et de bonne volonté indispensables au succès. C'est pourquoi on devra leur préférer les éléments neutres de la population ouvrière urbaine et rurale, ceux qui ignorent le marxisme, le léninisme et le trotzkisme et ne connaissent que le travail et le devoir. Ils feront du socialisme sans le savoir, en assurant la prospérité de l'entreprise par la bonne et prompte exécution des ordres de leurs chefs, et ce sera la meilleure façon d'en faire.

Les colons définitifs ne devront pas être recrutés de préférence parmi les célibataires. Il importera au contraire d'avoir, avec les travailleurs adultes, un grand nombre de femmes et d'enfants dont le rôle, quoique secondaire, n'en aura pas moins beaucoup d'importance. Cela sera expliqué au chapitre XXVI.

CHAPITRE XXIII

Le premier Etablissement

Comme on l'a dit plus haut, il devra être la cellule mère d'où sortiront les autres. Il comprendra, par conséquent, outre une exploitation agricole ordinaire, les organismes administratifs et industriels chargés d'assurer le développement de l'œuvre.

Parlons d'abord de l'exploitation agricole. Pour ne pas disséminer la population en trop petites agglomérations où toute vie sociale serait impossible et où l'instruction et l'éducation resteraient insuffisants, il y aura lieu d'envisager des domaines d'environ 5.000 hectares, ce qui représenterait des carrés d'environ 7 kilomètres de côté ; mais pratiquement, et dans la mesure où les dispositions du terrain le permettront, on lui donnera plutôt la figure hexagonale. La ferme-village serait à peu près au centre. On objectera que, du centre à la périphérie, la distance serait trop forte, et que les déplacements de main-d'œuvre et de matériel pour l'exécution des travaux entraîneraient de grandes pertes de temps. Mais comme des voies ferrées électriques rayonneront du centre dans toutes les directions, leur transport sera rapide. Sans doute une autre objection surgira : l'élévation des dépenses de premier établissement. Mais nul n'a pu penser qu'une organisation agricole établie sur la base de la technique la plus perfectionnée pourrait se passer de moyens de communication faciles et économiques. La voie ferrée, dans un pays de plaines, est d'un rendement supérieur, à force égale, à tous les autres modes de transport, et l'électricité sera d'un prix de revient très minime, comme on va le voir. D'ailleurs, dès à présent, il existe des chemins de terre reliant entre eux tous les villages. Dans notre organisation, ce sont ces mêmes chemins, mais pourvus de rails, qui assureront les communications intérieures de chaque domaine, et par leur prolongement au delà de ses limites, le relieront aux domaines voisins. Les voies ferrées seront à petite section, et comme elles ne seront destinées ni à des express ni à des poids très lourds, elles seront de construction économique. La proximité de la région industrielle de l'Oural assurera, au début, la fourniture des rails, pièces métalliques, locomotives et voitures. Plus tard on fabriquera tout le matériel de chemin de fer au moyen du fer sibérien et de la houille de Koutznetz ; cette fabrication, faite en grandes séries et avec l'outillage le plus moderne sera d'un prix de revient très bas. Les traverses seront en sapin injecté. Le bois, abattu par des scies électriques, débité sur place par des machines à grand rendement (les déchets étant utilisés pour le chauffage) sera également d'un prix de revient infime. Et notons, un fois pour toutes, que l'organisation, produisant tout par elle-même, dans les meilleures conditions techniques et économiques, en économisant les bénéfices des intermédiaires, il n'y aura, pour les chemins de fer comme pour le reste, aucune comparaison entre ses dépenses et celles des Etats ou sociétés capitalistes.

Ajoutons, pour en finir avec les chemins de fer, que les voies ferrées fixes seront complétées par des voies mobiles qui iront partout porter les engrais, amendements et matériel et rapporter les produits. Comme elles se raccorderont facilement au réseau permanent, les wagons arriveront sans tranbordement à destination.

La force motrice sera fournie par des centrales électriques installées au milieu d'un groupe de domaines. L'électricité sera le plus souvent obtenue à l'aide de moteurs à vapeur, chauffés au bois. Le pétrole pourra aussi être utilisé s'il est découvert à proximité en nappes assez abondantes. Au besoin on aurait la houille de Koutznetz, et les forces hydrauliques seraient captées partout où elles existeraient.

Tous les appareils de culture, de transport, de manutention seront actionnés par l'électricité.

Pour la navigation fluviale, le Domaine socialiste aura sa flotte de transport que, par la suite, il construira lui-même.

Dans la création des fermes-villages, toutes les mesures seront prises pour assurer une parfaite hygiène aux habitants. La partie devant recevoir le bétail, les fourrages et les fumiers sera tout à fait distincte de celle réservée à l'habitation, d'où seront exclus même les animaux de basse-cour. Pour la conservation des fumiers, l'emmagasinement et la manutention des fourrages, etc., on se conformera aux prescriptions de la science agronomique.

Entre le quartier du bétail et celui des habitants, on disposera les bâtiments devant abriter les machines agricoles, les petites industries d'entretien et de réparations, les installations de chauffage et d'éclairage, les magasins de réserve.

Le quartier des habitations occupera le point le plus sain et le plus agréable du village. Au centre se trouveront les bâtiments d'utilité commune : administrations, postes et télégraphes, écoles, salles de société, dispensaire, etc. Les rues seront larges et plantées d'arbres. Autour du noyau central se grouperont les maisons d'habitation, généralement à un étage. Le rez-de-chaussée sera affecté aux cuisines, salles à manger, bureaux, etc., le premier étant réservé pour les chambres à coucher. Il pourra y avoir des dortoirs communs pour les célibataires ; les familles auront des chambres à part.

Autour du village un vaste terrain bien clos servira à la fois de potager, de verger et de lieu de promenade. Il sera cultivé et entretenu par les vieillards et les enfants des écoles sous la direction d'un chef compétent.

Telle sera la partie du premier établissement qui sera consacrée à l'exploitation agricole. Mais comme on l'a vu au commencement de ce chapitre, il comprendra en outre une deuxième partie contenant les éléments de développement de l'œuvre et dont l'importance s'accroîtra au fur et à mesure de ce développement. Il deviendra donc non un simple village, mais une ville, le chef-lieu de toute une région. On y réunira toutes les branches de l'administration centrale, ainsi que les industries nécessaires à la région et les entrepôts des matériaux et produits.

Le quartier industriel entourera le port ou la gare de chemin de fer. Chaque usine sera raccordée à la voie ferrée par un embranchement. Tout sera aménagé pour réduire au minimum les frais de manutention et de transport.

Entre le quartier industriel et celui des habitations s'étendront les entrepôts et magasins.

Chapitre XXIV

La Production agricole

Le but de cette production devra être, en premier lieu, d'assurer l'alimentation abondante et saine de la population des fermes-villages, en second lieu, de fournir des stocks exportables, aussi importants que possible, puisque ce sont les fonds à en provenir qui constitueront le revenu de l'œuvre et lui permettront de se développer rapidement. A cet effet, tous les efforts tendront à retirer de la terre le maximum de produits qu'une culture intensive peut en obtenir.

Mais, quand on débute sur une terre inculte, on ne peut, du jour au lendemain, entrer dans le stade de la culture intensive. On se contentera donc, pour commencer, d'utiliser au mieux la main-d'œuvre disponible.

Tout autour de l'agglomération, on labourera à la charrue ordinaire, avec des chevaux et des bœufs, le plus de terre possible et on y sèmera des céréales. Au-delà de ce cercle, on aménagera les prairies naturelles, on en coupera l'herbe et on la mettra en meules pour l'hiver.

La première année, comme on opérera sur un sol vierge, toute fumure sera inutile. Par la suite, on utilisera le fumier des animaux. Aussitôt que possible, on emploiera les engrais chimiques. Mais il n'y aura pas à songer à les faire venir des pays de production actuels, ce qui entraînerait des transports coûteux et excéderait sans doute la faible capacité d'écoulement du transsibérien. Il faudra les fabriquer sur place, à proximité. Ce sera évidemment une grosse industrie à organiser ; mais c'est une question vitale. Sans de copieuses fumures au fumier de ferme et l'emploi, à dose massive, des engrais chimiques, il n'y a pas à songer aux grands rendements.

Le fumier de ferme sera obtenu par une quantité considérable du bétail, qu'il sera facile de se procurer et qui, entouré de soins intelligents, se multipliera vite. On l'améliorera d'abord par sélection et on verra ensuite ce que peuvent donner les croisements. A raison de la rigueur du climat, le bétail vivra à l'étable la plus grande partie de l'année, ce qui permettra d'en recueillir les déjections.

A ce nombreux bétail, il faudra une nourriture bien dosée. Le fourrage naturel et artificiel ne suffira pas. On le complètera par les divers produits agricoles qui pourront être obtenus, selon les prescriptions de l'agronomie moderne. De même si la paille manque pour la litière, on la remplacera par la tourbe ou autres succédanés.

D'après la *Vie Economique des Soviets* (numéro 22), qui analyse les travaux considérables du professeur Samoïlof, l'acide phosphorique existe en abondance sur le territoire russe, quoique, jusqu'à ce jour, il n'ait fait l'objet que de faibles exploitations. On l'y trouve à l'état de phosphorites d'une teneur souvent élevée. Les gisements les plus importants sont dans la haute vallée de la Kama et à la source de cette rivière, c'est-à-dire dans l'Oural, d'où il est facile de les faire passer en Sibérie à l'aide d'une voie ferrée relativement courte aboutissant à l'un des affluents navigables du fleuve Obi. Des essais récents prouvent que l'emploi de ces phosphorites pulvérisées donne des résultats assez sensibles ; mais, pour répondre aux nécessités d'une culture intensive, il sera indispensable de les transformer en superphosphates solubles, par un traitement à l'acide sulfurique.

Cet acide est ordinairement produit en grillant des pyrites de fer. Or, cette substance existe en « immenses gisements dans l'Oural » (*Vie Economique des Soviets*, numéro 23). D'ailleurs, un procédé récent, déjà appliqué à l'usine de Polevsk, dans l'Oural, permet de l'obtenir également par l'utilisation des gaz dégagés à la fusion du minerai de cuivre. Ce minerai existant dans l'Altaï, massif montagneux de Sibérie, on est assuré de ne pas manquer d'acide sulfurique.

La plus grande partie de l'azote employé avant la guerre par l'agriculture russe provenait des nitrates de soude d'importation. On ne connaît pas de gisements de ce sel en Russie ni en Sibérie. Mais la science moderne permet d'extraire l'azote de l'atmosphère sous forme d'azotate de chaux (cyanamide) à l'aide de l'électricité. Les chutes d'eau n'étant pas rares sur le versant sibérien de l'Oural, dans l'Altaï et dans d'autres régions encore, il suffira d'en équiper quelques-unes pour obtenir tout l'azote nécessaire. D'autre part, les mines de houille de Koutznetz (dont la richesse, rappelons-le, surpasse celle du Donetz elle-même), peuvent fournir autant d'ammoniaque qu'on pourra en utiliser.

Il est impossible que l'immense territoire européen et asiatique de l'U. S. ne recèle pas des gisements de sels de potasse, qui sont si abondants en Allemagne. Pourtant les documents que j'ai consultés n'en signalent aucun. On doit espérer que des recherches méthodiques nouvelles auront des résultats satisfaisants. Dans le cas contraire, on aurait la ressource d'extraire la potasse des cendres de bois dont les immenses forêts du nord de la Sibérie peuvent fournir une quantité presque illimitée, ou des nombreux composés qui la contiennent et qui se trouvent partout dans la nature, par des procédés déjà connus ou que la science découvrira certainement. Théoriquement, rien n'est plus facile. La question est d'arriver à un prix de revient économique. Si le problème n'est pas résolu, il le sera lorsqu'on prendra la peine de l'étudier sérieusement.

Pour avoir ces divers engrais chimiques deux ou trois ans environ après le commencement de l'exploitation agricole, c'est-à-dire quatre ou cinq ans après le point de départ de la phase préparatoire, il sera nécessaire d'étudier, dès le début, la création des usines qui devront les produire. Chaque établissement formera une colonie à part, fonctionnant sur les mêmes bases et sous la même direction que la colonie centrale. Par la suite, d'ailleurs, d'autres établissements détachés seront créés à une certaine distance de l'agglomération principale, lorsqu'il y aura avantage à utiliser sur place des matières premières lourdes. D'autre part, il n'est pas indispensable que toutes les exploitations agricoles soient contiguës et on pourra toujours en créer des groupements séparés lorsque les circonstances le rendront possible et avantageux.

Toutes les opérations du travail agricole seront effectuées à l'aide de l'énergie électrique, produite à la station centrale et distribuée par câbles jusqu'à la limite de chaque ferme.

On ne mettra en terre que des semences soigneusement sélectionnées et de l'espèce la plus prolifique à qualité égale.

Il n'est pas douteux qu'une production ainsi organisée atteigne le maximum des rendements possibles. Et comme la généralisation du travail mécanique aura réduit la main-d'œuvre au strict minimum, comme la nourriture et l'entretien du personnel indispensable ne coûteront presque rien, ainsi qu'on le verra plus loin, comme l'énergie électrique sera produite très économiquement, n'étant pas grevée de bénéfices d'intermédiaires, il est non moins certain que l'exploitation réalisera des prix de revient tout à fait inférieurs à ceux obtenus par les cultures paysannes. On pourra donc, après avoir pourvu largement aux besoins des hommes et du bétail, vendre au dehors une grande quantité de produits, animaux et végétaux, avec un gros bénéfice. Là sera la source, sans cesse accrue, des revenus de l'entreprise, qui lui assureront un développement rapide et indéfini.

Chapitre XXV

Le Développement de l'Industrie

L'industrie ne sera qu'un accessoire de la production agricole, mais un accessoire qui prendra une importance de plus en plus grande et finira par occuper une place presque égale au principal. Dans la première phase, elle n'aura pour but que de pourvoir aux besoins de l'exploitation agricole et notamment à ceux du personnel. Mais pour l'organiser dans de bonnes conditions économiques, il deviendra souvent nécessaire de créer des usines qui produiront au-delà de ces besoins. Le surplus de leur fabrication devra donc être vendu au dehors, et comme la perfection technique sera réalisée dans l'industrie aussi bien que dans l'agriculture, les prix de revient seront toujours très réduits et les bénéfices considérables.

Les produits de l'entreprise socialiste seront d'autant plus facilement écoulés à l'éxtérieur qu'ils seront toujours de toute première qualité, à raison de leur bonne fabrication et de la valeur des matières premières employées. Ce sera une des caractéristiques de l'industrie socialiste de ne jamais s'abaisser aux truquages et altérations souvent frauduleuses, couramment usités dans l'industrie privée pour donner à la marchandise l'apparence de la qualité sans qu'elle en ait la réalité, et cela dans le but d'augmenter les profits.

Dès le début de l'exploitation, il sera fait un inventaire des ressources naturelles, non seulement du territoire des premières fermes, mais d'un large rayon alentour : forces hydrauliques, forêts, mines, pêcheries, etc., afin de connaître les éléments dont on pourra disposer par la suite. La prospection minière devra être tout particulièrement poussée. On l'étendra, au besoin, à des régions éloignées, s'il est nécessaire d'y rechercher des matières premières qu'on ne trouverait pas à proximité.

Les premières industries à créer seront celles de l'alimentation et des matériaux de construction.

On commencera à faire du pain dans des fours de campagne, avec de la farine achetée. Bientôt on aura installé une boulangerie définitive, puis une minoterie pour transformer le blé en farine.

On abattra des têtes de bétail, on mettra de côté les déchets qui seront utilisés par la suite. Avec la boucherie, on aura une charcuterie.

On blanchira le linge en commun, à l'aide de produits chimiques sans action nuisible sur les tissus.

On organisera des ateliers de réparations et confections de linge, vêtements, chaussures, en employant d'abord des étoffes achetées, et, plus tard, celles qu'on fabriquera.

On confectionnera de la literie avec de la laine, du crin et de la paille, pris sur place.

On fabriquera des meubles simples avec le bois débité par l'usine à bois.

On créera une forge avec un atelier de charronnage et de mécanique pour les réparations de l'outillage.

On installera une pêcherie sur le cours d'eau le plus proche. Le poisson abonde en Sibérie et ce sera un précieux complément à la nourriture.

On créera une laiterie, beurrerie et fromagerie.

J'ai parlé plus haut du jardin potager. Il sera l'objet

des plus grands soins et produira des légumes en quantité suffisante pour la consommation du personnel.

Faut-il répéter encore que, pour ces divers travaux, comme pour ceux dont il sera question plus loin, on n'emploiera que le matériel le plus perfectionné ? C'est la base même de l'entreprise.

Le bois devant jouer un grand rôle dans les constructions et installations, ainsi que dans les transports, l'outillage etc., etc., on créera, dès le début, une usine à bois importante avec scies, raboteuses, machines à mortaises, à moulures, etc. **Toute la menuiserie du premier centre et de ceux qui suivront aura des dimensions uniformes, et pourra, par conséquent, être préparée d'avance en grandes séries, à un prix de revient très minime.**

Dès le début aussi, on créera une centrale électrique pour la force motrice industrielle et agricole et l'éclairage. Le moteur sera chauffé avec les déchets de bois ; chaque atelier aura une dynamo spéciale.

Le premier village seul devant être construit en bois, on préparera, dès le début également, les matériaux devant être employés pour les suivants. On extraira des pierres à bâtir, du sable, de l'argile, des pierres à chaux et à plâtre. On fabriquera des briques, des tuiles, des carreaux, de la chaux et du plâtre. On exploitera des salines, si possible.

Cette énumération n'est pas complète ; elle n'a pour but que de donner une idée de la marche de l'œuvre qui procédera du simple au composé, en employant les matières premières prises sur place.

Dans la deuxième phase, on créera successivement, selon les mêmes principes, des industries plus importantes dont les principales seront :

Captage et transport des forces hydrauliques.

Fabrication de poterie, de tuyaux de drainage, de

céramique, de grès, de faïence, de chaux hydraulique et ciments, taille de pierres et de marbres.

Extension de la production des engrais chimiques, dont il a été question au chapitre précédent ; fabrication de produits chimiques divers.

Création de fonderies de métaux, d'usines de construction métalliques (bâtiments, outils et machines agricoles, mécanique diverse), de ferronnerie, ferblanterie, chaudronnerie, de verrerie commune, de wagons, de bateaux pour la navigation fluviale, de meubles, de tonnellerie, de distillation du bois, de tannerie, corroierie, de papiers et cartons, d'imprimerie, de corderie, vannerie, sparterie, de corps gras, d'huiles alimentaires et industrielles, de savon, d'alcool industriel, de féculerie, amidonnerie, pâtes alimentaires, sucrerie, raffinerie, chocolaterie, confiserie, vinaigrerie, brasserie, conserves de viande, poisson, légumes, etc., etc.

La troisième phase sera celle de la grande métallurgie et des grands textiles. On exploitera des mines dans le territoire déjà occupé ou en dehors de ses limites ; on fabriquera tous les métaux. On créera des filatures et tissages de coton, lin, chanvre, laine et soie, le coton et la soie étant produits au Turkestan, dans des colonies socialistes qui y seront établies et qui seront rattachées par voie ferrée à la région sibérienne. On poussera plus loin les fabrications de mécanique en les étendant à la mécanique de précision, horlogerie, appareils électriques ainsi qu'aux locomotives et autres moteurs, aux machines-outils, etc., on fera de la coutellerie, de la fonderie d'art, de l'orfèvrerie, bijouterie, des instruments de musique, des papiers peints et toiles cirées, de la verrerie fine, cristallerie, glaces; en un mot, on embrassera toutes les industries d'utilité courante ou de luxe, nécessaires à la vie civilisée, de façon à ce que la colonie socialiste, alors considérable, se suffise à elle-même ou à peu près et, de plus, exporte une grande quantité de produits qui lui assureront des moyens de développement de plus en plus considérables.

Chaque industrie ne sera créée qu'après une étude approfondie. On s'attachera de préférence à celles dont les matières premières existeront dans le pays même ; mais lorsqu'il y aura avantage à transformer des matières tirées de l'extérieur, on les emploiera également.

Comme les développements industriels seront réglés sur les besoins de la consommation et sur les possibilités d'écoulement à l'extérieur, il est évident que l'industrie socialiste échappera aux causes d'insuccès qui ruinent tant d'entreprises privées et découragent tant d'initiatives. Alors que les industries individuelles ont à compter constamment avec l'instabilité des cours pour leurs achats de matières premières et la vente de leurs produits, avec les exigences, ou la rareté de la main-d'œuvre, avec la préoccupation des débouchés à trouver, aucune de ces difficultés n'existera pour l'industrie socialiste dont rien ne pourra troubler la sécurité. Elle ignorera les crises d'accélération et de ralentissement qui jettent la perturbation dans l'industrie privée, et sa marche sera d'une régularité parfaite d'un bout de l'année à l'autre. Le parti-pris peut seul nier la supériorité d'une telle organisation.

Chapitre XXVI

Instruction, Travail et Conditions de Vie

Répétons-le : pour la réussite de l'œuvre envisagée, il ne suffit pas de grouper les éléments matériels du succès, il faut, en outre et avant tout, avoir un personnel approprié.

Dans la première phase, on fera venir du dehors les compétences nécessaires ; par la suite, il faudra les faire éclore au sein de la population socialiste, au moyen de l'instruction.

A ce sujet, je ne puis que rappeler, une fois de plus, ce que je ne cesse de dire depuis plus de vingt-cinq ans dans mes ouvrages et dont le principe, d'ailleurs, a fini par se faire jour en inspirant le projet, dit de l'*école unique*, actuellement en discussion au Parlement français, bien que très éloigné encore de sa réalisation : l'école doit faire la sélection des intelligences, déterminer les aptitudes et assigner à chacun, dans la société, la place qu'il est capable de remplir. Pour qu'elle atteigne ce but, il faut qu'elle réunisse, dans l'enseignement primaire, tous les enfants indistinctement, que des concours annuels fassent connaître les mieux doués, qui seront seuls appelés à recevoir l'enseignement secondaire et que la même sélection, parmi ces derniers, révèle l'élite intellectuelle qui recevra les degrés supérieurs de l'instruction. Sauf les cas, toujours exceptionnels, d'enfants qui auront mal réussi dans leurs études et montreront, par la suite, des facultés inattendues, les cadres de la société seront établis d'après ce classement: les élèves de l'enseignement secondaire deviendront des contre maîtres, des chefs de culture et ceux de l'enseignement supérieur, des ingénieurs, des directeurs. Quant à la masse des élèves de l'école primaire non admis au deuxième degré de l'instruction, elle formera les simples travailleurs.

L'enseignement pratique devra, à tous les degrés, accompagner l'enseignement théorique. Au lieu de tenir les élèves enfermés pendant des heures entières dans des salles de classes, on fera alterner, en courtes séances, les cours et les études avec les exercices pratiques, de façon à laisser reposer tour à tour les muscles et le cerveau et à éviter tout surmenage.

L'esprit de cet enseignement différera profondément de celui qui est actuellement pratiqué : on s'attachera à faire comprendre aux élèves, dans la mesure où leur âge et leur culture le permettront, l'essence du socialisme et à ancrer dans leur esprit la conviction raisonnée de sa supériorité. Ce socialisme n'aura rien de commun avec la doctrine marxiste : il apprendra aux enfants combien le régime social fondé sur la solidarité et réalisé dans l'association générale est préférable à l'anarchie individualiste, basée sur le principe de la lutte entre hommes et entre peuples. Il leur montrera, en outre, la structure des institutions politiques et économiques par lesquelles l'association générale peut être réalisée et comment elles fonctionnent. Il s'attachera à leur rendre sensibles les avantages de ces institutions, notamment en ce qui concerne la production qui, scientifiquement organisée et équitablement répartie, fera vivre les hommes dans le bien-être. L'enseignement pratique rendra les élèves familiers avec l'usage des machines et procédés techniques par lesquels l'abondance des produits sera obtenue dans l'agriculture et dans l'industrie, pour un minimum d'effort humain. Des notions d'économie socialiste plus ou moins complètes, selon le degré, seront données dans toutes les écoles. L'enseignement supérieur fera connaître dans leur intégralité les principes de cette économie, afin que les futurs directeurs techniques et administratifs se rendent compte exactement du but qu'ils doivent atteindre et des moyens à employer, et qu'un esprit socialiste éclairé inspire constamment leurs actes.

Les exercices pratiques accompagnant l'enseignement seront conçus de façon à produire un travail utile. Ainsi les élèves des écoles primaires, sous la direction de moniteurs et la surveillance d'un chef compétent, cultiveront le jardin potager et seconderont les adultes dans certains travaux de la grande culture, comme l'éclaircissement, le sarclage et la récolte des betteraves. Ceux de l'enseignement secondaire qui se destineront au travail agricole seront associés à tous les travaux des champs, apprendront à se servir des machines perfectionnées et à les réparer en cas d'accident.

Ainsi organisé, l'enseignement socialiste sera une véritable pépinière de contre-maîtres et de chefs, et permettra de placer, dans les nouveaux établissements qui seront créés chaque année, un personnel dirigeant d'une capacité éprouvée. Comme le nombre de ses élèves grandira au fur et à mesure de l'extension de l'œuvre, il sera toujours en état de faire face à tous les besoins. De plus, on pourra envoyer, dans ces nouveaux établissements, un noyau de travailleurs expérimentés, pour encadrer et guider les recrues.

Le travail agricole et industriel par les machines perfectionnées, ne demandant qu'un court apprentissage, on pourra facilement faire passer d'un service dans un autre les travailleurs momentanément inoccupés, de façon à éviter tout chômage; et c'est précisément dans cette rotation des fonctions qu'éclatera la supériorité de l'organisation socialiste. On devra notamment tenir compte qu'en Russie et surtout en Sibérie, le travail de la terre est impossible pendant la moitié de l'année. Il faudra donc avoir des chantiers toujours prêts à recevoir les laboureurs inactifs, de façon à éviter la déperdition de temps qui est la ruine de l'économie agricole chez tous les paysans en général, et particulièrement chez le paysan russe. Certaines industries doivent marcher d'un bout de l'année à l'autre ; mais la plupart peuvent sans inconvénient être accélérées en hiver ; d'autres même peuvent ne marcher qu'en hiver. On réservera donc pour cette époque de l'année tous les travaux qu'il n'est pas absolument indispensable d'exécuter dans la belle saison, qui sera surtout consacrée à la culture. Au besoin, on organisera des fabrications spéciales pour l'exportation, de façon à éviter toute perte de main-d'œuvre. Ainsi, les ouvriers travailleront d'un bout de l'année à l'autre, sauf les jours consacrés au repos et toujours avec un outillage perfectionné, de sorte qu'on atteindra une énorme production pour un nombre de bras relativement minime. Tout cela, on le remarquera, n'a rien d'utopique : ce sont les bases nécessaires d'une bonne organisation du travail, et les chefs les plus intelligents des entreprises privées cherchent sans cesse à la réaliser, sans pouvoir y réussir complètement d'ailleurs, ne disposant pas de l'ensemble des moyens de production d'un pays ou d'une région.

Après avoir parlé du travail des hommes adultes et de celui des enfants, il reste à parler de la collaboration des femmes à l'œuvre commune. Mais, auparavant, il est nécessaire d'indiquer les conditions de vie familiale et sociale du personnel.

Pour réaliser un maximum de confortable et d'hygiène dans l'alimentation, avec la meilleure utilisation de la nourriture et le minimum de travail, il est indispensable que les repas soient pris en commun. J'ai indiqué dans d'autres ouvrages (1) les avantages de ce système qui est parfaitement conciliable avec la vie de famille et les goûts particuliers de chacun. Inutile de les répéter ici ; il suffit d'observer qu'il est parfaitement adapté, sinon aux habitudes du peuple russe, du moins à ses tendances innées vers l'association et la communauté. D'ailleurs, les travaux du ménage sont tellement pénibles que les femmes seront heureuses de s'en voir affranchies. Au contraire, dans les restaurants socialistes, la préparation des repas, grâce aux dispositifs modernes employés pour diminuer la main-d'œuvre, exigera peu de temps et d'efforts. Chaque famille pourra avoir sa table spéciale et le menu pourra comprendre assez de plats pour que chacun soit libre d'y choisir ceux qu'il préférera. On y servira, outre les boissons russes, du cidre, de la bière et du vin, mais aucune liqueur alcoolique, sauf, exceptionnellement, et en petite quantité, les jours de fête. Et comme l'alcool ne sera pas mis en vente dans les magasins, il n'y aura aucune possibilité de s'en procurer, de sorte que le fléau de l'alcoolisme, qui renaît en Russie, ne sévira pas dans les colonies socialistes.

Ainsi tout le personnel prendra ses repas au restaurant, mais chaque famille aura son logement particulier. Après le dîner du soir, une récréation : musique, danse, cinéma, lecture, conférence, etc., terminera agréablement la journée.

J'ai dit que le blanchissage du linge se ferait en commun avec un matériel moderne. Il en sera de même de l'entretien du linge et des vêtements qui sera exécuté par les jeunes filles des écoles dans leurs travaux pratiques.

---

(1) Voir notamment *La France Nord-Africaine* (livre V, chap. XI) et *La Production Intensive* (livre I, chap. I).

Ainsi les femmes n'auront plus, comme occupation ménagère, qu'à mettre de l'ordre et de la propreté dans leur logement. Une grande partie de leur temps sera donc disponible et, sans abuser de leurs forces, elles pourront le consacrer à la collectivité. Les jeunes mères et les femmes en état de grossesse avancée seront dispensées de tout travail. Les femmes seront chargées, non seulement du blanchissage, du repassage et de l'entretien du linge et des vêtements, mais encore de leur confection ; elles aideront le chef de cuisine dans ses diverses manipulations ; elles seront chargées de l'entretien des bureaux et salles communes ; elles soigneront la basse-cour et la volaille, trairont les vaches, tiendront la laiterie, la beurrerie et la fromagerie. La plus grande partie des emplois administratifs leur sera confiée.

En résumé, le travail sera organisé pour que tous les colons socialistes puissent y apporter leur contribution sans jamais dépasser la limite normale de leurs forces. Rien ne sera ménagé pour assurer leur bonne hygiène et pour rendre leur existence agréable. Il n'y aura aucune comparaison possible entre le large bien-être dont ils jouiront, sans aucun souci du lendemain, et la misère permanente, dans l'insécurité, qui est le lot des travailleurs de la ville et des champs, en Russie plus que partout ailleurs.

Chapitre XXVII

Processus de l'Œuvre

Les plus grandes difficultés seront évidemment au début, alors qu'on se trouvera sur un terrain inculte et désert, d'où il s'agira de faire surgir la plus haute civilisation avec des ressources et moyens d'action tirés de l'extérieur.

Aussi deux années seront-elles indispensables, et encore en allant très vite, pour créer le premier établissement et le mettre en état de produire. Mais, par la suite, on y trouvera un point d'appui pour aller de l'avant avec une allure qui s'accélérera à mesure des développements acquis.

Il est bien difficile de prévoir exactement le nombre des établissements qui seront créés chaque année ; il dépendra, dans une grande mesure, de l'importance de la subvention du gouvernement de l'Union Soviétique et de la durée de cette subvention. Toutefois, en se basant sur les conditions indiquées au Chapitre XX, il est admissible qu'en moyenne on arrive à créer, chaque année, un établissement de plus que l'année précédente ; en d'autres termes, le développement de l'œuvre sera déterminé par une progression arithmétique dont le premier terme sera zéro et la raison un. Cette prévision n'a vraiment rien d'excessif si l'on considère la facilité croissante avec laquelle la colonie socialiste se procurera des matériaux de construction, des vivres et un personnel expérimenté, et l'extrême bon marché de tout ce qu'elle produira.

En admettant une telle progression, on arriverait, au bout de vingt ans, à avoir créé 200 établissements, c'est-à-dire à avoir mis en culture un million d'hectares.

— C'est beaucoup, diront les timorés. Pratiquement, il sera impossible d'aller aussi vite.

— C'est bien peu, diront les impatients. Qu'est-ce qu'un million d'hectares dans l'U. S., dont le vaste territoire en comprend environ deux mille fois plus !

Je répondrai aux premiers :

— Vous ne vous faites aucune idée de la prodigieuse force d'expansion d'un organisme économique basé sur les principes communistes. N'oubliez pas que toute la production agricole et industrielle, avec ses accessoires, la manutention et les transports, sera faite à l'aide de la technique la plus perfectionnée, c'est-à-dire qu'elle donnera un maximum de résultats pour un minimum de dépenses. Comme son personnel sera relativement peu nombreux, une faible partie des produits obtenus suffira à sa rétribution. Le surplus, qui pourrait être considéré comme un bénéfice net, si ce mot n'était pas rayé du vocabulaire, fournira donc des ressources considérables et sans cesse croissantes pour le développement de l'œuvre.

D'autant plus que le Domaine socialiste s'attachera à produire lui-même la presque totalité des produits nécessaires à la nourriture et à l'entretien de son personnel et n'en demandera qu'une portion de moins en moins forte à l'importation qui ne les lui fournirait qu'à des prix majorés par les bénéfices des producteurs et des intermédiaires, ainsi que par des frais de transport élevés.

Maintenant, je répondrai aux impatients :

— Vous perdez de vue la loi des progressions et ne

vous rendez pas compte que si, au cours des vingt premières années, en partant de zéro, nous sommes arrivés à cultiver un million d'hectares, au cours des vingt années qui suivront, nous monterons à des chiffres d'un autre ordre de grandeur. Nous y monterons d'autant plus sûrement que la raison de notre progression, que nous avons évaluée à un *en moyenne*, pour la première période de vingt ans, mais qui s'élèvera sans cesse, sera dans une deuxième période de 2, 3, 4 ou même plus. Il n'est donc pas téméraire d'envisager, au bout de quarante ans, la mise en valeur de dix millions d'hectares.

Sans doute dix millions d'hectares ne représentent encore que la deux centième partie du territoire fabuleusement étendu de la Russie d'Europe et de la Russie d'Asie réunies, qui embrasse plus de deux milliards d'hectares, soit environ quarante fois la France. Mais n'oublions pas que la moitié environ de ce territoire est, de par la rigueur de son climat, impropre à la culture. Elle ne produit que des forêts qui se rabougrissent de plus en plus, lorsqu'on s'approche du littoral de l'Océan arctique, et finissent par disparaître lorsqu'on arrive à la *toundra*, dont le sol ne dégèle jamais complètement en été.

N'oublions pas, en outre, que la rapidité du développement s'accroissant constamment, dans une autre période de vingt ans on atteindrait cent millions d'hectares et que vingt années plus tard, c'est-à-dire au bout de quatre-vingts ans, toute la surface cultivable de l'Union Soviétique serait cultivée intensivement et pourvue d'une industrie assez puissante pour pourvoir à la totalité des besoins de sa population.

A combien s'élèverait alors cette population ? On connaît la nature prolifique de la race slave. Si, au sein d'une misère presque générale et permanente, elle a pu s'accroître comme elle l'a fait, que serait cet accroissement au sein de l'abondance ! Il ne connaîtrait évidemment de limites, selon la loi de Malthus, que dans la quantité d'aliments que la terre pourrait lui fournir. Or cette quantité serait prodigieuse. En admettant que le rendement moyen en céréales ne soit que de vingt quintaux à l'hectare (les deux tiers seulement de celui du Danemark) et que la moitié des terres du territoire agricole, c'est-à-dire cinq cents millions d'hectares soit cultivé en céréales, la récolte annuelle atteindrait le chiffre effarant de dix milliards de quintaux ! Et si on évalue à 2 quintaux par an la consommation moyenne par tête, ce qui représente une ration journalière de 540 grammes, on constate que la quantité de nourriture produite serait suffisante pour alimenter cinq milliards de personnes ! Il va de soi que la viande et les autres produits sraient en proportion des céréales. Sans doute on n'atteindrait jamais une telle population, ou, du moins, on ne l'atteindrait qu'au bout de plusieurs siècles. Tout au plus, dans les quatre-vingts années prévues pour la socialisation complète de la Russie, arriverait-on à cinq cents millions d'habitants, soit dix fois moins. Mais alors il serait inutile pour les faire vivre, d'ensemencer cinq cents millions d'hectares en céréales : cinquante millions y suffiraient. De sorte qu'au bout de soixante années, l'U.S. serait déjà en état de nourrir cinq cents millions d'habitants ; et si l'on ne voulait prévoir aucune augmentation de la population actuelle, c'est au bout de quarante-cinq ans environ qu'on y parviendrait.

De quelque manière qu'on envisage la transformation intégrale d'un aussi vaste pays, c'est-à-dire la socialisation *effective* de toute sa richesse et l'application *effective* à son exploitation des procédés scientifiques, peut-on, sans verser dans l'utopie, espérer en venir à bout en moins de temps ? En tout cas, par les méthodes des marxistes russes, l'œuvre au bout de dix ans n'est pas encore commencée puisque, loin d'avoir dépassé le niveau d'avant-guerre, la production générale lui est encore bien inférieure. On voit donc que, malgré la modestie de ses débuts et la lenteur de son développement au cours des premières années, le moyen de réalisation socialiste que je propose est d'une efficacité infaillible en même temps que d'une très grande rapidité.

Mais, pour donner une idée plus précise de son processus, je dois revenir un peu en arrière et compléter les explications qui précèdent.

J'ai expliqué que, pour réduire au minimum les difficultés du début, qui resteront toujours assez grandes, on commencerait par mettre en valeur les parties du sol qui ne nécessiteraient pas d'améliorations foncières trop coûteuses. Mais, lorsque les ressources de l'œuvre se seront suffisamment accrues, on ne craindra pas d'aborder les parties les plus difficiles : marécages, tourbières et régions désertiques. Elles tiennent une place énorme en Russie et surtout en Sibérie, où le lit des cours d'eau n'a jamais été régularisé et où de vastes plaines restent noyées, soit toute l'année, soit pendant plusieurs mois, alors que d'autres, brûlées par le soleil d'été, manquent d'eau pour la végétation, bien que la terre y soit le plus souvent d'une grande fertilité. Les plaines marécageuses qui s'étendent entre la rivière Irtych et le fleuve Obi sont le type des terres qui nécessitent des drainages, alors que le Turkestan, au sud, offre le type des terres arides où rien ne pousse sans irrigation. Entre les deux régions se trouve le type intermédiaire où toute végétation n'est pas impossible, mais où l'irrigation est indispensable à une culture intensive. Telles sont les vallées du Tchou et de l'Ili, en Sémiretchie. Dans la première seulement, des études faites sous le tzarisme ont révélé la présence de 218.000 déciatines de terres irrigables, extrêmement fertiles (*Vie Économique des Soviets*, N° 7). où le blé, la luzerne et la betterave réussiraient merveilleusement. Le Turkestan, plus méridional, avec ses grands fleuves : l'Amou Daria et le Syr Daria, qui peuvent fertiliser des millions d'hectares, est le pays du coton. Mais, observe avec raison la revue qui vient d'être citée, « pour développer la culture du coton au Turkestan, il faut dispenser ce pays de toute autre culture ayant pour objet l'alimentation de sa population. » A cette condition, il y reste des étendues immenses à mettre en valeur et on y récolterait plus de coton que la Russie entière ne pourrait en absorber. Or, précisément, la Sibérie du sud-ouest produirait les céréales nécessaires au Turkestan ; et l'ensemble de ces vastes régions, où existèrent jadis des empires florissants, et aujourd'hui à peu près désertiques, dépasserait de beaucoup le niveau de sa prospérité ancienne.

Le drainage et l'irrigation sont des opérations coûteuses, évidemment ; mais avec une puissante organisation qui en réunirait sur place tous les éléments et n'emploierait pour ses travaux que des machines modernes, la dépense serait notablement diminuée et de nouveaux territoires, aussi étendus que plusieurs états européens, seraient acquis à la civilisation. Peut-on rien concevoir de plus beau que cette œuvre gigantesque !

Quant à l'idée d'appliquer l'énergie électrique à tous les travaux agricoles, aussi bien qu'aux transports et à l'industrie, elle est aujourd'hui le rêve de tous les agronomes compétents et si elle n'est pas déjà généralisée dans bien des pays, cela tient au morcellement excessif du sol, à l'insuffisance des centrales électriques existantes et au prix exagéré de l'électricité, monopolisée par de puissants trusts, qui fixent eux-mêmes leurs bénéfices. Dans l'Union Soviétique même, elle est le but auquel tendent les dirigeants, et s'ils n'en sont encore qu'à la période des expériences, c'est parce que leurs moyens d'action, dispersés sur trop de points, et insuffisants par conséquent, sur chacun, ne leur permettent pas de meilleurs résultats. Que ce soit leur ferme tendance, on n'en saurait douter. L'organe officiel la *Vie Economique des Soviets* (N° 15) le constate en ces termes :

« L'application des tracteurs comme moteurs fixes pour la commande de différentes machines (batteuses, scies mécaniques, dynamos pour l'éclairage, etc.), est très répandue. On s'en sert dans toutes les constructions de la nouvelle ville de Lénino, dans le Turkestan.

« L'emploi des tracteurs à la construction des routes, travail particulièrement important en Russie. où, comme nous l'avons dit, les voies sont mauvaises, n'avait eu lieu jusqu'à présent qu'à titre d'essai. Il est évident que dans l'avenir, d'après l'exemple de l'Amérique, où cette méthode de construction rapide et à bon marché est largement appliquée, ce procédé sera fréquemment utilisé dans l'U.R.S.S.

« A mesure que progressera l'électrification et que de nouvelles stations centrales seront construites, on pourra songer à l'emploi de tracteurs électriques, et cela tout spécialement en vue du labourage.. Les essais entrepris ont prouvé l'excellence de la méthode. L'*Elektrostroï* a passé un certain nombre de contrats relatifs au labourage électrique, au prix de 7 à 8 roubles la déciatine (la profondeur du sillon étant environ de 30 centimètres). Actuellement, le labourage électrique se pratique dans les régions suivantes : gouvernement de Samara (surface labourée : 1.000 déciatines), région de Bakhmout (4.000 déciatines), Turkestan (6.000 déciatines). Dans toutes ces régions, l'énergie électrique est fournie par des centrales, situées à une distance de 10 à 12 verstes.

« Suivant les données du *Glavélektro*, la République dispose actuellement de 800 centrales, dont la puissance totale atteint environ 557.000 H.P. Sans tenir compte des grandes centrales en construction, en ne nous basant que sur l'énergie électrique, dont le pays dispose dès maintenant, il convient d'admettre que 25 % de cette énergie peuvent être affectés au labourage. Cette quantité constitue précisément l'excédent disponible en été, par suite de la réduction de l'éclairage et de l'activité industrielle (réparations dans les usines, vacances, etc.).

« On s'occupe maintenant beaucoup de cette question du labourage électrique ; on procède à de nombreuses expériences et l'on a déjà d'excellentes charrues électriques, de construction russe (systèmes de l'ingénieur Prekht, de l'usine de Briansk et autres). »

Quand l'œuvre socialiste aura réalisé assez de progrès pour disposer d'un excédent important d'objets de consommation, au lieu de les vendre à des intermédiaires, elle englobera, en tant que coopérative de consommation, tout le personnel des administrations soviétiques qui pourra alors être payé en monnaie fiduciaire, selon le système financier exposé dans les *Principes d'Economie Socialiste* (ce qui allègera sensiblement les charges budgétaires) et qui, en échange de cette monnaie, se procurera dans les magasins de détail ouverts par le Domaine Socialiste dans toutes les villes, des objets de consommation de première qualité, à un prix inférieur à celui du commerce libre. On organisera, en outre, les restaurants socialistes, le blanchissage, la réparation et la confection du linge et des vêtements, la construction des maisons d'habitation, etc., de sorte que cette partie de la population entrera graduellement dans la vie socialiste. Elle sera bientôt suivie par la population étrangère aux administrations soviétiques, qui sera attirée dans les magasins socialistes par le bon marché et la bonne qualité des produits. Alors prendra fin le commerce libre, que les mesures les plus terroristes n'avaient jamais pu abolir complètement. On en reviendra au régime qui marqua les premières années de la révolution, mais dans des conditions tellement améliorées que nul ne le reconnaîtra.

L'industrie d'Etat entrera également dans le cadre de

l'œuvre socialiste, qui en transformera le matériel et fera de ses établissements des usines modèles. Quant à l'industrie privée, elle sera tellement refoulée par la puissante concurrence de l'organisation socialiste, qu'elle disparaîtra peu à peu sans qu'il y ait besoin de l'abolir par décret.

Les chemins de fer, canaux et autres moyens de transport, seront également gérés par le Domaine socialiste, qui les développera prodigieusement en perfectionnant leur fonctionnement. Tous les cours d'eau plus ou moins divagants de l'U.S. seront endigués et serviront à la navigation ou à l'irrigation, selon les circonstances, ou même, dans certains cas, aux deux à la fois.

Restera le bloc paysan, enfoncé dans sa routine séculaire et difficile à promouvoir. Il détient, comme on l'a vu, au chapitre VI, près de 07 pour 100 des terres actuellement cultivées. Il s'agira de faire entrer dans le communisme, sans user de la moindre contrainte, ces entêtés partisans de la propriété individuelle. Ce n'est pas par des raisonnements qu'on y parviendra, mais par l'exemple et par un enseignement agricole approprié, dont j'avais conçu le plan lorsque j'exerçais la fonction de commissaire du peuple adjoint à l'agriculture en Ukraîne.

Il comprendrait :

Au premier degré, notions élémentaires sous forme d'un petit catéchisme aux enfants des écoles de villages. (Je l'avais rédigé, d'accord avec le commissaire à l'instruction publique Grinko. Il a été traduit par ses ordres en langue ukrainienne ; j'ignore s'il a été imprimé et utilisé). Cet enseignement aurait pour but principal d'ancrer dans l'esprit des enfants la supériorité de la grande culture scientifique sur la petite culture routinière.

Au deuxième degré, des fermes-écoles, où seraient attirés les enfants qui auraient suivi l'enseignement primaire agricole avec le plus de fruit. Ces fermes-écoles seraient créées dans des centres favorables par le Domaine communiste et gérées par lui. Les élèves y seraient confortablement nourris et logés ; on ne négligerait rien pour leur en rendre le séjour agréable. De fréquents congés leur permettraient d'aller voir leurs parents et de leur raconter comment ils vivent et ce qu'ils font. On provoquerait la visite des parents, à qui on montrerait, par des faits tangibles, la supériorité du communisme sur l'individualisme.

Avec le temps, les préjugés de la masse paysanne seraient ébranlés. On faciliterait alors la création de communes agricoles par toutes sortes d'avantages accordés à celles qui se constitueraient, et aussi en faisant dépendre la transformation d'un vote des habitants à la majorité simple. Au nombre des avantages consentis seraient la construction d'habitations spacieuses et saines, à la place des vieilles maisons insalubres, l'amélioration de la nourriture, la fourniture du matériel, l'avance des engrais chimiques, l'achat des récoltes à un prix rémunérateur, la solidarité nationale couvrant les pertes accidentelles, etc., etc..

Le mouvement se généraliserait plus vite qu'il ne serait matériellement possible de le suivre, car le paysan, rebelle aux argumentations verbales, ne pourrait pas manquer de se rendre aux avantages tangibles qui lui seraient offerts. Il douterait d'autant moins de leur réalité que, dans presque tous les villages, il se trouverait un ou plusieurs habitants qui auraient été se fixer dans la colonie socialiste et qui, dans leur correspondance avec leurs parents et amis, ne cesseraient de vanter les charmes de leur nouvelle existence. Tout se réunirait donc pour convaincre les réfractaires, et, une fois le courant d'adhésions dessiné, il prendrait une rapidité de plus en plus forte.

Voilà le moyen d'instaurer, en Russie, d'abord, et

bientôt dans le monde entier, le véritable communisme, dont on n'a montré jusqu'à ce jour que la caricature. Sa mise en œuvre ne se heurterait, cela est de toute évidence, à aucune difficulté capitale, et cette conception pourrait entrer, dès à présent, dans la pratique, si les dirigeants soviétiques savaient comprendre et vouloir.

On verra, dans la dernière partie du présent ouvrage, que je n'ai rien négligé pour leur ouvrir les yeux.

LIVRE V

La Solution en France

Chapitre XXVIII

Possibilité et Avantages
d'une Colonisation socialiste au Maroc

La solution en France est de la même nature qu'en Russie : il s'agit de créer, dans une de nos colonies, un îlot de socialisme pur qui se développera de lui-même, par la supériorité de son organisation économique. J'écarte l'idée de situer cette entreprise dans une région de la France métropolitaine, à raison des résistances auxquelles se heurterait inévitablement un tel projet. Je prouverai au contraire que les circonstances politiques permettraient parfaitement de le faire accepter dans une colonie, et le résultat serait le même. Dans les conditions pénibles où se débat la France depuis la guerre, les plus attardés de nos hommes d'Etat sont arrivés à reconnaître que l'augmentation de la production est l'unique voie de salut, et aucun d'eux n'ignore aujourd'hui que notre empire colonial pourrait nous fournir la plus grande quantité des matières premières et objets d'alimentation dont l'importation de l'étranger écrase notre change.

La mise en valeur de nos colonies est donc à l'ordre du jour. Elle commence à préoccuper l'opinion publique, si lente à s'émouvoir. Or, il n'existe qu'un seul moyen de les mettre en valeur, je l'ai démontré sans contradiction possible dans la *France Nord-Africaine* : c'est d'y substituer l'action nationale à l'action privée, reconnue impuissante par une longue et triste expérience. Evidemment, si les représentants socialistes au Parlement étaient assez mal avisés pour présenter cette substitution comme un acheminement vers le socialisme intégral, ils soulèveraient des méfiances. Mais, comme il leur serait aisé de démontrer qu'en dehors d'elle il n'y a rien, et que faute de recourir à cette énergique réforme, nos colonies resteront entre nos mains une valeur morte, tandis que nous continuerons à être plongés dans notre marasme économique, ils pourront se faire écouter favorablement.

Sans doute, nos parlementaires bourgeois, s'ils manquent totalement d'envergure, ont assez de rouerie pour discerner l'intérêt spécial du socialisme derrière nos projets de rénovation coloniale ; ils ne seront pas dupes de nos protestations de dévouement à l'intérêt national, si sincères qu'elles soient. Mais ce sont des sceptiques, des gens à courte vue à qui les conséquences éloignées d'un projet échappent, ou qui ne croient guère aux grandes transformations, même s'ils en comprennent la possibilité théorique, et qui, en tout cas, ont l'habitude de faire bon marché de l'avenir, pourvu qu'ils s'assurent la tranquillité du présent. Or, vraiment, l'organisation de la colonisation nationale ne bouleversera rien, ne préjudiciera en aucune façon aux intérêts individuels déjà constitués. Elle respectera tous les droits acquis sans discuter leur légitimité et ne dépossèdera personne. Elle ne soulèvera donc qu'un minimum de protestations et sera facilement acceptée si le parti socialiste se place sur le terrain du *do ut des*. Disposant de cent voix à la

Chambre, sans compter les communistes, desquels il n'y a pas grand'chose de raisonnable à attendre, ils obtiendront quand ils voudront, de n'importe quel ministère, l'essai de colonisation organisée qu'ils proposeront, en échange de leur simple neutralité sur les autres questions. Il n'est même pas indispensable, pour la réussite, de se lier par un cartel aux radicaux qui ne sont guère plus intéressants, au point de vue socialiste, que les partis de droite. Nos élus auront tout à gagner à conserver à l'égard des autres fractions leur entière indépendance, de façon à pouvoir s'entendre avec le parti que l'aveugle fortune électorale portera au pouvoir. Que sacrifieront-ils en cessant à l'égard d'un gouvernement leur éternelle lutte à coups d'épingles, agaçante plutôt que réellement gênante pour leurs adversaires? Absolument rien, puisque cette politique absurde ne leur a donné jusqu'à ce jour, et ne leur donnera jamais aucun résultat. Ils n'auront d'ailleurs pas besoin de s'engager à apporter aux cabinets l'appui de leurs bulletins. Il leur suffira de ne pas faire le jeu de leurs adversaires et de laisser ainsi les partis bourgeois vider eux-mêmes leurs querelles sans s'y mêler. Au fond, c'est la seule attitude logique que doive adopter le parti socialiste qui a toujours été dupe lorsqu'il a voulu s'immiscer dans les affaires de la bourgeoisie. Pourtant elle ne s'impose pas rigoureusement à lui en toutes éventualités et il peut être amené par les événements à se lier plus étroitement au parti radical. Il n'y aurait à un tel pacte aucun inconvénient pourvu que la condition essentielle de réalisation coloniale soit remplie. Tout est là pour le socialisme ; c'est le but immuable à viser, et la meilleure tactique sera celle qui lui permettra de l'atteindre le plus sûrement, dût-il en changer par la suite si les circonstances l'exigeaient.

Le jour où le parti socialiste adoptera cette souple et sage politique, il lâchera l'ombre pour la proie et, pour la première fois depuis qu'il joue un rôle au Parlement, il fera œuvre utile pour le socialisme.

Mais, après les explications qui précèdent, il est encore permis de douter de la possibilité d'une réalisation socialiste, et de son succès final si elle est acceptée en principe. Pour pousser plus loin ma démonstration et la rendre tout à fait décisive, il faut maintenant abandonner les généralités et déterminer la colonie qui devra être choisie comme champ d'expérience. Dans presque toutes les parties de notre domaine colonial, il existe des richesses latentes susceptibles de donner des éléments de vie et de prospérité à l'entreprise envisagée. Mais, dans la plupart, le climat oppose à la tentative, sinon un obstacle absolu, du moins des difficultés additionnelles ; d'autre part, leur éloignement de la métropole entraînerait un surcroît de dépenses et de temps perdu qu'il est préférable d'éviter. Comme je l'expliquais pour la Russie, il faut s'attacher au début à se placer dans les conditions les plus favorables, sauf à s'étendre ensuite à des régions plus difficiles lorsque les ressources créées le permettront. Ces considérations amènent à fixer le choix sur l'Afrique du Nord, tellement rapprochée de la France qu'elle en est considérée comme le prolongement, et où le Français peut vivre et travailler sans danger pour sa santé.

Mais l'Afrique du Nord est grande. Elle se divise en trois parties. Par laquelle est-il préférable de commencer ? Il n'est pas douteux que c'est par le Maroc, où la terre est en général meilleure, où les vents de l'Atlantique rafraîchissent l'atmosphère pendant les brûlantes journées d'été, et où de grands cours d'eau permanents permettent l'irrigation de larges surfaces. D'ailleurs, l'emprise capitaliste sur le Maroc est moins forte que sur l'Algérie et la Tunisie et il y aura moins de résistances à vaincre. Diverses autres raisons militent encore en faveur du Maroc ; aucune ne va à l'encontre.

Etudions donc spécialement au point de vue des ressources du Maroc le projet envisagé. Les éléments de toute colonisation sont la terre, l'argent et les hommes. Les y trouvera-t-on réunis?

La terre en friche y est surabondante. Prenons les chiffres officiels extraits de l'*Annuaire du Maroc* paru en 1925. La surface de la zone française, du Maroc Occidental seulement, est évaluée à 9.700.000 hectares, se décomposant ainsi :

Terres en rotation	2.400.000 Ha
— à défricher	2.000.000 —
Merdjas (marécages)	80.000 —
Terrains de parcours	4.700.000 —

Les terres en rotation sont des terres cultivées, mais dont une partie reste tous les ans en jachère, ce repos étant jugé indispensable dans la culture barbare des indigènes, qui grattent à peine la surface du sol et n'emploient ni fumiers ni engrais chimiques. On peut estimer à la moitié des terres en rotation la partie laissée en jachère annuelle. En remplaçant l'inutile repos accordé à la terre par une stricte récupération des éléments de fertilité que lui enlève chaque récolte, on doublerait donc la production. Mais ce n'est pas tout : les terres cultivées ne sont, dans la pratique, presque jamais entièrement défrichées. On y rencontre un peu partout des touffes de *doum* (palmier nain) ou d'autres broussailles dont l'extirpation à l'aide du faible outillage indigène aurait coûté trop de peine. La petite charrue arabe tourne autour de ces obstacles sans les entamer ; mais une grande partie du sol reste perdue. Il n'est donc pas excessif de dire que, du fait de la jachère et de la broussaille, sur les 2.400.000 hectares en rotation, 1.400.000 hectares ne produisant rien.

A ce chiffre s'ajoutent les 2 millions d'hectares à

défricher. Ce sont des terres où la broussaille est si dense qu'on n'y trouve pas de place pour labourer. Les 80.000 hectares de merdjas sont des marécages qui, une fois assainis, formeraient évidemment les meilleures terres du Maroc. Quant aux 4.700.000 hectares de parcours, il est clair qu'un examen plus attentif y ferait découvrir de larges étendues cultivables après défrichement. N'insistons pas : la réponse à la première question est affirmative : il y a au Maroc des millions d'hectares à mettre en production.

L'argent ne manque pas davantage : les finances marocaines sont prospères ; le fonds de réserve regorge de millions.

D'ailleurs, une grande partie des travaux administratifs de l'œuvre à créer ne nécessitera aucun personnel nouveau ; le personnel actuel y fera parfaitement face, dès qu'on l'aura déchargé des besognes fastidieuses de paperasserie où il passe le meilleur de son temps, sans aucun profit pour la chose publique.

On gaspille l'argent au Maroc avec une facilité inimaginable. Il suffira de mettre un terme à ce gâchis pour faire apparaître de larges disponibilités. Et qu'on ne m'accuse pas d'émettre ces appréciations à la légère. J'ai vu de mes yeux il y a quelques années, et j'ai su depuis par des témoins sûrs qu'il n'y a rien de changé au système de dilapidation établi.

Reste donc la main-d'œuvre. On a toujours prétendu qu'elle était trop rare dans l'Afrique du Nord pour faire face aux besoins d'une œuvre de colonisation importante. Et cependant l'anarchie capitaliste a trouvé moyen d'attirer en France des centaines de milliers de malheureux indigènes qui y vivent dans les conditions les plus misérables, et, au contact de la lie de la population de nos grandes villes, s'en assimilent les vices au point de devenir pour les habitants paisibles un véritable danger, tandis que, faute de bras, leur pays reste dans sa sauvagerie. Cet état de choses lamentable a déjà soulevé de nombreuses protestations. Il suffirait d'y mettre un terme pour avoir au Maroc tous les ouvriers nécessaires à sa mise en valeur.

D'ailleurs, c'est l'armée qui doit fournir à cette œuvre ses cadres et ses meilleurs éléments. Rien ne serait plus facile, si on le voulait bien, que d'attirer au Maroc, par voie de permutation ou autrement, les professionnels de la culture, des bâtiments et de tous les métiers nécessaires à la colonisation. Au lieu de laisser nos soldats se démoraliser dans l'oisiveté des garnisons et des camps, et servir de domestiques à leurs officiers, il faudrait les grouper par détachements de deux ou trois cents hommes ou plus, sur les emplacements des futurs villages de colonisation, et les charger des travaux de construction et de défrichement. A la condition de leur assurer une parfaite hygiène, une nourriture abondante et un repos suffisant, surtout dans la saison chaude, ils préféreraient cette vie à demi-libre à la servitude militaire dont la grandeur leur échappe. Eux-mêmes, par leurs cultures potagères et l'élevage, se procureraient sans frais l'alimentation variée et agréable qui manque tant à l'armée. Ils resteraient d'ailleurs encadrés, garderaient leurs armes et pourraient être mobilisés à la moindre alerte.

On objectera que, depuis que nous occupons le Maroc, nos soldats ont toujours eu à faire campagne contre les tribus insoumises ; même avant l'agression rifaine, qui provoqua une véritable guerre, ils étaient constamment engagés sur un point ou sur un autre et ne pouvaient pas se livrer au pacifique labeur de la colonisation.

C'est exact ; mais si, dès le début, on avait suivi la méthode que je préconise, il n'y aurait eu aucune révolte à réprimer. Il est très important de bien préciser ce point et d'établir qu'en même temps que la mise en valeur intégrale, mon projet assurerait la pacification complète et définitive du Maroc, puis des autres parties de l'Afrique du Nord où l'on supporte notre domination parce qu'elle s'appuie sur la force, mais où tous les cœurs font des vœux pour en être délivrés.

L'unique cause, dans l'Afrique du Nord, des vols, déprédations, brigandages, révoltes ouvertes plus ou moins étendues, c'est la misère des indigènes, qui est particulièrement horrible les années do famine, c'est-à-dire toutes celles où les pluies de printemps ont manqué. Or, la plus grande misère prendrait fin le jour où commencerait l'œuvre de mise en valeur rationnelle que j'expose ici, puisqu'elle ouvrirait partout des chantiers de travail aux affamés. Le maréchal Lyautey disait que pour la pacification du Maroc, un chantier valait un bataillon. Par malheur, il n'ouvrait guère de chantiers. Au fur et à mesure des développements de la mise en valeur, l'aisance, puis l'abondance de toutes choses utiles à la vie, succéderaient pour les indigènes à leur affreux dénûment.

En effet, ces millions d'hectares de terres, improductives quoique fertiles, une fois défrichés, assainis, irrigués par les puissants moyens mécaniques dont dispose la technique agricole moderne, seraient partagés dans une proportion équitable entre les indigènes et nous. Et, quoique réduite, la surface attribuée aux indigènes leur assurerait une quantité de produits bien supérieure aux maigres rendements qu'ils retirent aujourd'hui d'une superficie plus grande. Les années de disette seraient plus rares, avec les progrès de la culture ; et, au besoin, les plus éprouvés trouveraient dans nos réserves de blé et d'orge, en échange de leur travail sur nos chantiers, des moyens de subsistance assurés. Notre tutelle vigilante les guiderait, les assisterait sans cesse. Tout cela a été longuement exposé dans la *France Nord-Africaine*. Je ne puis le répéter ici.

Autre côté de la question, trop peu observé, même par les gens qui croient connaître l'Afrique du Nord : l'indigène ne considère pas l'impôt comme une contribution nécessaire et équitable aux dépenses d'intérêt général, mais comme un tribut imposé par le vainqueur au vaincu. Conception bien justifiée, d'ailleurs, par une pratique millénaire. Dès lors il considère comme un point d'honneur de ne pas payer d'impôts, et les nombreuses tribus insoumises qui vivaient dans le *Bled es Siba* étaient fières d'avoir réussi à maintenir, par la force des armes, leur indépendance à l'égard du Maghzen et de ne pas être astreintes envers lui à des charges humiliantes autant qu'onéreuses. Or, quelle a été la première condition que nous avons posée à ces libres tribus pour établir la paix avec elles ? De payer l'impôt. La plupart s'y sont refusées. Beaucoup s'y refusent encore ; et la guerre s'éternise ; et de nouveaux foyers de dissidence se rallument partout. Lors de la révolte d'Abd el Krim, il s'en fallut de peu que le Maroc entier ne fût embrasé. Si, au contraire, nous avions maintenu la franchise d'impôts à l'égard des tribus qui en jouissaient déjà, elles seraient venues à nous sans difficulté.

— Mais, objectera-t-on, il faut des impôts pour couvrir les dépenses d'une administration régulière qui est un bienfait pour les indigènes eux-mêmes.

— Oui, dans l'organisation actuelle. Non, en régime socialiste, où il n'est perçu aucun impôt et où la totalité des dépenses publiques, considérées comme les frais généraux de l'exploitation collective, sont couvertes par les produits de cette exploitation. (Voir mes *Principes d'Économie socialiste.*)

Ainsi donc, si mon projet de mise en valeur était accepté, on proclamerait immédiatement que toutes les tribus qui se prêteraient à son application seraient exemptes d'impôts et dès que cette promesse aurait été vérifiée par les faits, la pacification serait générale. Evidemment, pour ne pas faire disparaître du jour au lendemain les ressources indispensables au Maroc, on serait obligé de continuer à percevoir les impôts là où ils sont actuellement payés. Mais, au fur et à mesure que la mise en valeur du territoire d'une tribu serait commencée, l'impôt y serait immédiatement supprimé. Ainsi la diminution des recettes budgétaires serait lente et presque aussitôt compensée, d'ailleurs, par les revenus des terres exploitées, revenus qui ne tarderaient pas à dépasser de beaucoup les perceptions fiscales actuelles. D'autre part, il faudra beaucoup de diplomatie, au début, pour vaincre les défiances des indigènes et leur faire comprendre qu'après avoir défriché leurs terres, nous leur en remettrons une partie dont le rendement sera très supérieur à celui qu'ils en retirent actuellement. L'engagement de ne plus leur faire payer l'impôt sera sur eux une raison déterminante, car on a peine à se faire idée de l'exécration dans laquelle ils tiennent notre fiscalité.

Chapitre XXIX

Les Résultats de la Colonisation capitaliste au Maroc

C'est une des choses les plus affligeantes, pour quiconque est animé d'un sincère désir de servir l'humanité, que la facilité inouïe avec laquelle une réclame habile et persévérante arrive à accréditer dans les masses les légendes les plus mensongères. Combien de personnes, en France, ont résisté au bluff savamment organisé pendant de longues années, et ne sont pas fermement persuadées que le maréchal Lyautey est le plus génial administrateur des temps modernes, et le Maroc la plus prospère de nos colonies et protectorats? On l'a tant dit et répété sur tous les tons et à tous propos qu'il est presque impossible de ne pas le croire. Ne perdons pas le temps à réfuter les boniments officiels. Allons au fond des choses ; voyons les faits et les chiffres.

L'*Annuaire du Maroc*, cité au chapitre précédent, proclame (p. 144) cette vérité sur laquelle je suis pleinement d'accord avec lui :

« L'agriculture constitue la principale ressource du Maroc ; elle est la base de son avenir économique. »

Recherchons donc, dans les statistiques de l'*Annuaire*, les développements que la colonisation capitaliste a su donner à l'agriculture marocaine.

La propriété européenne au Maroc comprend 450.000 hectares, dont 64.000 seulement sont portés comme ensemencés en 1923, soit un peu moins du septième de la surface totale.

La faiblesse de cette proportion est la preuve évidente d'un fait bien connu de tous ceux qui ont visité le Maroc : ce n'est pas dans un but agricole que les propriétés européennes ont été acquises, mais dans un but de spéculation. Leurs possesseurs se désintéressent à peu près complètement de la culture de leurs terres ; ils attendent qu'elles se valorisent pour les revendre avec gros bénéfice. Cela, je le répète, est de notoriété publique au Maroc.

Maintenant, examinons d'un peu plus près ce chiffre de 64.000 hectares indiqué comme représentant la surface des emblavures des propriétés européennes. Nous le trouvons à la page 145. Mais nous voyons tout à côté la surface dite « ensemencée » par les indigènes. Elle s'élève à 2.376.000 hectares. Total 2.440.000 hectares. Or, ce chiffre correspond à celui qui était indiqué à la page 144 pour les terres « en rotation ». J'ai expliqué au chapitre précédent que le mot « en rotation » ne veut pas dire « ensemencé ». Les terres en rotation sont en réalité les terres cultivables, dont la majeure partie reste en jachère, par suite de l'infériorité de la culture indigène, et dont la moitié à peine par conséquent, aussi bien pour les terres européennes que pour les terres indigènes, est ensemencée chaque année. Ainsi, l'*Annuaire* crée une équivoque pour faire croire à une prospérité dont nous sommes loin, et il est vident que ce n'est pas 64.000 hectares qui sont ensemencés chaque année par les colons européens, mais environ 30.000 hectares.

Ce résultat serait bien médiocre s'il représentait de la terre effectivement conquise sur la brousse par l'effort des propriétaires européens. Mais il n'y a eu aucune conquête, aucun effort. Les terres cultivées aujourd'hui

par les Européens étaient, à très peu de chose près,
déjà cultivées par les indigènes lorsqu'ils en étaient
possesseurs. Les nouveaux possesseurs n'y ont rien ou
presque rien ajouté. Et dans la plupart des cas, ce sont
encore des indigènes qui les cultivent actuellement,
souvent même les anciens propriétaires, devenus simples *khammès* des acquéreurs étrangers. Les indigènes
cultivent selon leurs méthodes médiévales dont on va
voir plus loin les résultats. Il y a pourtant quelques
fermes françaises où la culture mécanique a pris certains développements. Un rapport officiel récent évalue
à 800 le nombre des tracteurs en usage au Maroc. Le
chiffre doit être exagéré. Pourtant, il est compréhen-
sible que la culture mécanique prenne une grande place
au Maroc, où les bêtes de trait sont faibles et où il faut
se hâter de profiter des jours favorables au labour, après
les premières pluies d'automne. Quoi qu'il en soit, la
surface ensemencée annuelle ne dépasse guère 30.000
hectares.

Et la meilleure preuve que l'agriculture marocaine
est lamentablement arriérée est dans l'infériorité de ses
rendements. Voici ceux que nous trouvons dans l'*Annuaire* (p. 159) pour les années 1922 et 1923, la première où la récolte fut mauvaise, la seconde où elle fut
bonne. Les rendements sont exprimés en quintaux par
hectare :

	ORGE		BLÉ DUR	
RÉGIONS	1922	1923	1922	1923
Oudjda	0.7	6.2	0.7	7.5
Taza	6.3	5.8	5	7.8
Fès	4.9	4.9	3.8	6.8
Meknès	3.2	5.9	2.9	6.2
Ouezzan	3	3	4.1	3
Gharb	3.7	3.8	5.9	6.2
Rabat	5	8.2	6.7	8.7

| | ORGE | | BLÉ DUR | |
RÉGIONS	1922	1923	1922	1923
Chaouïa	4.5	8	6.7	8.5
Doukkala	5.4	6	8.8	7.1
Abda	5.1	5.5	9.9	7
Haha-Chiadma . .	5.7	5.5	5.6	2.2
Marrakech	3	3.5	4.1	4.6
Tadla	2.6	5.3	3.4	5.7
Oued-Zem	6.2	6	6	9.9

La moyenne de ces chiffres régionaux pour l'ensemble du Maroc ne figure pas à l'*Annuaire*. Elle s'établit ainsi :

	1922	1923
Orge	4.2	5.5
Blé dur	5.2	6.4

Ainsi l'agriculture marocaine n'arrive à produire que 5 à 6 quintaux de blé à l'hectare, alors qu'on en obtient en France une moyenne de 14 quintaux, en Allemagne 21 quintaux et au Danemark 30 quintaux. Sans doute la sécheresse du climat de l'Afrique du Nord est, certaines années, en l'absence d'un système d'irrigation bien établi, une cause d'infériorité. Mais nul ne pourra prétendre que la qualité des terres marocaines ne dépasse pas de beaucoup celle de l'Allemagne. Seulement elle est cultivée par des procédés primitifs. L'administration du protectorat a beau étaler dans de copieux rapports, publiés aux frais des contribuables, tous ses efforts pour améliorer les méthodes culturales, toutes les primes qu'elle distribue pour encourager les progrès. Les résultats sont là.

Et il apparaît clairement que rien, ou à peu près rien d'utile n'a été fait pour augmenter la production agricole au Maroc, considérée cependant et à juste titre comme « la principale ressource du Maroc, la base de son avenir économique ».

Certes, le Maroc a changé d'aspect depuis que nous y sommes installés. On y trouve des routes, des ponts, des chemins de fer, des ports qui n'existaient pas auparavant. Mais tout cela ne représente pour la France que des dépenses faites et non un avantage réalisé. Il n'est pas difficile de créer un tel outillage économique quand on a des centaines de millions à y consacrer. C'est l'affaire des ingénieurs des Ponts et Chaussées qui, en général, connaissent leur métier. On trouve aussi au Maroc de grandes agglomérations européennes, dont Casablanca est la principale. Cela non plus n'est pas une mise en valeur ; c'est l'emploi de capitaux privés français et étrangers qui l'a fait surgir et si ces capitaux sont productifs de revenus, ils ne créent aucun produit consommable. C'est le cas encore des maisons de commerce qui réalisent des bénéfices mais ne créent rien. L'agriculture (et aussi l'industrie de transformation) est seule créatrice de la véritable richesse. Or je viens de montrer qu'elle reste stagnante. Quant à l'industrie de transformation, elle est à peu près inexistante au Maroc.

Après ce tableau sommaire, mais cruellement exact, de la situation économique au Maroc, il sera difficile aux plus optimistes de soutenir que tout y est pour le mieux et qu'il est inutile de recourir à une méthode nouvelle.

CHAPITRE XXX

L'Œuvre à accomplir

Dans mon livre : *La France Nord-Africaine*, je démontre irréfutablement, ou plutôt je constate, d'après un ensemble de faits de notoriété publique, que l'initiative privée a été impuissante à peupler et à mettre en valeur l'Afrique du Nord. Recherchant les causes de son échec, je les vois dans sa faiblesse et son incohérence : elle a créé un peu partout au hasard des entreprises non viables sans jamais agir d'après un plan général bien ordonné. Ma conclusion, qui découle d'elle-même des faits observés, est que seule la collectivité nationale, représentée par l'État, est en mesure de mener à bien une œuvre de colonisation rationnellement conçue ; ou, en d'autres termes, qu'il faut substituer la colonisation *organisée* à la colonisation *anarchique*.

J'insiste sur un point déjà traité : même ceux qui, dans des pays anciennement civilisés, et dotés par conséquent de l'organisation administrative et de l'outillage économique nécessaires à la vie moderne, croient à la supériorité de l'entreprise privée, doivent reconnaître que, dans des pays neufs comme nos colonies, où manquent tous les éléments indispensable à la production et à la répartition, une entreprise nationale, disposant de moyens puissants et procédant avec une méthode scientifique, est seule à même de réussir. Et par là le projet de réalisation socialiste que je propose se recommande, on peut même dire s'impose à tout esprit éclairé et impartial, comme l'unique moyen de mettre en valeur nos colonies. J'ai d'ailleurs montré au chapitre XXVIII combien, dans les conditions où se présente ce projet, les résistances seraient faciles à faire tomber le jour où le groupe parlementaire socialiste lui apporterait son appui sans réserve.

Ce qu'il faut encore préciser, pour bien faire comprendre qu'il n'y a pas à craindre que l'opposition du grand capital prenne la forme d'une véritable obstruction, c'est d'abord que mon projet ne touche en rien à la propriété ni aux intérêts individuels, petits ou grands, déjà constitués au Maroc. La nouvelle colonisation doit s'appliquer uniquement à la partie non encore appropriée du sol marocain, à la terre sans maîtres, considérée par le droit coranique comme formant le domaine éminent de l'Etat, et aux terres collectives de tribus ou de familles. Aucun établissement européen ne sera donc troublé dans son développement.

C'est ensuite parce que, pour la réalisation du projet au Maroc, aucune approbation du Parlement, ni à plus forte raison aucun vote de crédit, n'est nécessaire. Il suffira de la volonté du gouvernement représenté par le résident général. Le Maroc est en effet placé sous l'autorité d'un souverain absolu, le sultan Moulaï Youssef, et ce qu'ordonne ce potentat dans un *dahir* devient la loi pour tous. Or il se trouve que Moulaï Youssef est un homme de bonne composition et qu'il est toujours de l'avis du résident général. Aucune difficulté, donc, pour le convaincre : son adhésion est acquise d'avance.

En somme la route est libre de tout obstacle, et le jour où le parti socialiste le voudra, le projet sera appliqué.

Voyons donc maintenant quel en sera le processus. J'ai dit que son principe serait exactement le même que celui proposé pour la Russie. Mais il y a des différences dans la situation juridique des terres et dans les conditions économiques des deux pays. L'existence au Maroc d'une nombreuse population indigène complique le problème, sans d'ailleurs en rendre la solution plus difficile.

Comme l'organisation envisagée est au moins autant dans l'intérêt des indigènes que dans celui de la France, elle doit être acceptée volontairement par les possesseurs du sol. Il ne peut être question d'user de contrainte envers eux. Or, ils se défient de nous, sachant parfaitement que dans toutes les affaires que nous leur proposons, c'est notre avantage et non le leur que nous avons en vue. Il faudra donc être très prudent dans les pourparlers à engager avec eux lors des premières opérations, car pour les suivantes, la preuve de nos bonnes intentions étant faite, aucune difficulté ne sera à redouter. Le meilleur moyen à employer, à mon avis, sera de commencer par défricher et mettre en bon état de culture la partie des terres devant leur revenir dans le partage et de les faire entrer en possession avant de nous installer sur la nôtre. De cette façon, ils ne redouteront pas d'être trompés et pourront toucher du doigt les avantages de notre proposition.

Nous ne nous bornerons pas d'ailleurs à défricher leurs terres : nous y ferons des chemins, nous y exécuterons des travaux d'assainissement là où ils seront nécessaires, ceux d'adduction d'eau d'alimentation et, partout où cela sera possible, ceux d'irrigation ; nous les aiderons à se construire des habitations plus confortables et plus saines que celles où ils vivent actuellement. Nous leur fournirons, payables en journées de travail, des plants d'arbres fruitiers de nos pépinières. Bref nous leur apporterons une assistance aussi complète que désintéressée, et malgré la surprise qu'ils en éprouveront au début, n'étant guère habitués à de tels procédés, il deviendra évident pour eux que nous agissons vraiment en bienfaiteurs. Alors la cause sera gagnée, la nouvelle de notre générosité se répandra instantanément jusque dans les régions insoumises et nous verrons venir à nous de toutes parts des délégués de tribus nous demandant de les faire bénéficier des mêmes avantages. Nous ne pourrons suffire à toutes les sollicitations que par rang d'inscription. Ce sera la pacification absolue et l'aurore d'une ère de prospérité sans précédent.

Sur les terres que nous nous serons réservées, nous créerons des fermes-villages, selon les principes de perfection technique indiqués au livre IV et d'après les mêmes méthodes, c'est-à-dire en y introduisant graduellement les industries qui sont le complément indispensable de la mise en valeur d'un territoire et de son exploitation agricole.

Une des principales préoccupations de la direction sera de créer, tout au début, de vastes pépinières d'arbres de toutes les espèces adaptées au climat du Maroc, principalement des arbres fruitiers, mais aussi des essences forestières, car le reboisement de ce pays où l'on fait parfois des lieues entières sans rencontrer un arbre est la condition de sa régénération.

Comme il a été expliqué plus haut, les créateurs et les premiers colons des fermes-villages seront nos soldats. Mais après ? Après il faudra admettre qu'une partie des soldats libérés demanderont à rester au Maroc comme colons civils, séduits par la vie large et plantureuse, par la sécurité de l'avenir et par le charme irrésistible du pays. Leur exemple trouvera des imitateurs parmi leurs parents, amis et connaissances, à qui ils feront part des avantages et des satisfactions qu'ils trouvent là-bas. Une publicité intelligente fera le reste. Car de deux choses l'une : ou l'œuvre conçue ne réussira pas, et elle n'aura pas besoin de bras, ou elle se développera en assurant à tous ses collaborateurs des conditions d'existence infiniment supérieures à celles que peut offrir le régime individualiste le plus parfait, et alors elle exercera une attracton assez forte pour assurer le recrutement de son personnel. A la rigueur on ferait appel à l'élément étranger qui pourrait sans inconvénient être associé à l'élément français dans une proportion donnée.

Encore une fois, je ne puis m'étendre ici sur ce sujet, comme je l'ai fait dans *La France Nord-Africaine*, ni même répéter ce qui est dit au livre IV du présent ouvrage. Quiconque prendra la peine d'étudier à fond la question comprendra que la prospérité, et par suite le développement indéfini d'une œuvre basée comme celle-ci sur les purs principes de la raison et de la science, sont du domaine de la certitude la plus absolue.

L'Algérie et la Tunisie n'attendront évidemment pas que la mise en valeur du Maroc soit parachevée pour s'engager dans la même voie : dès que l'expérience aura été suffisamment concluante, elles y entreront sans hésiter, suivies des autres colonies françaises.

Mais cette démonstration par le fait de la haute supériorité économique et morale du socialisme aura de bien plus larges conséquences : elle fera tomber toutes les oppositions que le socialisme rencontre encore, et c'est le monde entier qui suivra l'exemple de l'Afrique du Nord. D'autant plus que les moyens pratiques de réalisation socialiste, ignorés aujourd'hui, seront alors connus de tous et que l'ensemble des institutions, de jour en jour complétées et perfectionnées, en vigueur dans l'Afrique du Nord sera le modèle qu'il suffira de reproduire, avec quelques adaptations appropriées aux conditions particulières de chaque Etat.

Ce magnifique avenir est dans les mains du parti socialiste français. Ce parti est, hélas ! pour le moment, bien éloigné d'une telle conception. Mais il est impossible qu'il n'arrive pas prochainement à se rendre compte de l'inanité de l'action qu'il a menée jusqu'à ce jour, et il suffira alors qu'un seul de ses leaders se fasse l'avocat de la nouvelle méthode exposée dans ce livre pour la lui faire accepter.

Cela viendra sans doute après ma mort. Heureusement pour le socialisme, elle ne peut pas être très éloignée.

LIVRE VI

Efforts personnels de l'auteur
pour remettre le Socialisme dans sa voie

Chapitre XXXI

En France

Au seuil de ma soixante-dixième année, avec une santé chancelante qui me permet encore l'étude, mais m'interdit l'action, après trente ans d'efforts stériles pour remettre le mouvement socialiste dans sa véritable voie, optimiste quand même, mais non illusionné, je ne puis plus puiser que dans des espérances posthumes le courage de continuer mon œuvre. C'est donc à la postérité que je m'adresse. C'est sur elle que je compte. Elle se dégagera un jour de la déviation marxiste et viendra au socialisme reconstructeur, hors duquel, cela est de toute évidence, il n'y a aucune réalisation possible. Le progrès social est d'une lenteur déconcertante : je suis venu un demi-siècle trop tôt, et c'est pourquoi je suis resté isolé.

La Socialisme reconstructeur, le socialisme de l'avenir, j'ai le droit de dire que je l'ai créé de toutes pièces. Les essais théoriques et pratiques des grands précurseurs socialistes, à côté de vues géniales et définitives, sont empreints d'un caractère d'utopie qui les rend inapplicables. Aucun d'eux, d'ailleurs, ne présente une organisation sociale complète et harmonieuse, un ensemble coordonné pouvant servir de base à des institutions nouvelles. De ces vastes travaux, seules quelques idées surnagent. J'ai recueilli les meilleures et je les ai reliées entre elles en comblant leurs lacunes par de larges apports nouveaux. De la formule socialiste moderne : socialisation des moyens de production et d'échange ; transformation de la société capitaliste en société communiste, dans les termes généraux de laquelle les diverses fractions socialistes sont enfermés, sans parvenir à les développer en les précisant, afin d'en faire comprendre toute la portée, j'ai déduit la doctrine positive solide qui y est incluse, et sans laquelle elle reste lettre morte.

Telle est mon œuvre, qui a été entièrement méconnue de mon vivant et que je lègue à l'humanité future. Si l'on me reproche d'en proclamer moi-même la valeur, je répondrai qu'un peu d'orgueil serait bien permis à quiconque n'a eu dans sa vie d'autre satisfaction ni d'autres encouragements que son inébranlable certitude d'avoir seul raison contre tous les autres, mais que ce n'est pas un tel sentiment qui inspire ces lignes. Je ne les écris que pour appeler l'attention des lecteurs de l'avenir sur l'importance de la contribution que j'ai apportée à la pensée socialiste, et leur inspirer le désir de la connaître toute entière. Tous mes ouvrages sont à la Bibliothèque Nationale et il m'est permis d'espérer qu'ils en seront exhumés avant d'être tombés en poussière, bien que la mauvaise qualité du papier de l'industrie moderne leur assigne une durée limitée.

Maintenant, après avoir parlé de ce que j'ai écrit, il me reste à indiquer ce que j'ai fait pour avancer l'heure du socialisme. Il le faut pour marquer le degré d'aveuglement de ceux qui ont résisté à mes efforts et établir leurs responsabilités devant l'histoire. Ce sera un utile enseignement pour les générations qui nous suivront.

Une partie de ma vie active a été consacrée à essayer de faire entrer le parti dans la voie de la reconstruction, au point de vue général; une autre partie à lui faire accepter le moyen de transition exposé dans cet ouvrage.

Je résumerai séparément l'une après l'autre, bien que, chronologiquement, elles soient mêlées.

Dès 1893, j'étais acquis au socialisme et en relations avec ses principaux leaders. En 1895, j'avais eu une longue conversation avec Jaurès et lui avais fait part des idées que je comptais exposer dans l'ouvrage auquel je travaillais déjà pour donner au socialisme une doctrine positive. Il en avait paru très frappé et m'avait dit : « J'ai eu la même pensée. Si vous voulez, nous mettrons nos matériaux en commun et écrirons le livre en collaboration. » J'acceptai avec empressement. Mais les circonstances empêchèrent ce projet de se réaliser et je dus continuer seul le travail commencé. Quand il fut fini, je portai le manuscrit à Jaurès en lui proposant de le refondre entièrement, d'accord avec lui. Après avoir examiné mon livre, il me répondit : « Votre œuvre n'a pas besoin d'être refondue ; elle est tout à fait au point. Si vous le désirez, je vous en ferai la préface qui donnera à vos idées une approbation très vive et très complète. »

L'Application du Système Collectiviste parut en 1899, avec la préface de Jaurès montrant la nécessité pour le parti d'aborder sans retard l'élaboration de sa doctrine positive. Guesde, qui avait lu également mon manuscrit, était du même avis et se mit d'accord avec Jaurès pour organiser dans toute la France, eux deux avec moi, une tournée de conférences dans le but de faire accepter par les diverses fractions composant alors le parti, cette orientation nouvelle. L'un et l'autre, ainsi que Viviani, Deville Vaillant (ce dernier avec quelques réserves) et la plupart des leaders socialistes d'alors, acceptaient de faire partie du Comité d'Etudes socialistes dont je proposais la création. Jaurès en acceptait la présidence à la condition que je me chargeasse, à titre de secrétaire général, de la direction des travaux. Ainsi le socialisme reconstructeur débutait brillamment. Par malheur, à cette époque, Waldeck-Rousseau, chargé de constituer le ministère, y appela Millerand en même temps que Galliffet, et les dissidences existant déjà entre les organisations socialistes prirent soudain une violence qu'elles n'avaient jamais eues et revêtirent la forme de véritables déchirements. Le commencement d'unité tenté au Congrès Japy fut suivi de la scission de Wagram. Au milieu de ce déchaînement de passions, le projet de Comité d'Etudes fut abandonné. Guesde et Jaurès, devenus chefs des deux tendances opposées, ne pouvaient plus collaborer à une œuvre commune.

Pourtant le mal fait au socialisme par ces funestes divisions était si évident qu'un besoin de rapprochement se faisait sentir de toutes parts. On créa, pour préparer l'unité complète, un Comité d'Entente qui siégea rue Portefoin. Le jour de la première réunion de ce comité dont je faisais partie, les délégués des deux tendances se dirigeant en groupes séparés vers la salle des séances, se rencontrèrent devant cette salle et se serrèrent la main; et Jaurès, se tournant vers moi, me dit : « Vous devez être heureux, Deslinières. Voici le moment venu d'appliquer vos idées. » Hélas ! l'heure n'était pas encore sonnée. La reprise de contact entre militants aussi excités vint raviver le feu des querelles qui tendaient à s'assoupir lorsqu'ils étaient séparés. Les séances du Comité d'Entente ne furent qu'une suite d'incidents violents. Et plus tard, lorsqu'on scella enfin l'unité définitive, les combattants ne désarmèrent pas. Entre les deux tendances, numériquement presque égales, qui constituaient le parti, s'engagea une lutte acharnée pour la prépondérance. Jaurès, dont les amis étaient un peu inférieurs en nombre, consacra tous ses efforts à amener à lui une partie de l'autre fraction, d'ailleurs divisée entre elle, et finit par y réussir. Au milieu de ces préoccupations, qui donc songeait encore à l'œuvre de reconstruction socialiste ? Ceux à qui je la rappelais me répondaient : « Plus tard ! » Mais « plus tard » ne vint jamais, car la dispute est toujours pendante et on n'en voit pas la fin.

Pourtant je gardais quelque espoir, car individuellement, presque tous les militants à qui je m'adressais me donnaient raison, se bornant à des objections d'opportunité. Mais la priorité était toujours donnée, dans l'ordre du jour des Congrès, aux questions d'actualité, et il n'y avait jamais de place pour l'étude de la doctrine positive du parti. D'ailleurs cette idée comptait quelques opposants ouverts, notamment chez les blanquistes, et je me souviens qu'un jour où je la proposais dans un Congrès, Vaillant la combattit très vivement en disant : « Je suis trop attaché au parti pour vouloir sa mort, et ce serait le tuer que d'ouvrir la discussion que vous demandez ! » Singulier argument, en vérité ! Le parti était donc si fragile qu'il ne pouvait sans mourir aborder l'étude de son programme ? Cependant, Vaillant avait peut-être raison : ne connaissant rien du socialisme en dehors des éternelles questions de tactiques, les militants étaient certainement incapables d'élaborer un programme fondamental, et il eût pu être dangereux de leur demander un tel effort.

Quoiqu'il en soit, on arriva à 1914 sans que la doctrine reconstitutive eût été mise sur le tapis, et les préoccupations de la guerre l'écartèrent encore davantage. Et pourtant c'était bien le moment d'y songer. L'occasion était belle, pour un parti d'organisation, d'arracher le gouvernail des mains de la bourgeoisie affolée et de réfréner par de larges nationalisations les cupidités des intérêts privés qui menaient la France à sa perte. Mais nous n'étions qu'un parti de phraseurs, et l'unique sujet de discussion fut de savoir s'il fallait pousser la guerre jusqu'à la victoire ou la terminer par une paix blanche. Question capitale, certes, mais sur la solution de laquelle toutes les agitations du socialisme international ne pouvaient avoir — l'événement l'a prouvé — aucune influence.

Pourtant à travers ces préoccupations dominantes, la question de la reconstruction, sans cesse agitée par moi, et qui, si elle ne rencontrait pas un appui bien chaleureux, ne se heurtait pas non plus à des objections trop vives, faisait sourdement son chemin. En août 1918, je parvins à constituer une Commission d'initiative interfédérale composée des fédérations de la Seine, du Nord et des Pyrénées-Orientales, pour élaborer le programme économique d'après-guerre du parti socialiste. Cette Commission tint plusieurs séances bien remplies, me confia les fonctions de rapporteur et approuva mon rapport, long et motivé, qui concluait à la présentation au prochain Congrès des deux motions suivantes :

A. — *Déclaration de Principes*

« Le Parti socialiste, section française de l'Internationale ouvrière, a pour but la socialisation des moyens de production et d'échange, c'est-à-dire la transformation de la société capitaliste en société collectiviste.

« Cette transformation, qui est le terme fatal de l'évolution économique, notablement accélérée par la guerre, s'impose aujourd'hui comme l'unique solution des difficultés de toute nature qui vont surgir à la cessation des hostilités.

« Seule, en effet, une organisation nationale à base socialiste de la production, de la répartition et des transports, sera assez puissante pour supporter les charges de guerre, relever le pays de ses ruines et lui préparer un avenir de prospérité et de paix.

« Cette puissance, qui n'appartient qu'au socialisme,

est due à ce que, disposant de tous les moyens de production et d'échange, il les mettra en œuvre intégralement, selon les méthodes de la science moderne, et rendra au travail utile les millions d'intermédiaires et de parasites dont la force est aujourd'hui perdue. Ainsi la production agricole et industrielle, c'est-à-dire la véritable richesse d'un peuple, sera accrue dans des proportions énormes.

« Renonçant à faire des entreprises à l'étranger et même à y poursuivre des bénéfices — d'ailleurs problématiques — par le développement exagéré de ses exportations, la France socialiste s'attachera à réduire fortement ses importations en organisant sur son territoire et dans ses colonies, la production de la plus grande partie de ce qu'aujourd'hui elle achète au dehors. Elle mettra méthodiquement en valeur tous les éléments de richesse dont le régime capitaliste n'a su tirer aucun parti.

« La surabondance ainsi créée fournira à la Nation des ressources plus que suffisantes pour se libérer de sa dette et lui permettre, en outre, de supprimer totalement la misère.

« Le système financier supérieur du socialisme, en remplaçant les monnaies actuelles par une monnaie nationale sans valeur propre, mais solidement gagée sur la production, ramènera la circulation monétaire au strict minimum indispensable, liquidera tous les engagements du passé, dispensera de recourir à l'emprunt, en quelque circonstance que ce soit, et abolira tous les impôts.

« La Nation, produisant et vendant directement aux consommateurs, ne prélèvera sur eux aucun bénéfice : le prix de vente ne sera autre que le prix de revient.

« Tous les adultes capables de travailler auront droit au travail ; ils seront rémunérés en proportion de leurs services, avec garantie du minimum indispensable à la satisfaction des besoins essentiels.

« Tous les faibles, incapables de travailler : enfants,

vieillards, infirmes, femmes en couches, etc., ainsi que les malades et blessés, seront à la charge de la Nation qui pourvoira largement à leurs besoins essentiels.

« La solidarité sociale, substituée à l'assurance, couvrira tout citoyen contre les pertes accidentelles qu'il pourrait subir.

« L'instruction sera gratuite à tous les degrés, et obligatoire au premier, les degrés supérieurs n'étant accessibles qu'aux élèves les plus méritants, en nombre graduellement élevé.

« Dans toutes les branches de la production et des transports, le travail humain, allégé par l'emploi des machines les plus perfectionnées et l'utilisation de toutes les forces naturelles, n'aura à accomplir que des efforts minimes et de courte durée pour faire naître la surabondance de toutes choses et réaliser les plus vastes programmes de travaux publics et d'amélioration matérielle et morale qui pourront être conçus.

« Toutes les habitations malsaines des villes et des campagnes seront remplacées par des bâtiments neufs, réalisant tous les progrès de l'hygiène moderne ; les ateliers seront bien éclairés, bien aérés ; les produits alimentaires, fabriqués par la Nation, seront exempts de toute sophistication ; l'alcool de bouche sera supprimé ; on prendra toutes les mesures prescrites par la science dans l'intérêt de la santé publique qui s'améliorera notablement. D'autre part, la fin de la misère sera aussi l'abolition presque totale de la prostitution et de la criminalité. Le niveau moral se relèvera d'autant plus vite que les diverses formes du vol et de la fraude, engendrées par les entreprises privées, ne pourront exister en régime socialiste.

« La natalité française défaillante reprendra sa vigueur lorsque les enfants seront à la charge de la Nation.

« Le socialisme solidarisera les intérêts, aujourd'hui opposés, et mettra fin aux luttes de classes en effaçant toutes distinctions entre les hommes. Cé sera l'apaisement des conflits sociaux.

« La même solidarité existera au sein de l'Internationale des peuples socialistes, et alors seulement les guerres deviendront absolument impossibles.

« En résumé, le socialisme est la seule voie ouverte devant l'humanité avide, au terme de ses longues et cruelles épreuves, d'entrer dans une ère de liberté et de paix.

« Hors de lui, aucun des douloureux problèmes qui se dressent devant elle ne peut recevoir de solution. »

B. — *Projet de Résolution*

« Le Congrès National, laissant à la Commission mixte d'Études économiques (Groupe parlementaire et Comité d'action), la tâche de dresser le programme minimum du Parti, décide de constituer une Commission d'études sur les bases ci-après.

« Cette Commission aura pour objet :

« 1° de développer en un programme concret la formule « socialisation des moyens de production et d'échange » qui définit le but du Parti et de mettre en lumière les avantages de toute nature devant résulter de son application, principalement au point de vue de la reprise de l'activité économique après la guerre.

« 2° d'étudier les mesures à prendre pour organiser dans le pays, dès le rétablissement de la paix, une propagande intensive en faveur des solutions adoptées.

« 3° de présenter un rapport sur ces questions à un prochain Congrès.

« La Commission se composera de membres du Parti résidant à Paris ou aux environs, délégués par les Fédérations.

« Chaque Fédération aura droit à un délégué au minimum. Celles disposant de plus de 50 mandats auront droit à un délégué par 50 mandats. »

Présentées par moi, au nom de la Commission interfédérale, au Conseil National, ces motions furent mises — enfin ! — à l'ordre du jour du Congrès national qui devait se réunir prochainement.

Restait à savoir si elles y viendraient en ordre utile. Ne voulant rien négliger, je fis imprimer et distribuer mon rapport à tous les délégués au Congrès. Vains efforts ! A ce moment la fureur des querelles entre « majoritaires » et « minoritaires » atteignait son paroxysme. Les « minoritaires », sur le point d'obtenir la majorité et de mettre la main sur la direction et l'organe du Parti, montraient une intolérance farouche ; et comme, pour mon malheur, j'étais majoritaire, je devenais l'ennemi de ceux mêmes qui approuvaient les conclusions de mon rapport. Une contestation fut soulevée sur la validité du mandat de plusieurs délégués, dont le mien, et les minoritaires, maîtres du Congrès, les annulèrent sommairement, contre toute justice, du moins pour ce qui me concernait. Je fus ainsi dans l'impossibilité de défendre les motions de la Commission interfédérale et personne ne songea à les reprendre dans leur texte même. Cependant la fédération de la Seine et celle du Jura proposèrent la nomination d'une Commission d'Etudes socialistes et le Congrès, approuvant cette proposition, en renvoya l'exécution à la Commission Administrative permanente.

Le 9 mai 1919, la Commission administrative désigna neuf de ses membres pour constituer cette Commission en la complétant par l'adjonction de militants jugés particulièrement compétents. On en trouva une vingtaine dont je fus.

Il m'apparut, dès la première séance, que la Commission d'Etudes socialistes ne ferait rien de bien. Tous ses membres voulaient se diviser immédiatement en sous-commissions spéciales et je ne pus arriver à leur faire admettre qu'avant d'aborder les détails, il était indispensable de poser les principes généraux. D'ailleurs, au bout de quelques séances de discussions agitées, le vide se fit dans les réunions auxquelles assistèrent seulement cinq ou six camarades raisonnables. Je pus alors faire prévaloir mes solutions, je fus désigné comme rapporteur, la citoyenne Marianne Rauze étant secrétaire ; et, m'inspirant de la première partie de mon *Projet de Code socialiste*, je rédigeai une proposition de loi tendant à l'organisation du régime socialiste et qui devait être déposée par les élus du parti à la tribune de la Chambre. Outre les signatures du rapporteur et du secrétaire, mon rapport portait celles de plusieurs membres notables de la Commission parmi lesquels je cite de mémoire : Frossard, secrétaire général du Parti, Bracke, Mistral et Oscar Bloch.

Il fut déposé au secrétariat fédéral et depuis on n'en a jamais entendu parler. L'esprit anti-constructif de la majorité de la C. A. P. eut raison encore une fois de cette tentative.

En 1920, me trouvant à Moscou en même temps que Cachin et Frossard, je leur reprochai de ne rien faire pour la réalisation du socialisme et d'étouffer systématiquement mes efforts dans ce sens. Je rappelai ma proposition de loi enfouie dans les cartons du secrétariat. Frossard avoua qu'il l'avait toujours. « Il faudra me la donner à notre rentrée à Paris, s'écria Cachin. Je me charge de la déposer. » Et naturellement il ne la déposa pas.

Je compris alors mieux que jamais qu'il est tout à fait chimérique d'essayer de faire des reconstructeurs de militants formés par la doctrine marxiste pour n'être que des agitateurs. Les plus intelligents d'entre eux ne savent que remuer des idées générales sans application possible. La plupart se contentent de remuer des mots plus ou moins sonores. Aucun n'est capable de faire œuvre pratique, c'est-à-dire vraiment utile, et on peut leur appliquer le mot de Danton sur Robespierre : « Ce bougre-là n'est même pas f...ichu de cuire un œuf ». Le marxisme est l'école de la stérilité.

Mon idée de créer une colonie socialiste dans l'Afrique du Nord remonte à 1902. Mais à ce moment le protectorat français sur le Maroc n'était pas établi et je ne pouvais songer qu'à l'Algérie, que je connaissais bien, d'ailleurs, pour y avoir vécu plusieurs années en qualité de colon. Bien qu'en Algérie la propriété européenne occupât alors environ 2 millions d'hectares des meilleures terres, il restait de la place pour la création que je projetais. Cette idée m'était venue à raison des difficultés que devait soulever l'instauration du socialisme dans la France entière et dont les principales, d'ailleurs, tenaient à l'incapacité réalisatrice du parti socialiste. Aussi ne fût-ce pas à ce parti que je présentai mon projet. Je l'exposai, non sans succès, dans divers milieux. Il trouva un écho favorable en Algérie même. Mais je ne pus arriver à constituer un comité d'initiative assez fort pour le propager.

En octobre 1908, au Congrès de l'Afrique du Nord qui se tenait à Paris, je soumis le même projet, sans lui donner de caractère socialiste et sous une forme un peu différente : je proposais de résoudre pratiquement le problème de l'eau, dont l'importance est capitale pour l'agriculture algérienne, en créant dans une vallée un ensemble méthodique d'ouvrages de retenue, de façon à ne pas perdre une goutte des précipitations atmosphériques. Cet aménagement effectué, les terrains de plaine auraient été mis en culture et ceux de montagne reboisés en arbres fruitiers et forestiers. C'était au gouvernement de l'Algérie qu'aurait incombé la direction et les frais de l'expérience et ensuite sa généralisation en cas de succès.

Cette communication reçut du Congrès de l'Afrique du Nord l'accueil le plus favorable. A l'unanimité elle fut adoptée et transmise à M. le Gouverneur général de l'Algérie, ainsi qu'à M. le Résident général en Tunisie. Inutile d'ajouter qu'aucune suite ne fut donnée à l'idée.

Un peu plus tard, la politique française d'intervention au Maroc se précisa et à partir de ce moment, convaincu du brillant avenir de ce pays et des facilités que rencontrerait la colonisation socialiste si elle ne se heurtait pas à une propriété européenne antérieurement constituée, je m'attachai à étudier à fond ce mystérieux Moghreb el Aksa encore si peu connu. Je parcourus toutes les relations des voyageurs, surtout l'*Exploration au Maroc* du grand Charles de Foucauld, et tous les livres et documents que je pus trouver dans les bibliothèques, et au commencement de 1912 je publia le *Maroc Socialiste*.

Mais, avant de parler de ce livre et de la suite de mes efforts sur le continent africain, je dois, pour être complet, mentionner une autre tentative inspirée par la même pensée : un groupe d'amis que j'avais en Nouvelle-Calédonie me signala avec instance les avantages économiques que réunissait cette île éloignée, d'un climat tempéré et salubre et renfermant, avec des terres fertiles et bien arrosées, de grandes richesses minières. Le seul inconvénient était la distance. Il ne me parut pas absolu et, appuyé par de hautes personnalités parlementaires, je demandai une mission au ministre des Colonies pour aller étudier la question sur place.

Le ministre me répondit « qu'il était de règle absolue au Ministère des Colonies de n'accorder aucune mission dans une de nos possessions sans l'assentiment préalable du gouverneur de la colonie intéresée » et qu'en conséquence il communiquait pour avis ma demande au gouverneur de la Nouvelle Calédonie.

Comme on pouvait le prévoir, ce haut fonctionnaire

ne tenait guère à ce qu'un indiscret vînt regarder de trop près ses petites affaires administratives. Il répondit qu'il avait déjà étudié les questions économiques dont je me préoccupais et ne voyait pas la nécessité d'une étude nouvelle. Et mon projet fut enterré !

Je reviens au *Maroc Socialiste*. Sans me dissimuler que l'état d'esprit de beaucoup de socialistes était très éloigné de mes conceptions positives, je voulus néanmoins faire une tentative pour y amener le parti. Encouragé et appuyé par Jules Guesde, je communiquai les bonnes feuilles de l'ouvrage au groupe socialiste parlementaire pour lui permettre, s'il le jugeait à propos, d'y puiser la matière d'une proposition de loi.

Le succès parut d'abord dépasser mes espérances. Le Groupe renvoya le projet à l'examen de sa Commission des colonies qui, à l'unanimité, décida de proposer au Groupe l'ordre du jour suivant :

« Le Groupe socialiste parlementaire, après avoir pris connaissance du projet de colonisation socialiste au Maroc exposé par le citoyen Lucien Deslinières dans son ouvrage : *Le Maroc Socialiste*, et entendu les explications verbales de son auteur.

« Félicite chaleureusement le citoyen Deslinières de son étude si complète, si documentée, si lumineuse, qui honore la pensée socialiste.

« Et, reconnaissant le haut intérêt du projet, non seulement pour la colonisation française au Maroc, mais aussi pour le socialisme international, adopte les conclusions du citoyen Deslinières et décide de déposer immédiatement à la Chambre une proposition de loi ainsi conçue, en lui donnant comme exposé des motifs l'ouvrage intégral du citoyen Deslinières : »

(Suivait le texte d'une proposition de loi conforme à mes vues et qui a été reproduite dans la préface du *Maroc Socialiste*.)

Mais le vote de la Commission des Colonies, où siégeaient une vingtaine d'élus, excita la colère des anti-colonialistes impénitents dont Vaillant était le chef.

Au Groupe, le rapport de la Commission fut vivement combattu par Vaillant et non moins vivement défendu par Guesde. Une décision d'unanimité étant impossible, il fut résolu de laisser à chacun sa liberté.

La proposition recueillit en quelques jours trente-quatre signatures, sans compter cinq ou six adhésions verbales de membres qu'une absence avait empêchés de signer et sans compter les signatures qu'on aurait pu obtenir parmi de nombreux membres non pressentis. La majorité du Groupe lui était donc acquise.

Mais les adversaires du projet n'avaient pas désarmé. Arguant de la nouveauté, de l'importance de la question soulevée et de l'attitude antérieure du Parti à l'égard de la politique coloniale, ils insistèrent pour que la discussion fut rouverte, ce qui fut accordé sans difficulté.

Jaurès combattit à fond la proposition qui lui paraissait présenter de graves dangers à raison des conflits possibles entre colons socialistes et indigènes, et dont la responsabilité retomberait sur le Parti.

Vaillant s'affirma hostile à toute colonisation et déclara que non seulement il ne s'associerait pas à la proposition, mais qu'il se croirait obligé, si elle était présentée, de la combattre à la tribune.

La perspective d'ajouter d'aussi profondes divisions à celles qui déchiraient le Parti, fit reculer les défenseurs du projet et, à la presque unanimité des voix, l'ordre du jour suivant fut adopté dans la séance du 8 mars 1912 :

« Le Groupe, en présence des divergences qui se sont produites dans son sein, ne croit pas devoir engager le Parti sur une question de cette gravité. »

Si l'idée ne fut pas adoptée, elle fit un bruit considérable : toute la presse française et beaucoup de journaux étrangers s'en firent l'écho.

Je connaissais trop l'esprit qui régnait dans les congrès du Parti pour essayer de faire appel devant l'un d'eux de la décision du groupe parlementaire.

Je me tournai du côté du gouvernement. M. Poincaré était ministre des Affaires Etrangères. Je lui exposai mon projet. Il me répondit qu'il fallait le soumettre au général Lyautey qui venait d'être nommé Résident général au Maroc.

Je me rendis à Rabat en août 1912 et je fus reçu immédiatement par le général Lyautey, malgré les préoccupations absorbantes de ses opérations militaires. Il m'accueillit très aimablement, me parla du *Maroc Socialiste* et me dit qu'il l'avait dans sa bibliothèque. Je lui exposai mon projet avec la chaleureuse conviction dont j'étais animé et en termes assez heureux sans doute, car il parut touché au point qu'une larme vint perler au coin de sa paupière. Se levant vivement, il me serra les deux mains en me disant : « Vos idées sont belles et hautes, monsieur Deslinières ; je tiens à vous montrer que je n'en suis pas aussi éloigné que vous pouvez le croire. Et il me remit, après y avoir écrit un hommage cordial, une brochure contenant un discours prononcé par lui comme président de la distribution des prix du Lycée d'Oran.

Je crus ma cause gagnée. J'ignorais alors tout ce qu'il y a de superficiel et de versatile dans l'esprit du général Lyautey, et les idées profondément réactionnaires qu'il dissimulait à cette époque sous une affectation d'indépendance de pensée et de hardiesses verbales. Comme conclusion, il me dit qu'il allait prochainement en France pour négocier un gros emprunt qui lui fournirait les ressources dont il était absolument dépourvu et que nous reprendrions notre entretien.

Mais quand je le vis en France, il me parut très refroidi. Son emprunt marchait mal ; il se plaignait qu'on lui rognât des crédits indispensables, déclarant qu'il lui devenait impossible de disposer des sommes nécessaires à l'exécution de mon projet. Il y avait du vrai, d'ailleurs, dans tout cela. Son emprunt fut considérablement réduit. Mais avec un peu de bonne volonté, il aurait pu encore me faire la petite part dont je me serais contenté au début. Les pourparlers traînèrent en longueur, et continuèrent par correspondance quand il eut quitté Paris. Je reproduis ici deux de ces lettres :

Vichy, 27 novembre 1912.

« Cher Monsieur,

« Je suis à Vichy pour y reposer mon cerveau qui en avait bien besoin et oublier les affaires pendant quelques jours ; mais je serai à Paris du 15 au 25 janvier, très heureux de vous mettre en rapport avec mon nouveau secrétaire général, M. Tirard, dont l'esprit très distingué s'intéressera certainement à l'œuvre que vous voudriez réaliser.

« Veuillez agréer, cher monsieur, l'assurance de mes sentiments cordialement dévoués.

« LYAUTEY. »

« Rabat, 15 avril 1913.

« Cher Monsieur,

« Je vous assure que mes sympathies « de la première heure » sont encore celles de la seconde heure.

« J'apprécie, croyez-le bien, toute la générosité et l'intérêt de vos idées et de votre projet ; mais, réellement, je me heurtais à l'impossibilité matérielle de prélever avant longtemps sur notre budget si pauvre les crédits nécessaires à sa mise en train.

« Croyez, cher monsieur, à mes sentiments bien distingués et dévoués.

« LYAUTEY. »

Cette dernière lettre était un *non possumus* définitif ; je n'avais plus à insister.

Deux mois auparavant, M. Jonnart, ancien gouverneur de l'Algérie étant devenu ministre des Affaires étrangères, je lui écrivis une lettre pressante, invoquant ses propres opinions sur certaines questions algériennes, pour lui demander une entrevue.

Sa réponse, datée du 28 février 1913, promettait de me recevoir prochainement, mais, en attendant, me priait d'exposer mes projets au chef du bureau du Maroc, qui était alors M. Caron de Beaumarchais. J'eus l'impression de n'être pas compris par ce diplomate, dont les préoccupations étaient visiblement à cent lieues des miennes. J'ignore dans quel sens fut son rapport au ministre ; mais je n'entendis plus parler de rien.

Je résolus alors de refondre et d'élargir mon projet exposé dans le *Maroc Socialiste* en l'étendant à l'Afrique du Nord toute entière et en l'appuyant sur une documentation plus complète. Je consacrai plusieurs années à ce nouveau travail. Comme je puisais abondamment aux archives du Parlement, et que je rencontrais souvent Jaurès à la Bibliothèque de la Chambre, il me demanda un jour quel ouvrage je préparais. Je lui expliquai le sujet de *La France Nord-Africaine*, et, sachant que son opposition à mon projet marocain avait été motivée par la crainte des responsabilités qu'il eût fait peser sur le parti socialiste, j'ajoutai que, cette fois, je laisserais au gouvernement la direction de l'œuvre à créer. « — Oh ! s'écria Jaurès, dans ces conditions, c'est tout différent. Apportez-moi votre livre quand vous l'aurez terminé et s'il est dans le sens que vous dites, tout mon appui lui est assuré. »

Hélas ! un an plus tard, la guerre était déclarée et le grand tribun tombait sous les balles d'un misérable assassin. Ce fut un irréparable malheur pour la France, pour le socialisme et pour moi. Certes, Jaurès avait des lacunes et a commis de graves erreurs. Mais sa sincérité et son désintéressement ne seront jamais contestés, et son puissant cerveau planait bien au-dessus des vulgaires préoccupations de nos politiciens d'aujourd'hui. S'il avait vécu, mon projet serait réalisé.

La guerre, l'invasion, la dévastation du territoire national firent naître des nécessités nouvelles : il fallait importer d'énormes quantités de céréales pour la nourriture de l'armée et de la population, car la production agricole était très réduite par la mobilisation, et la vaillance des femmes, des enfants et des vieillards ne suppléait qu'imparfaitement la main-d'œuvre des adultes valides. Je songeais aux vastes plaines fertiles du Maroc qui restaient incultes. Les habitants des régions occupées refluaient sur le reste du territoire où ils erraient tristement à la recherche d'un gîte. Je pensais que beaucoup d'entre eux ne pourraient pas, à la paix, revenir à leur village natal, entièrement détruit, ni remettre en culture leurs terres bouleversées par les tranchées et les trous d'obus. Je me disais qu'à ces déracinés le Maroc offrirait un asile sûr, mais qu'il ne faudrait pas les y jeter individuellement, comme, après la guerre de 1871, on fit pour les Alsaciens-Lorrains qui, faute d'organisation, moururent par centaines sur le sol de l'Algédies et que, seules, les colonies socialistes leur assureraient la sécurité dont ils avaient besoin.

Je communiquai ces idées à mes amis Jules Guesde et Marcel Sembat, alors ministres, qui m'apportèrent l'appui le plus constant et le plus dévoué. Grâce à eux j'obtins facilement une mission officieuse pour me rendre à Rabat où le général Lyautey me fit un bon accueil et me donna toutes les facilités de transport dont j'avais besoin pour l'étude de mon projet. Je traversai de nouveau la vallée du Sebou jusqu'au plateau de Meknès et fixai mon choix sur les terres des Beni-M'tir. Je présentai un rapport détaillé au général Lyautey qui m'approuva et se déclara prêt à mettre à ma disposition la surface nécessaire, étant entendu que les frais de création seraient à la charge de la Métropole. Mais je ne doutais guère de les obtenir, à un moment où l'on prodiguait les milliards sans compter.

Le 18 août 1916, au moment de mon retour en France, le général Lyautey me remit, après m'en avoir donné lecture, une lettre pour Marcel Sembat, exprimant sa pleine adhésion. Je reproduis ici le résumé que j'en écrivis de mémoire après audition ; les termes sont à peu de chose près ceux de la lettre :

« J'ai vu M. Deslinières. Il vous remettra son très intéressant rapport. L'idée de fixer au Maroc une partie des victimes de la guerre mérite tous les encouragements. Les terrains proposés conviennent parfaitement bien pour cette colonisation. Il importera seulement de bien sélectionner les colons et de n'envoyer au Maroc que ceux qui y seront un élément de pacification, à l'exclusion de ceux qui pourraient y apporter le trouble. Il y aura aussi à régler la question des crédits. C'est affaire gouvernementale. Je ne puis que vous dire que, le moment de la réalisation venu, le gouvernement pourra compter sur mon concours le plus dévoué et celui de mes collaborateurs. »

Rentré à Paris, je fis les démarches nécessaires pour l'obtention des crédits et ne tardai pas à reconnaître que ce serait beaucoup plus long et plus difficile que je ne me l'étais imaginé. Pour ne pas perdre de temps, j'écrivis au général Lyautey pour le prier de s'occuper des terrains. Il me répondit, le 10 octobre 1916, en me priant de le faire saisir officiellement de la question par le Ministère des Affaires Etrangères.

J'insistai en lui faisant observer que je devais, avant tout, résoudre le problème des crédits. Il m'écrivit le 9 novembre 1916 :

« Cher Monsieur,

« Je viens de recevoir votre lettre du 24 octobre. Je crois avec vous que la question d'ouverture de crédits prime toutes les autres et qu'il ne serait pas opportun d'agir auprès du Ministre des Affaires étrangères tant que les voies et moyens ne seront pas assurés.

« Mais je crois aussi qu'il est difficile, avant que cette décision de principe soit prise, d'agir efficacement au point de vue local. La plupart des questions à régler dépendent en effet des moyens financiers qui seront mis à votre disposition. C'est ainsi, notamment, qu'en ce qui concerne les terrains, il faudrait, pour pressentir les indigènes intéressés en vue d'une cession éventuelle, connaître approximativement les étendues nécessaires. Or, il semble bien qu'elles ne pourront être déterminées qu'au moment où nous connaîtrons les crédits ouverts qui permettront d'opérer l'achat du terrain nécessaire et constitueront le capital de premier établissement. Je crois donc très sincèrement — et je suis sûr que vous vous rendrez compte que cela vaut mieux — que même l'action préparatoire locale doit être ajournée jusqu'au moment où le projet définitif pourra être établi sur des bases certaines.

« Croyez, cher monsieur, à mes meilleurs et bien dévoués sentiments.

« Lyautey. »

Ces raisons n'étaient pas sans valeur, évidemment. Mais elles n'avaient pas non plus une valeur absolue et il était bien regrettable d'avoir à ajourner sans cesse une solution si urgente.

Guesde et Sembat, ne voyant pas la possibilité d'obtenir directement les crédits du gouvernement, eurent l'idée d'intéresser à mon projet M. Léon Bourgeois, alors ministre d'État et président du Comité interministériel pour la reconstitution des régions envahies. Ils m'accompagnèrent un jour chez lui et je lui exposai mon projet qui lui parut digne d'attention. Depuis ce moment, il ne cessa, pas plus que Guesde et Sembat, de me témoigner la plus grande bienveillance et de m'accorder son appui moral le plus certain. Cet appui fut-il insuffisamment actif ou les difficultés étaient-elles vraiment trop grandes? On s'étonne qu'une idée juste et aussi bien patronnée n'ait pas réussi à faire son chemin. Toujours est-il que la mienne n'avançait pas, malgré tous mes efforts, et on arriva en 1917 sans qu'elle eût reçu de solution.

Sur ces entrefaites, le général Lyautey quitta momentanément le Maroc pour prendre le portefeuille de la guerre. M. Léon Bourgeois et Marcel Sembat voulurent bien m'accompagner chez lui. Il me fit cette réponse stupéfiante qu'il n'y avait plus de terre inculte au Maroc. Sur ma très vive protestation, il promit d'écrire au général Gouraud, son successeur. Le fit-il? Ce qui est certain, c'est que rien ne sortit de son intervention.

En mars 1917, on commença à se rendre compte, dans les milieux parlementaires, que les ressources du Maroc n'étaient pas suffisamment utilisées, et, dans un tout autre esprit que celui de mon projet, M. Cosnier député fut chargé, avec plusieurs autres ingénieurs agronomes, d'une mission d'études pour rechercher le ou les moyens d'en tirer un meilleur parti. Sembat obtint du ministre des Affaires étrangères que je serais adjoint à cette mission et je partis avec elle, non pour m'associer à ses travaux, mais pour mener à bien les miens propres.

Nous fûmes reçus par le général Gouraud avec la plus franche cordialité. Mais son passage à la Résidence générale fut très éphémère, et bientôt le général Lyautey, en conflit avec la Chambre, donna sa démission de ministre de la Guerre pour reprendre son ancien poste au Maroc.

Au cours de cette deuxième mission, je pus préciser les terrains de la vallée du Sebou à affecter aux cultures projetées, des raisons militaires s'opposant, paraît-il, à la prise de possession de ceux des Beni-M'tir, précédemment envisagés ; et à la suite de longues et fréquentes entrevues avec les services du Protectorat, je pus établir le statut d'une Régie domaniale autonome telle que je la voyais pratiquement possible.

Le général Lyautey, chez qui je sentais un sentiment d'hostilité de plus en plus marqué, mais qui était obligé de le déguiser à raison de l'appui dont j'étais l'objet de la part de plusieurs ministres, maintint son acceptation de principe de mon projet, mais en le réduisant des neuf dixièmes et en lui enlevant par suite toute sa portée. Il m'offrait un terrain de 5.000 hectares dans la région de Kenitra, le concours de 40 à 50 territoriaux et l'allocation d'un crédit de deux millions, dont le Maroc aurait fait l'avance à condition d'en être remboursé par la Métropole.

Ces conditions sont précisées dans une lettre au Ministre des Affaires étrangères du 31 mai 1917. Il ajoutait textuellement, en dénaturant un peu mes propositions :

« Reste la question de la Régie domaniale telle que la prévoit M. Deslinières, c'est-à-dire avec une autonomie et une indépendance absolues. Nul plus que moi n'est partisan des innovations et du renoncement aux formules rigides. Mais, du moment que ce sont les finances de la Métropole qui sont en jeu, c'est aux ministres intéressés qu'il appartient d'examiner dans quelles limites il y aura lieu d'affranchir l'Administrateur de la future régie des règles d'administration et de comptabilité qui sont, pour le moment encore, de principe dans tous les services de l'Etat. »

Par ce passage insidieux, le général Lyautey ouvrait

la porte aux chinoiseries administratives avec lesquelles, dorénavant, je n'allais pas cesser de me débattre. Le Ministère des Finances était alors dirigé par M. Klotz, et M. Sergent, sous-directeur de la Banque de France, sous-secrétaire d'Etat, y était le représentant de la haute finance, évidemment peu sympathique au projet d'un socialiste. D'autre part, la Résidence, à Rabat, avait officiellement pour « conseiller économique et finan-cier » l'agent de la Banque de Paris et des Pays-Bas ! Il n'est donc pas téméraire de supposer qu'une entente occulte s'était établie entre Rabat et Paris pour m'em-pêcher d'aboutir. Ce que la première de ces puissances était obligée de concéder, pour ne pas paraître s'opposer trop ouvertement à une proposition d'intérêt national et patronnée par des personnalités influentes, était remis en question par la seconde, à l'aide de moyens détournés. Tous mes efforts devaient se briser contre ce double écueil.

En tout cas, les choses se passèrent exactement comme si ma supposition était fondée. Le ministère des Finances, consulté par les Affaires étrangères, répondit par une longue note qui soulevait toutes les difficultés imaginables. Pour ne pas allonger démesuré-ment cet exposé, je ne la reproduis pas ici. Je publie simplement la réponse que j'y fis aussitôt ; elle énumère de point en point les griefs invoqués en les réfutant, et si elle est un peu longue, elle a le mérite d'éclairer parfaitement la question :

« Les objections soulevées par M. le Ministre des Finances paraissent reposer sur un malentendu facile à dissiper.

« Ne me croyant pas qualifié pour rédiger le statut de la Régie domaniale, je m'étais borné à en esquisser les grandes lignes, sauf à compléter par des explications verbales. Ma pensée, imparfaitement exprimée, a été mal comprise. En réalité, je suis à peu près d'accord avec M. le Ministre des Finances, et j'espère le démontrer.

INTÉRÊT DE L'ŒUVRE

« Mais, tout d'abord, et bien que M. le Ministre des Finances reconnaisse l'intérêt général attaché à l'extension des cultures dans l'Afrique du Nord, qu'il me soit permis de justifier plus fortement en quelques lignes les nécessités nationales auxquelles répond le projet présenté :

« La France manque de céréales ;

« Elle n'est pas assurée de trouver à l'étranger, même à des prix excessifs, les quantités nécessaires à sa consommation ;

« Le blé qu'elle tire du Maroc lui coûte environ 20 fr. de moins le quintal que celui qu'elle achète à l'étranger. De plus, elle le paie en monnaie française, c'est-à-dire sans aggraver la situation des changes.

« Elle a donc un immense intérêt à accroître la production du Maroc.

« C'est facile puisque, d'après le rapport présenté à la Chambre par M. Messimy, sur le budget de 1914, les trois quarts des terres du Maroc sont en friche.

« Tout ce qui pouvait être fait pour encourager les colons et les indigènes à étendre leurs cultures de céréales l'a été. Mais les uns et les autres disposent de moyens limités ; quand ils seront arrivés à la limite de leur effort, d'immenses étendues seront encore improductives. Seule, l'action de l'Etat peut les mettre en valeur, et cette action ne peut s'exercer que par une Régie.

« Tout cela est reconnu par le Protectorat et par M. le Ministre des Affaires étrangères. M. le Ministre des Finances l'admet également puisqu'il envisage l'organisation d'une Régie et se déclare disposé à examiner les modalités spéciales par lesquelles on pourrait donner plus de souplesse aux règles habituelles des régies administratives. La détermination de ces modalités est tout le problème à résoudre.

URGENCE D'UNE DÉCISION

« Mais si l'accord doit être cherché par voie de correspondance avec le Protectorat, il arrivera trop tard. C'est en octobre prochain qu'il faudrait pouvoir commencer les labours pour la récolte de 1918. Et d'ici là, il serait indispensable d'avoir créé les installations, importé le matériel, réuni la main-d'œuvre et les bêtes de trait. Le temps manque déjà pour cette préparation, compliquée par les difficultés de guerre. Il n'y en a plus à perdre.

« D'ailleurs, le Protectorat a déclaré accepter le projet de loi. Il attend que le Gouvernement fixe les règles de la Régie à créer. C'est donc à M. le Ministre des Affaires Etrangères et à M. le Ministre des Finances de les établir.

« Pour ne rien compliquer, écartons un moment la question du crédit à demander au Parlement. N'envisageons l'œuvre que dans son point de départ : la culture de 4 à 5.000 hectares au moyen des deux millions offerts par le Protectorat.

EXAMEN DES OBJECTIONS
DE M. LE MINISTRE DES FINANCES

« M. le Ministre des Finances n'admet pas la constitution d'une « entreprise libre de disposer de ses bénéfices ».

« Je pense comme lui, et c'est pourquoi j'ai indiqué au projet de statut (article 10), que les bénéfices seraient affectés au « développement du domaine autonome et à sa transformation en œuvre de colonisation française ».

« Cette formule peut être mieux précisée. Mais, réduite à ces termes, elle répond déjà à la préoccupation de M. le Ministre des Finances. Non seulement, en effet, les bénéfices ne peuvent recevoir d'autre emploi que le développement du domaine de la colonisation ; mais dans cet emploi aucune action n'est possible à la Régie sans l'approbation et le concours du Résident général. Il appartient à ce dernier d'attribuer à la Régie les terres maghzen et d'autoriser l'acquisition des terres collectives de tribu dont elle aura besoin. La Régie sera donc, en fait, entièrement soumise à son autorité, non seulement en ce qui concerne l'emploi des bénéfices, mais pour tous les actes de sa gestion. Sur les points même où elle a besoin d'une liberté entière, elle ne pourra en user qu'avec l'approbation du Résident général. Qu'elle essaie d'aller contre ses vues, et non seulement toute possibilité de développement lui sera fermée, mais l'existence même lui deviendra très difficile, — sans préjudice de l'éventualité de révocation du régisseur général, prévue par l'article 7, en cas d'abus caractérisé.

« Ce qui précède répond également à l'objection de M. le Ministre des Finances que la Régie « n'aurait de compte à rendre à personne ».

« Le Résident général, renseigné par le Service du Contrôle sur ses agissements, pourrait toujours s'opposer à ceux qu'il jugerait blâmables ou simplement inopportuns.

« Quant aux comptes proprement dits, n'est-il pas évident que le service du contrôle prévu à l'article 8 aura pour premier devoir d'en présenter l'état au Résident général, avec ses observations ? Si l'on veut qu'en outre le Régisseur général présente lui-même son compte de gestion annuel, semestriel ou trimestriel au Résident général, je n'y vois pas le moindre inconvénient. D'ailleurs, le dernier paragraphe de l'article 5 du projet de statut impose à la Régie des redditions de comptes et des justifications continuelles.

« M. le Ministre des Finances craint que l'Administrateur de la Régie puisse « aliéner ou hypothéquer sans autorisation le domaine qui lui serait confié » et « contracter des emprunts ». « En ce qui concerne la faculté d'emprunter, avec ou sans affectation hypothécaire, l'article 4 du projet de statut la subordonne expressément à l'autorisation du gouvernement chérifien.

« *A fortiori* la même autorisation serait indispensable, bien qu'elle ne soit pas stipulée, s'il s'agissait de l'aliénation, même partielle, d'un domaine dont la propriété est attribuée par l'article 1er du statut, non à la Régie, mais au gouvernement chérifien lui-même.

« M. le ministre des finances craint en outre la dilapidation des subventions allouées à la Régie.

« Théoriquement des dilapidations sont toujours possibles, même de la part des agents ordinaires du Trésor. En fait, le dernier paragraphe de l'article 5 du projet de statut permet de réduire autant qu'on le voudra cette possibilité. Il stipule en effet que les subventions seront mises à la disposition de la Régie par tranches successives d'une importance en rapport avec les besoins, chaque tranche n'étant versée qu'après justification de l'emploi des trois quarts au moins de la précédente et de l'intégralité des remises antérieures.

« Qui sera juge du montant de chaque tranche et de la valeur des justifications ? Le Résident général, évidemment. Et l'obligation du visa de son contrôleur, sur les quittances délivrées au trésor chérifien lors du versement de ces tranches à la Régie, subordonne à son agrément toute remise de fonds.

« J'avoue que je ne conçois pas un contrôle plus rigoureux. Si cependant on croit nécessaire de le resserrer encore, j'accepte d'avance toute formule qui ne mettrait pas obstacle à la liberté d'action indispensable au bon fonctionnement de l'œuvre.

« Voici comment, à mon avis, cette liberté peut se concilier avec les exigences d'un très strict contrôle :

« Dans une exploitation agricole, petite ou grande, on se trouve à chaque instant en présence de décisions à prendre, de dépenses à engager, de ventes de produits à faire sans le moindre délai, et souvent dans des conditions inattendues, car elles sont imposées par les variations climatériques.

« Par exemple, si le terrain est très sec, il ne pourra être travaillé que par des machines différentes de celles qu'on emploie ordinairement. Ces machines, il faudra se les procurer d'urgence sous peine de compromettre la récolte.

« Si la Régie, soumise aux règles administratives ordinaires, est forcée d'en demander l'autorisation préalable aux services techniques et financiers, elle l'obtiendra trop tard.

« Elle disposera, d'autre part, de produits périssables. Si elle ne peut les vendre de gré à gré, ils seront entièrement perdus. Même les produits non périssables ne peuvent être vendus avantageusement qu'en saisissant au passage certaines occasions. La règle rigide de l'adjudication donnerait les pires résultats.

« Ce ne sont pas là des circonstances exceptionnelles. Dans un cas ou un autre, elles se reproduisent journellement dans la pratique d'une exploitation agricole.

« C'est pourquoi je demande pour la Régie la liberté d'action dont jouissent les entreprises privées, et c'est parce qu'il reconnaît pleinement qu'une Régie faisant valoir un domaine ne peut fonctionner autrement que M. le Résident général, sur l'avis de ses chefs de service, accepte le principe de son autonomie.

« Le contrôle des recettes rentre forcément dans les justifications que doit produire le régisseur général pour toucher une tranche de la subvention.

« Bien que cela ne soit pas dit formellement dans le projet de statut, la Régie ne doit pas avoir à sa disposition des sommes supérieures à ses besoins courants. Ses grosses recettes seront toujours versées au Trésor. Le statut peut être complété sur ce point.

« Comme l'Intendance, agissant pour le compte de M. le Ministre du Ravitaillement, sera le principal et presque l'unique acheteur des produits de la Régie, aucune fraude ne sera possible, ni sur les quantités, ni sur les prix, et la réalisation des opérations ne donnera lieu qu'à une écriture de crédit sur son compte au Trésor.

« La liberté que je demande pour la Régie, parce qu'elle ne peut s'en passer, se réduit ainsi à la possibilité d'employer, sans autorisation spéciale préalable, le montant de chacune des tranches de subvention qu'elle doit recevoir. Le droit réservé au Résident général d'abaisser ce montant à ce qu'il jugera nécessaire impose même à la Régie l'obligation de lui soumettre ses prévisions de dépenses, et il peut rejeter celles qu'il désapprouve. En cas de transgression de sa volonté, il en serait informé par le rapport du contrôle lors du versement de la tranche suivante, et pourrait alors prendre telles mesures qu'il aviserait.

« C'est aussi la faculté de vendre de gré à gré au mieux des intérêts de l'œuvre les produits qui ne seraient pas achetés par l'Intendance.

« Ce sont là des libertés bien modestes et qui ne sont nullement incompatibles avec un contrôle étroit.

« Les explications ci-dessus répondent en même temps à l'assimilation que M. le Ministre des Finances établit entre la Régie et les entreprises privées.

« Toutes les garanties offertes aux bailleurs de fonds de ces dernières se retrouvent en faveur de l'Etat dans le projet de statut de la Régie. Elles y sont même beaucoup plus complètes.

« En effet, les commissaires des comptes dans les sociétés anonymes, le conseil de surveillance dans les sociétés en commandite par actions ne peuvent s'immiscer dans la gestion. Ils se bornent à l'examen de la caisse et de la comptabilité et signalent aux actionnaires les erreurs ou les fraudes qu'ils ont pu y découvrir.

« Or, le même droit est assuré au service du contrôle par l'article 8 du projet de statut.

« Mais alors que les administrateurs des sociétés anonymes et les gérants des sociétés en commandite ont le droit absolu d'employer à leur gré la totalité du capital social en restant, bien entendu, dans l'objet de la Société, la Régie du Domaine autonome ne touchera les subventions qui constitueront son capital social que par fractions aussi minimes qu'on voudra, et sur justification de l'emploi des fractions précédentes.

« Le droit d'acheter et de vendre, exercé par les mêmes administrateurs et gérants, c'est-à-dire d'accomplir les actes de gestion courants, sans consultation préalable des actionnaires à chacun d'eux, correspond exactement à celui qui est demandé pour la Régie.

« L'Etat n'a que faire de toucher des dividendes, puisque la totalité des bénéfices lui est acquise, la Régie n'étant qu'un de ses organes.

« La publication annuelle du bilan et autres mesures de publicité exigées des entreprises privées sont sans intérêt en ce qui concerne la Régie, l'Etat qui est son unique bailleur de fonds étant au courant de toutes ses opérations. Néanmoins si, pour le Parlement et l'opinion, une publicité est reconnue nécessaire, je ne puis y voir aucun inconvénient.

« La question du remboursement par la Métropole des avances à faire par le Maroc échappe à mon appréciation comme étant extérieure au fonctionnement de la Régie.

« Je ne me permettrai à cet égard qu'une courte observation :

« Ce n'est pas le Maroc qui demande un concours à la Métropole ; c'est le gouvernement qui, ayant besoin de céréales, demande un concours au Maroc. Ce dernier paraît donc fondé à réclamer le remboursement des avances qu'il est disposé à faire. Mais, au fond, les intérêts de la France se confondent trop avec ceux du Maroc pour que la distinction des uns avec les autres présente une grande importance. Et la Chambre, qui a reproché au Gouvernement de ne pas tirer suffisamment parti des terres incultes du Maroc, aurait mauvaise grâce à lui refuser les moyens d'y accroître la production des céréales.

M. le Ministre des Finances suggère à ce propos une solution parfaitement acceptable, et qui réduirait à bien peu de chose les risques pouvant résulter pour la Métropole de la garantie demandée par le Maroc. Ce serait qu'une fraction du prix de vente à l'Intendance des récoltes annuelles fut reversée à la caisse de réserve du Maroc jusqu'à remboursement de ses avances.

« Nul besoin d'ailleurs, pour réaliser cet amortissement, d'une entente spéciale avec M. le Ministre du Ravitaillement puisque l'Intendance qui achèterait pour son compte verserait au Trésor, au crédit de la Régie, la totalité du prix d'acquisition. Il suffirait de stipuler dans le statut qu'une fraction de ce prix à déterminer serait reversée au fonds de réserve. Je demande seulement, dans l'intérêt général même, que cette fraction soit aussi minime que possible et qu'on en diffère le versement pendant quelques années, afin de laisser à la Régie des moyens indispensables à son développement.

« M. le Ministre des Finances entend que la Régie à créer fasse partie intégrante de l'Administration du Protectorat et que l'ensemble des recettes et des dépenses soient groupées en annexe aux budgets et aux comptes du Protectorat.

« Je n'ai jamais pensé que la Régie pût avoir un autre caractère. Cela me paraît résulter implicitement de l'ensemble du projet de statut. En tout cas, je l'avais nette-

ment exprimé dans mon rapport à M. le général Lyautey
du 4 août 1916.

« Je ne vois non plus aucun inconvénient à l'incor-
poration au budget d'un état prévisionnel des dépenses
et des recettes de la Régie pour chaque exercice. Cependant, s'il devait en résulter des complications que je
n'aperçois pas dès à présent, je demanderais à ce
qu'elles soient évitées.

« Je ne me fais pas une idée assez exacte de ce que
M. le Ministre des Finances appelle « les principes essentiels d'une Régie administrative » pour pouvoir dire
si, atténués par les « modalités spéciales » qu'il veut
bien admettre, ils sont conciliables avec les nécessités
d'une exploitation agricole directe. Je prie donc M. le
Ministre des Finances de préciser ce point important.
Ou mieux, à raison de l'urgence et de la difficulté d'arriver par un échange de lettres à une formule satisfaisante, je lui demande de me mettre en rapport avec l'un
de ses chefs de service pour la rechercher en commun.
Chargé par M. le Ministre des Affaires étrangères d'étudier la création d'une Régie, je me crois qualifié pour
cette négociation.

« En terminant, je prie instamment M. le Ministre des
Finances de considérer que la situation exceptionnelle
de la France justifie bien une dérogation à des règles
administratives établies en vue du fonctionnement normal de ces institutions, si ces règles doivent être une
entrave pour une œuvre de salut national.

« On reconnaît généralement que les entreprises commerciales ne peuvent être administrées par les mêmes
principes que les affaires publiques. Faut-il en conclure
que l'Etat doit s'en abstenir, même quand elles répondent à des nécessités impérieuses et que, manifestement, l'initiative privée ne peut agir à sa place? N'est-il
pas plus logique de lui laisser toute liberté d'action,
dans la crise terrible que traverse la patrie, alors qu'il

peut, par les moyens de contrôle qui suffisent aux entreprises privées, s'entourer des garanties indispensables? »

L. Deslinières.

29 Juin 1917.

Le Ministre des Finances refusant de se laisser convaincre par ces claires explications, le Ministre des Affaires étrangères le pria d'établir lui-même le projet de statuts de la Régie autonome dans les termes qu'il jugerait convenables.

Dérobade des Finances : le 10 juillet, elles répondent que c'est au général Lyautey d'établir ces statuts.

Les Affaires étrangères transmettent cette réponse au Protectorat qui, visiblement enchanté de la tournure que prennent les choses, répond que c'est moi-même qui dois m'en charger. Or, c'est ce que j'avais fait depuis trois mois ; mais on s'était borné à critiquer mon projet sans dire quelles dispositions il fallait y introduire pour qu'il fût accepté. Voici d'ailleurs une lettre par laquelle le Ministre des Affaires étrangères m'informait des intentions du général Lyautey :

« Le Résident général de France à Rabat, à qui j'avais donné connaissance de tous les documents que vous avez remis à mon département, m'a fait savoir que votre projet de régie domaniale au Maroc était, à ses yeux, complètement modifié par le refus du Ministère des Finances de prendre à la charge de la Métropole les dépenses de l'organisme envisagé.

« La question ne se présente plus, en effet, dans les conditions que vous aviez indiquées à la Résidence générale, et d'après lesquelles une régie domaniale aurait été créée au Maroc sur la demande du gouvernement français et aux frais du budget métropolitain.

« Le représentant de la République au Maroc ne croit pas pouvoir établir lui-même des propositions au sujet d'une affaire dont il n'a pas pris l'initiative et qui pourrait grever le budget du Protectorat d'une charge dont il est impossible d'évaluer l'importance. Un insuccès — sans parler d'un échec — pourrait être, en effet, une source de dépenses ininterrompues et risquerait de jeter un certain discrédit sur toute l'œuvre agricole que nous avons entreprise au Maroc (1).

« De plus, un précédent pourrait être invoqué dans ce sens en faveur d'autres entreprises analogues.

« Pour toutes ces raisons, M. le général Lyautey estime que c'est à vous qu'il appartient d'établir un nouveau projet qui tiendrait compte des objections qui ont été opposées à votre projet primitif et des possibilités du budget chérifien.

« J'ai l'honneur de porter cette décision à votre connaissance en vous donnant l'assurance que mon département soumettra à l'examen le plus bienveillant de notre Résidence générale les propositions limitées et réduites que vous croirez devoir lui adresser.

« M. le général Lyautey, à qui j'avais également fait part de votre candidature aux fonctions de régisseur de l'entreprise dont il s'agit, appelle avec M. le Ministre des Finances toute mon attention, au cas où la Régie domaniale serait constituée, sur les garanties de compétence agricole qu'il est nécessaire d'exiger de son directeur.

« Agréez, etc...

« *Pour le Ministre,*

« J. CAMBON. »

In cauda venenum. Cette dernière phrase signifiait clairement que si, par l'acharnement de mes efforts désintéressés, je réussissais enfin à faire appliquer mon projet, on en remettrait la direction à quelque élève de Grignon, dont le diplôme serait une sûre « garantie de compétence agricole ». Et par là, ma grande conception d'un organisme économique appelé, par son continuel

____

(1) Quelle dérision : cette œuvre était absolument nulle !

développement, à mettre intégralement en valeur le sol marocain et à résoudre tous les problèmes politiques et sociaux que soulève notre occupation se résolvait en une ferme modèle, comme toutes les autres fermes modèles : la montagne accouchait d'une souris. Telle était l'arme empoisonnée dont on comptait se servir pour écarter ma personne, si on ne parvenait pas à écarter mon idée, sachant bien que, moi disparu, l'idée était morte.

Mais, étais-je vraiment incompétent en matière agricole? Ce n'était pas l'avis d'un ami de la Résidence, M. Paul Bluysen, sénateur, que je connus précisément à Rabat, car, dans un compte rendu impartial de mon livre, *La France Nord-Africaine*, publié par la revue *Colonie et Marine* (p. 274), il écrivait cette phrase : « On remarquera dans tout ce livre combien le dessin du futur Domaine colonial est poussé loin, jusque dans ses moindres parties ; il y a spécialement de gros chapitres sur l'agriculture, qui est la base de la combinaison de M. Deslinières : *ces pages attestent une connaissance de la terre et des travaux agricoles qui ferait de M. Deslinières un des meilleurs professeurs d'agriculture que j'aie jamais rencontrés.* »

Et pour ceux qui objecteraient qu'il y a loin de la théorie à la pratique, je pourrais ajouter que la pratique de l'agriculture nord-africaine ne m'est pas étrangère, puisque j'ai obtenu, au concours régional de Bougie, la prime d'honneur (prix cultural) pour une propriété créée et dirigée par moi.

J'extrais encore quelques lignes de l'article de M. Paul Bluysen qui, bien qu'adversaire du socialisme et doutant, par conséquent, de la réussite complète de mon projet, en parle avec beaucoup de sympathie : « Le sacrifice de quelques centaines de mille francs peut être acceptable pour filtrer les bonnes idées qui émergent dans ce formidable livre. C'est ce que je souhaite à M. Deslinières. »

Malgré les obstacles qu'on m'opposait et les embûches tendues sous mes pas, je continuai la lutte sans hésiter. Soutenu d'ailleurs par plusieurs ministres dont M. Victor Boret, ministre du Ravitaillement qui, le 28 janvier 1928, écrivait pour appuyer mon projet, insister sur son urgence et demander l'agrandissement de la surface accordée, encouragé d'ailleurs par le Ministère des Affaires étrangères. Je fis observer et comprendre que si je dressais tout seul le statut du futur domaine en remaniant mon projet primitif, on y trouverait forcément des lacunes ou des hérésies administratives et on lui opposerait de nouvelles critiques, de sorte qu'il faudrait échanger des lettres pendant des années avant de se mettre d'accord ; que le seul moyen d'aboutir était que je retournasse à Rabat pour établir le statut en collaboration avec les services de la Résidence. Le Ministère des Affaires étrangères m'accorda donc une nouvelle mission par lettre du 13 janvier 1918 et je partis aussitôt pour le Maroc.

Je passe sur les interminables palabres au cours desquels je luttai avec acharnement contre le mauvais vouloir, à peine déguisé, des chefs de service, et je reproduis seulement la lettre officielle qui les clôtura :

« Au G. Q. à Fez, le 13 mars 1918.

« Monsieur,

« Vous avez bien voulu solliciter l'appui du Gouvernement du Protectorat pour la mise à exécution, au Maroc, d'un projet d'exploitation agricole dont toute idée de lucre personnel serait exclue, et où vous vous proposeriez le double but :

« 1° D'étendre la production des céréales au Maroc, et d'augmenter ainsi le chiffre des exportations de grains à destination de la Métropole ;

« 2° de tenter au Maroc l'essai d'une formule nouvelle de colonisation.

« Comme suite à l'étude faite de cette proposition par mes services et à l'accord intervenu entre vous et eux, j'ai l'honneur de vous confirmer que le Gouvernement du Protectorat, tout disposé à servir les besoins actuels de la France, et toujours désireux d'entrer dans ses vues à ce sujet, accepterait :

« 1° De mettre à votre disposition le domaine de Bou-Laouane, d'une contenance de 5.000 hectares environ :

« 2° de prendre à sa charge le tiers du capital nécessaire à cette entreprise, sous la condition expresse que la Métropole, de son côté, en assurerait les deux autres tiers, et ce jusqu'à concurrence d'une somme de cinq cent mille francs (1) ;

« 3° d'avancer au besoin au Gouvernement français le montant de sa souscription, à charge par lui d'en rembourser le Maroc en trois annuités fixes.

« Les conditions détaillées du contrat à intervenir, et plus spécialement les modalités touchant l'affectation des profits de l'affaire, seraient réglées par la suite et dès que le Gouvernement français m'aurait fait connaître ses conditions.

Veuillez agréer, Monsieur, l'assurance de mes sentiments les plus distingués.

« LYAUTEY. »

Ainsi, nous n'avions fait qu'un pas depuis l'année précédente... et c'était un pas en arrière. Les deux millions offerts à cette époque étaient ramenés à quinze cents mille francs, et le statut de la Régie, point litigieux, restait à établir !

A la vérité, le Protectorat acceptait de participer pour un tiers à la dépense ; mais comme il n'acceptait pas le

---

(1) Cette phrase a été précisée postérieurement dans le sens d'une dépense totale de quinze cent mille francs, dont les deux tiers resteraient à la charge de la métropole.

mode de remboursement envisagé par le Ministère des Finances, tout était remis en question.

Quant au domaine de Bou Laouane, sur les bords de l'Oum-er-Rebia, qu'on m'offrait généreusement, c'était un plateau aride et sablonneux sans utilisation possible. Je l'avais accepté, pourtant, parce qu'on m'avait promis verbalement d'y ajouter quelques milliers d'hectares de bonnes terres contiguës, au nord de l'Oum-er-Rebia. Mais cette promesse aurait-elle été tenue ?

Sur le rapport que je présentai à mon retour, l'affaire fut examinée en Conseil des Ministres ; mais l'opposition persistante du ministre des Finances empêcha le dépôt d'un projet de loi au nom du gouvernement. On me conseilla de faire déposer une proposition de loi par mes amis de la Chambre. Je le fis ; mais je savais bien que, par cette voie, on n'aboutirait jamais.

Je n'avais d'ailleurs pas attendu ce moment pour mettre le groupe socialiste parlementaire au courant de mes démarches. Pendant la guerre, le parti socialiste avait constitué une Commission mixte d'Etudes économiques avec la Confédération générale du Travail. Cette commission siégeait au Palais Bourbon et de nombreux députés assistaient à ses séances, dont il ne sortit d'ailleurs rien d'utile. Je fus entendu plusieurs fois par elle, et je dois dire que les camarades de la C. G. T. firent le meilleur accueil à mes projets. Sur l'avis favorable de la Commission mixte, une proposition de loi fut déposée le 30 mai 1918 sur le bureau de la Chambre, et renvoyée à la Commission du Budget. En voici le texte intégral :

Proposition de loi
ayant pour objet l'extension des cultures de céréales
au Maroc

Présentée par MM. Bracke, Bedouce, Aldy, Lecointe, Marcel Cachin (Seine), Edouard Barthe, Hubert Rouger,

Compère-Morel, Jules Guesde, Doizy, Adrien Veber, Frédéric Brunet (Seine), Arthur Rozier, Mauger, Pierre Mélin (Nord), Durre, Etienne Rognon, Mistral, Paul Constans (Allier), Pierre Rameil, Alexandre Varenne, Dejeante, Marcel Sembat, André Lebey, Cabrol, Théo-Bretin (Saône-et-Loire), Ellen Prévot, députés.

Exposé des Motifs

« Messieurs,

« Depuis que le déficit de la production des céréales en France a pris des proportions alarmantes, l'attention du Gouvernement a été appelée à plusieurs reprises sur les ressources qu'il pourrait trouver dans la mise en culture des immenses surfaces de terres improductives existant au Maroc.

« Il serait injuste de dire que le Gouvernement n'a tenu aucun compte de ces suggestions, puisqu'il a envoyé des missions étudier la question sur place. Mais on peut lui reprocher d'avoir manqué d'énergie réalisatrice, puisqu'à l'heure actuelle l'augmentation de la production des céréales au Maroc se chiffre exactement par zéro.

« Un tel résultat peut paraître étonnant, après tout le bruit fait autour du prétendu développement économique du Maroc et du soi-disant accroissement de sa contribution au ravitaillement de la métropole. Mais la vérité, c'est que l'agriculture marocaine reste absolument stationnaire et que l'effort des colons en faveur de la mère patrie a été nul. Quant aux indigènes, la superficie de leurs emblavures varie d'année en année avec l'époque et la durée des pluies. En moyenne, on ne constate aucun progrès.

« La preuve de ce qui précède résulte des documents officiels du protectorat et, notamment, de l'*Annuaire économique et financier* pour 1917.

« Nous y lisons (page 1) que le Maroc, jusqu'à la

région de l'Oued Draa, représente un territoire de 420.000 kilomètres carrés (42 millions d'hectares). Si la proportion des terres cultivables était la même qu'en France, elles comprendraient 23 millions d'hectares environ. Admettons qu'elle soit inférieure et atteigne 15 à 18 millions d'hectares seulement.

« De cette surface considérable, nous voyons (page 157) que 1.582.000 hectares seulement ont été cultivés en 1915, et que si ce chiffre est passé, en 1916, à 1 million 743.000 hectares, cela tient surtout à l'extension des territoires pacifiés et à l'emploi de meilleures méthodes de recensement. D'ailleurs, la preuve qu'il n'y a eu aucun progrès réel, c'est que cette surface a été ramenée, en 1917, à 1.648.000 hectares (d'après le *tableau annexe A, résultats généraux de la campagne du tertib de 1917.*) On voit par ces chiffres que la superficie cultivée atteint tout au plus le *dixième* de la superficie cultivable.

« On a fait appel au patriotisme des colons français. Ils ont répondu par de chaleureuses protestations de dévouement... subordonnées à l'octroi de diverses primes. Les primes leur ont été accordées. Voyons les chiffres de l'*Annuaire économique* (page 157).

« Il y a au Maroc occidental environ 200 colons, en grande majorité français. (La faiblesse surprenante de ce nombre en dit long sur les mérites de l'œuvre de colonisation, trop vantée). Ils possédaient, au 1ᵉʳ janvier 1917, plus de 133.000 hectares, dont 11.000 seulement cultivés en 1915. A la vérité, ce chiffre s'élève, en 1916, à 27.000 ; mais pour retomber à 21.000 en 1917 (*tableau A*). Plus de *cinq sixièmes* des terres des colons restent donc incultes.

« Ce serait, d'ailleurs, une grave erreur de croire que les colons cultivent effectivement les 21.000 hectares figurant aux statistiques. En réalité, lorsqu'ils ont acquis leurs domaines, ils y ont laissé, comme associés agricoles, les indigènes qui y étaient installés et les cultivaient déjà à titre de propriétaires ou de *khammès*. Les cultures directes des Européens sont presque inexistantes.

« En somme, étant donné que la superficie cultivée en blé était, en France, avant la guerre, d'environ 6 millions d'hectares, il est évident que si on avait tiré parti des terres incultes du Maroc, on aurait pu combler la totalité du déficit métropolitain.

« L'intérêt de l'opération était énorme, la France achetant le blé marocain 30 francs le quintal, alors qu'elle paye le blé américain 75 francs.

« Le régime de la propriété immobilière au Maroc est très confus. C'est la terre collective de tribus qui y domine. Mais sans entrer dans l'examen des droits des indigènes, il était facile de se procurer par voie de location, sur la base d'un prix très réduit à l'hectare, la quantité de terres nécessaire.

« On s'est borné à discuter un projet dont l'initiative est due à un particulier agissant — chose rare — en vue de l'intérêt général. L'auteur du projet, envoyé plusieurs fois, par le Gouvernement, en mission au Maroc, proposait de cultiver 50.000 hectares en régie. Ce chiffre paraît bien modeste à côté des disponibilités et des besoins. Pourtant, il a été jugé excessif, et on l'a réduit à 5.000 hectares.

« Finalement, le résident général a accepté le projet, ainsi mutilé, et le principe d'une régie autonome dont les bénéfices seraient affectés en totalité à l'extension des cultures et à la colonisation. La dépense, évaluée à 1.500.000 francs, serait avancée par le budget chérifien, qui en garderait le tiers à sa charge, les deux autres tiers, soit 1 million, devant lui être remboursés par la Métropole en trois annuités.

« M. le Ministre du Ravitaillement et M. le Ministre des Affaires étrangères sont favorables au projet accepté par le Protectorat et dont le principe a été approuvé par le Conseil des Ministres en janvier dernier.

« Pourtant, on n'aboutit pas, par suite de la résistance opposée par M. le Ministre des Finances à l'octroi des crédits. Si les pourparlers — qui durent depuis plus de deux ans— se prolongent, on ne pourra être prêt pour les ensemencements d'automne.

« C'est pour mettre fin aux irrésolutions pénibles du Gouvernement que nous jugeons nécessaire de déposer la présente proposition de loi.

« Nous nous réservons de lui demander plus tard des mesures plus adéquates aux nécessités de la situation. Pour le moment, nous nous bornons à la réalisation d'un projet étudié et agréé par les autorités compétentes, et qui, s'il est dérisoirement restreint, n'en constitue pas moins l'amorce d'une œuvre plus grande.

« C'est pourquoi, nous avons l'honneur, Messieurs, de déposer la proposition de loi suivante :

PROPOSITION DE LOI

Article unique

« Un crédit d'un million de francs, à répartir sur les exercices 1919, 1920 et 1021, est ouvert à M. le Ministre des Finances à l'effet de rembourser le Gouvernement chériflen des avances qu'il aura faites pour la réalisation du projet de cultures au Maroc agréé par lui aux termes de la lettre de M. le Résident général, datée du 13 mars 1918. »

Les signataires de cette proposition de loi, dans le but de stimuler davantage l'inertie gouvernementale et de porter le débat à la tribune de la Chambre, même si la Commission du budget enterrait la proposition dont elle était saisie, déposèrent en outre un projet de résolution adopté par la Commission mixte et ainsi conçu :

« La Chambre invite le gouvernement :

« 1° A réorganiser l'administration du Protectorat du Maroc, qui n'a su tirer aucun parti pour le ravitaillement national des immenses ressources de ce pays.

« 2° Et, jusqu'à ce qu'un plan d'ensemble de mise en valeur du Maroc ait été établi, à y interdire toute aliénation ou concession quelconque du domaine et des droits de l'Etat, notamment en ce qui concerne les mines, les forêts, les chemins de fer, les services publics, et généralement toute mesure disposant, à titre temporaire ou définitif, au profit des particuliers, d'une partie des éléments de richesse du Maroc. »

Tous ces efforts devaient être vains. On était alors à la période la plus angoissante de la guerre ; la dernière grande offensive allemande menaçait Paris d'un encerclement. On vivait sous les obus. Les esprits étaient trop surexcités pour s'arrêter à un projet dont l'intérêt paraissait secondaire par rapport à la question de vie et de mort posée à la France. Malgré de nombreuses démarches, je ne pus obtenir ni que la Commission du Budget rapportât la proposition de loi, ni que le projet de résolution vînt en discussion à la Chambre.

Un parti socialiste ferme et constant dans ses vues aurait persévéré et repris la question à un moment plus favorable. Mais j'avais obtenu de nos élus le maximum de ce qu'ils pouvaient me donner. La lutte intestine entre « majoritaires » et « minoritaires » les intéressait au fond bien plus que la colonisation du Maroc. Ils s'y replongèrent entièrement et mon projet fut oublié.

Pour essayer de le remettre sur le tapis et d'agir directement à la Chambre, je présentai ma candidature aux élections législatives de 1919, dans la première circonscription de Paris, et je fus inscrit sur la liste du parti. Mais cette liste n'eut que quatre élus sur onze et je n'en étais pas.

Entre temps, la révolution russe s'était accomplie, et lorsque le pouvoir se trouva aux mains des socialistes, il me sembla que c'était de ce côté que je devais me tourner.

Pourtant, je n'oubliai pas le Maroc et, à deux reprises, les circonstances paraissant plus favorables, je tentai encore d'y réaliser mon projet.

La première fois fut en 1924, après le succès du cartel. Il était question alors de remplacer à la résidence générale le maréchal Lyautey, dont l'incapacité devenait de plus en plus manifeste, bien que la presse, savamment travaillée, continuât à le proclamer le plus génial administrateur des temps modernes.

Avant que cette mesure ne fût prise, j'adressai à M. Herriot la lettre suivante :

« 1er Juillet 1924.

« Monsieur le Président,

« Vous voulez apporter la paix au monde, et l'état de guerre continue au Maroc.

« Vous voulez rétablir l'équilibre budgétaire et le Maroc coûte à la France des centaines de millions sans rien lui rapporter.

« L'importation du blé étranger ruine la France et il y a au Maroc des millions d'hectares de terres fertiles et improductives.

« J'ai étudié à fond ce triple problème ; j'en ai apporté la solution dans mon livre : *La France Nord-Africaine*. Un gouvernement de progrès ne peut, ce me semble, ni l'ignorer, ni l'écarter sommairement.

« J'ai l'honneur, monsieur le Président, de solliciter de vous une audience pour me permettre de vous l'exposer ».

Bien que ma lettre eût été remise en mains propres de M. Herriot par un de ses collègues, elle n'obtint pas la moindre réponse. C'est la première fois que j'avais à constater un pareil manquement à la politesse la plus élémentaire. Comme la plupart de nos politiciens, M. Herriot parle trop pour être capable d'action.

Le ministre ami qui lui avait remis ma lettre crut devoir faire une nouvelle démarche auprès du maréchal Lyautey. Mais il lui fut répondu que les terres visées par mon projet avaient été remises à la colonisation privée. Comme s'il n'en restait pas des millions d'hectares en friche !

Je n'avais plus d'illusions sur ce qu'on pouvait attendre de nos hommes d'Etat, quelle que fût leur nuance. Néanmoins, lorsque M. Poincaré, revenu au pouvoir, annonça son intention d'intensifier la production, dans la Métropole et les colonies, je saisis cette occasion de lui rappeler mes projets, et lui écrivis :

« 31 août 1926.

« Monsieur le Président,

« Vous vous proposez d'organiser la production en France et aux colonies.

« Permettez-moi de vous rappeler qu'en 1911 je vous avais soumis un projet d'organisation économique étudié spécialement pour le Maroc, mais susceptible de généralisation et que, pendant la guerre, je fis les plus grands efforts pour le faire accepter. Il est exposé et justifié dans mon livre : *La France Nord-Africaine*.

« Si l'on m'avait écouté alors, la France ne serait plus importatrice de blé, de bétail, de laines, de peaux, etc... De plus, la pacification du Maroc aurait été accomplie sans effusion de sang.

« Fort de l'expérience, j'affirme que l'initiative privée, même aidée par l'Etat, est impuissante à mettre en valeur nos colonies et que l'unique solution du problème est la constitution d'une entreprise nationale à branches multiples, sans porter d'ai"eurs aucune atteinte à la propriété individuelle existante, ni aucune entrave à ses développements ultérieurs.

« La réalisation de mon projet dépend uniquement de la volonté du chef du gouvernement qui n'aurait ni à consulter le Parlement, ni à en obtenir de crédits, tout devant s'exécuter par l'autorité chérifienne et avec les ressources normales du Maroc.

« Je ne nie pas que mes suggestions s'inspirent du principe socialiste. Mais un esprit comme le vôtre devrait distinguer entre le socialisme de démagogie et de subversion que vous repoussez, et le *socialisme reconstructeur* qui est le mien. Il devrait comprendre que, pour sauver le pays, l'union sacrée n'est pas moins nécessaire entre les idées qu'entre les hommes. »

Cette lettre fut renvoyée par le Président du Conseil à l'examen de M. Perrier, ministre des Colonies, qui me répondit :

« M. le Président du Conseil m'a fait parvenir la lettre que vous lui avez adressée pour appeler son attention sur un projet d'organisation économique du Maroc dont vous êtes l'auteur, et qui est exposé dans votre ouvrage : *La France Nord-Africaine.*

« Je n'ai pas manqué de prendre, en ce qui me concerne personnellement, grand intérêt aux suggestions développées dans ce remarquable ouvrage, suggestions qui méritent de retenir l'attention de tous ceux qui s'intéressent au développement de nos possessions de l'Afrique du Nord.

« Toutefois, l'Administration de la zone française du Maroc, relevant exclusivement du ministère des Affaires étrangères, mon département n'a pas qualité pour examiner la suite que comportent vos propositions.

« Je n'ai pu, en conséquence, que transmettre votre lettre à M. le Ministre des Affaires étrangères en la lui signalant tout spécialement. »

Cette recommandation spéciale ne parut pas agir beaucoup sur le Ministre des Affaires Etrangères ni sur son secrétaire général et *alter ego* M. Philippe Berthelot. Je fus reçu par un haut fonctionnaire qui, d'ailleurs, m'approuva sur tous les points... et l'affaire en resta là. Je constate à ce propos l'absurdité de confier des attributions administratives au Ministère des Affaires Etrangères, où il n'y a que des diplomates, gens intelligents et avertis, sans doute, mais étrangers par leur culture spéciale aux questions d'administration. Aussi les Résidents généraux, à Rabat et à Tunis sont, en fait, omnipotents et aucun contrôle n'est exercé sur leur gestion.

Décidément, le Maroc se dérobait à mes tentatives.

Mais la nomination du général Sarrail aux fonctions de haut commissaire en Syrie me parut une occasion favorable. Je savais que la Syrie, avec un climat et une population analogues à ceux du Maroc, offre des possibilités économiques plus larges encore. Faire revivre la civilisation jadis florissante dans ce pays ruiné était une œuvre bien tentante. Je demandai au nouveau Haut Commissaire de me confier une mission d'études pour me permettre de lui présenter, dans deux ou trois mois, un projet concret. Il me répondit :

« Cher Monsieur,

« La situation budgétaire au Levant m'interdit de vous donner une mission quelconque dans ce pays. Je vous le dis bien franchement, bien que persuadé de la valeur de vos travaux.

« Veuillez croire à mes sentiments bien cordiaux.

« SARRAIL. »

Pour clore le récit de mes tentatives infructueuses auprès du gouvernement français, je dois mentionner la dernière, faite — sans conviction, je dois l'avouer — lors de la nomination de M. Maurice Viollette comme

gouverneur général de l'Algérie. Des relations anciennes quoique, depuis, bien espacées, m'autorisaient à
m'adresser à lui. Il me répondit :

« Cher Monsieur,

« ... J'ai lu votre livre avec intérêt, et, j'espère, avec
grand profit. J'étudierai vos suggestions avec le seul
désir de trouver des moyens de réalisation pratique,
rapide et efficace.

« Croyez à mes meilleurs sentiments.

« M. VIOLLETTE. »

Sans doute l'étude de M. le Gouverneur général n'est
pas encore terminée, car je ne me suis pas aperçu qu'il
ait fait autre chose que ses prédécesseurs.

Chapitre XXXII

En Russie

Bien des personnes qui, d'après ma façon raisonnable de discuter et mon peu de goût pour les violences, me considéraient comme un socialiste modéré, sinon comme modérément socialiste, se sont étonnées que je sois allé me mettre au service du gouvernement bolchevik, dont la politique ne pouvait être la mienne.

L'explication, c'est que je n'ai jamais songé à m'occuper de sa politique, mon seul but étant de l'amener à mes conceptions d'organisation économique. Je ne voyais qu'une chose, évidente et indiscutable en effet, c'est qu'il était socialiste et qu'au moment où je suis entré en rapports avec lui, il faisait des efforts sincères pour introduire le régime communiste en Russie. Etranger aux querelles de tendances, je n'avais pas à discuter la politique des bolcheviks ni, à plus forte raison, à en endosser la responsabilité. Je me serais tout aussi bien adressé aux menchoviks ou aux socialistes révolutionnaires s'ils avaient été au pr_ oir. La meilleure preuve, c'est que j'ai commencé par m'adresser à eux, comme on va le voir dans un moment. Néanmoins, lorsque mon concours a été accepté par les dirigeants bolcheviks et qu'ils m'ont donné de multiples témoignages de confiance et d'amitié, quand j'ai vécu de leur vie et partagé leurs espoirs comme leurs dangers, mon loyalisme à leur égard a été pur de toute défaillance. Aujourd'hui encore, tout en déplorant leurs erreurs et en combattant leur politique parce qu'elle s'écarte de plus en plus du socialisme, je sens que quelque chose de mon cœur est resté avec eux.

Toujours est-il qu'au commencement du mois d'août 1917, dès la constitution du ministère Kerenski, où Tchernof, socialiste révolutionnaire, détenait le porte-feuille de l'agriculture, je cherchai à entrer en relations avec lui. Sur la demande de Jules Guesde, toujours prêt à seconder mes efforts avec un dévouement absolu, Albert Thomas, alors ministre de l'armement, adressa à Tchernof la dépêche suivante :

« Vous prie instamment attacher à votre ministère comme conseiller économique le camarade Lucien Desli-nières, économiste éminent, en qui pouvez avoir abso-lue confiance. Il vous présentera après étude un projet réorganisation économique grande envergure résolvant toutes difficultés. Même si ce projet devait pas être adopté, vous y trouveriez des lumières nouvelles. Desli-nières prêt partir Pétrograd. »

Par malheur, lorsque cette dépêche parvint à Pétro-grad, Tchernof n'était déjà plus ministre de l'agricul-ture ! Une deuxième dépêche semblable fut adressée à son successeur, Avksentief. Elle arriva sans doute à des-tination, mais, au milieu de la période troublée qui allait aboutir, quelques semaines plus tard, à la révolu-tion bolchevique. Il n'y fut fait aucune réponse.

Plus tard, un gouvernement socialiste indépendant s'étant constitué en Géorgie, et une délégation dont faisait partie Tseretelli, le grand orateur de la Douma s'étant établie à Paris, je vis Tseretelli qui se montra fort encourageant. Mais son gouvernement, faible et sans ressources, était hors d'état d'agir et il ne tarda pas à disparaître.

Ce fut alors que je songeai à aller à Moscou offrir mes services à la République des Soviets.

Une première fois (janvier 1919) j'essayai d'y arriver. Ce n'était pas chose facile à cette époque. Les communications par voie ferrée n'existaient plus. Je dus passer par l'Angleterre, la Norvège et la Suède. A Stockolm, je trouvai Litvinof qui me fit un accueil tout à fait amical. Mais ce fut en vain que je tentai de passer à Helsingfors en Finlande. Le ministre de France refusa énergiquement de viser mon passeport. J'eus même baucoup de peine à rentrer en France, car mes relations avec Litvinof avaient éveillé les soupçons de la police, et le consul anglais ne voulait pas m'autoriser à revenir en Angleterre.

Je renouvelai ma tentative avec plus de succès au printemps de l'année suivante. Cette fois, je pus aller en chemin de fer à Berlin et Stettin où je m'embarquai pour Reval. De là, je passai à Petrograd, puis à Moscou, en même temps qu'une nombreuse délégation italienne.

A Moscou, je rencontrai Sadoul à qui je fis part de mes projets et qui me conseilla de les réaliser en Ukraine plutôt qu'en grande Russie. Lénine, que nous vîmes ensemble, approuva. Rakowsky, président du Soviet des Commissaires du Peuple d'Ukraine accepta avec empressement mon concours et je fus attaché au Commissariat de l'Agriculture en qualité de membre du collège, c'est-à-dire du Comité directeur de ce département, composé de trois membres.

Mon projet consistait à faire un bloc des nombreux domaines soviétiques, dont l'administration était dispersée entre plusieurs commissariats, de remettre de l'ordre dans leur gestion, qui laissait terriblement à désirer, d'y établir, aussi vite que possible, les meilleures méthodes culturales et de leur donner l'organisation socialiste décrite au livre IV. Pour former les cadres des futurs domaines communistes et pour amener en même temps les paysans à renoncer à leur individualisme obtus, j'avais adapté aux conditions particulières de l'Ukraine le plan d'enseignement agricole à trois degrés sommairement décrit au chapitre XXVI. J'avais été nommé directeur de l'enseignement agricole au Commissariat de l'Instruction publique pour en faire l'application.

Mais tout manquait alors pour une réalisation quelconque : impossible de trouver un immeuble suffisant pour y installer l'administration ; impossible de réunir un personnel donnant vraiment la journée entière de travail parce qu'impossible d'assurer son alimentation ; absence de moyen de transports ; guerre civile dangereuse, puisque Kharkof, siège du gouvernement, fut menacé par l'armée de Wrangel. Je déployai, pour surmonter tous ces obstacles, des efforts inimaginables et j'aurais peut-être fini par réussir. Mais je me heurtai à un empêchement absolu : le refus du *Glavsaccar*, centrale du sucre siégeant à Moscou, de se dessaisir des nombreux et beaux domaines soviétiques qu'il exploitait en Ukraine. Finalement, on mit à ma disposition quelques bribes de domaines dont je ne pouvais rien tirer de bon. Sur le conseil du camarade Frounzé, commandant en chef de l'armée rouge ukrainienne, qui venait de jeter Wrangel à la mer, je me décidai à aller me fixer à Kief où il mettait à ma disposition des locaux, du personnel et des domaines. Je partis pour Moscou afin de préparer ce déplacement. Mais mon train mit huit jours pour franchir les huit cents kilomètres qui me séparaient de cette ville ; et quand j'y fus enfin arrivé, j'y appris les nouvelles les plus inquiétantes : la famine était imminente et on redoutait avec elle une formidable insurrection paysanne. Je me décidai à rentrer en France pour y attendre de meilleurs jours; mais pendant que mon retour se préparait, on me demanda de me joindre, en qualité d'économiste, à une mission qui allait partir pour le Turkestan, et qui ne comprenait que des éléments politiques. J'avais toujours été très intéressé par ce pays lointain où la culture cotonnière, commencée sous le tzarisme ,pouvait prendre d'immenses développements par l'irrigation. Je saisis avec empressement l'occasion de le visiter. Mais, arrivé à Tachkent, l'exposé de mes conceptions économiques séduisit tellement le président du Soviet des Commissaires du Peuple, le camarade Atabayef et son collègue du ravitaillement, le camarade Malioutine, qu'ils insistèrent énergiquement pour me conserver, et qu'il fut même question entre eux de me retenir de force !... Je n'aurais pas hésité à rester avec eux si je n'avais connu — ce qu'eux-mêmes ignoraient — le degré de détresse de la Russie soviétique et l'impossibilité absolue d'y trouver les éléments indispensables à la réorganisation économique du Turkestan, alors presque isolé et complétement ruiné. Je me séparai avec peine de ces braves camarades qui mettaient en moi tant d'espoir et tant de confiance. Je revins à Moscou, puis en France.

La famine prévue se produisit ; mais elle ne fut pas suivie d'une insurrection. Le régime soviétique se consolida, des possibilités d'action apparurent et je songeai à reprendre mes travaux.

J'écrivis à Litvinof et à Manouïlsky pour me mettre de nouveau à leur disposition. Mes lettres leur parvinrent-elles? Je l'ignore ; toujours est-il que je ne reçus aucune réponse.

Lorsque Krassine fut nommé ambassadeur à Paris, je lui demandai un rendez-vous. Il me le donna, mais ne s'y trouva pas, ce qui est bien dans les mœurs russes. Par la suite, il s'absenta, puis tomba malade, puis quitta Paris. J'attendis l'arrivée de son successeur, Rakowsky, pour reprendre mes démarches. Mon ancien président me reçut à merveille. Il m'avait vu à l'œuvre et savait que nos divergences sur le marxisme ne m'empêchaient pas d'être un socialiste dévoué. D'accord avec lui et par son intermédiaire, j'envoyai à Staline, secrétaire du parti, et aux membres du *Polit-bureau*, la notice suivante :

PROJET D'INTRODUCTION GRADUELLE D'UNE ORGANISATION COMMUNISTE DANS L'ÉCONOMIE DE L'U. S.

Réalisation facile — Enorme augmentation
de la production — Généralisation du communisme
intégral

« La supériorité de *l'organisation* communiste sur *l'anarchie* capitaliste réside essentiellement en l'aug-mentation considérable de la production agricole et industrielle qu'elle permet de réaliser.

« Cette augmentation sera la résultante des facteurs suivants :

« A. Suppression des parasites ;

« B. Application à toutes les branches de la produc-tion, des manutentions et des transports de la technique la plus perfectionnée ;

« C. Discipline du travail par une hiérarchie des fonctions, les degrés supérieurs étant réservés aux plus capables.

« L'expérience a démontré qu'il est impossible de transformer d'un seul coup une société capitaliste en société communiste. Il faut opérer graduellement, selon une méthode rationnelle.

« Le présent projet envisage la création d'un îlot de communisme pur, consistant en une exploitation agri-cole à laquelle seront adjointes successivement les indus-tries complémentaires, en commençant par les plus simples.

« Cette exploitation, qui débutera par un domaine

d'environ 5.000 déciatines, s'étendra d'année en année à des domaines nouveaux.

« Dans la première période. ses dépenses seront forcément à la charge du budget de l'U. S., mais, par la suite, elle se développera par ses propres ressources, selon le rythme d'une progression arithmétique, et, du fait de sa supériorité économique, elle absorbera peu à peu la totalité des entreprises privées.

« Les règles ci-après seront suivies par l'administration des domaines communistes :

« Elle exécutera elle-même tous ses travaux ;

« Elle tendra à produire elle-même tous les matériaux, machines et marchandises diverses dont elle aura besoin, de façon à limiter au strict nécessaire ses achats à l'extérieur. A l'origine, ne produisant rien, elle devra tout acheter. Mais, arrivée à un certain degré de développement, elle produira presque tout et vivra sur ses propres ressources.

« La perfection technique, condition *sine qua non* du succès, sera réalisée :

« Dans l'agriculture, par l'installation moderne des fermes, assurant une bonne hygiène et évitant toute main-d'œuvre inutile, par la culture mécanique, la sélection des reproducteurs (végétaux et animaux), l'usage des amendements et engrais à haute dose, le drainage, l'irrigation et toutes les améliorations foncières utiles ;

« Dans l'industrie, par la standardisation des produits et l'usage exclusif d'un matériel automatique et spécialisé, permettant la production en grandes séries ;

« Dans les transports, par un réseau serré de voies ferrées reliant les domaines à leur centre économique, les reliant entre eux et desservant leurs diverses parties.

« Toute l'énergie nécessaire sera fournie par une centrale électrique qui la produira, selon les conditions locales, par le pétrole, la houille, la tourbe ou des moteurs hydrauliques.

« Dans de telles conditions, on arrivera à obtenir un maximum de produits pour un minimum d'effort humain.

« On peut difficilement se faire idée de la surabondance de produits alimentaires et, en général, de choses utiles à la vie qu'on peut retirer d'une exploitation agricole bien conduite. Elle permettra de donner au personnel un degré de bien-être qui excitera l'envie de tous les autres travailleurs des campagnes et des villes, et cette démonstration par les faits de la supériorité du communisme fera plus pour sa propagation que tous les écrits et tous les discours.

« Dès la première récolte, la Régie communiste disposera, après avoir pourvu à la nourriture du personnel, d'une certaine quantité de produits agricoles. Elle les vendra au cours du jour aux services d'achats de l'U. S. Cette quantité s'accroîtra d'année en année ; et, comme le coût de la production aura été très peu élevé, à raison de la perfection technique, elle réalisera un bénéfice qui, lui-même, ira croissant.

« Ce bénéfice sera affecté tout entier à son développement : le personnel, largement défrayé de tous ses besoins, n'en aura aucune part.

« Pour diminuer les dépenses de création, on pourra sans doute y employer un ou plusieurs détachements du génie de l'armée rouge. Par la suite, le recrutement du personnel se fera facilement parmi les paysans pauvres et les travailleurs industriels sans emploi. On aura soin de n'y admettre que ceux exerçant des professions utiles.

« Les femmes et les enfants des travailleurs seront également nourris, logés et entretenus. Ils participeront, dans les limites de leurs forces, au travail commun et rendront les plus grands services.

« Par suite de l'extension continuelle du Domaine communiste, il viendra un moment où il aura englobé et exploité toutes les terres vacantes. Il ne pourra alors continuer à se développer qu'en absorbant la propriété paysanne. Cette absorption devra être volontaire : aucune contrainte ne sera employé envers les petits propriétaires. Pour vaincre leurs résistances, il suffira d'avoir pour auxiliaires leurs propres enfants, dont on s'assurera le concours en organisant l'enseignement agricole.

« Dans les écoles primaires, les élèves recevront des notions très simples sur la grande culture intensive et ses avantages.

« Les plus intelligents seront admis comme élèves dans les domaines communistes, devenus fermes-écoles, pour y recevoir l'instruction secondaire, théorique et pratique.

« De nombreux congés leur seront accordés pour qu'ils retournent fréquemment au village natal, vantent à leurs parents et amis les gros rendements obtenus dans le domaine par un travail peu pénible, et l'existence agréable qu'ils y mènent, puis les invitent à venir s'en rendre compte par eux-mêmes. Et les visiteurs, amicalement et hospitalièrement reçus, voyant de leurs yeux les merveilles de la culture intensive, rentreront chez eux profondément impressionnés ; ils feront part à leurs voisins de leurs observations, et rapidement le bruit se répandra jusque dans les campagnes les plus reculées que l'organisation communiste assure aux cultivateurs un degré de bien-être et de sécurité inconnu jusqu'alors.

« Dans les villages où l'on sentira le terrain bien préparé, on mettra aux voix la formation d'une communauté agricole et la majorité en décidera.

« Il n'est pas douteux qu'on arrive ainsi à provoquer

autant de demandes d'admission dans le Domaine Communiste qu'il sera possible d'y faire face.

« L'Industrie du Domaine Communiste se bornera, dans sa première phase, à fabriquer les produits nécessaires à la consommation de son personnel. Par la suite, elle en produira une quantité beaucoup plus grande, et qui s'accroîtra sans cesse. A ce moment, on commencera à faire entrer dans l'organisation communiste le personnel des administrations soviétiques. Pour cela, on ouvrira des magasins de détail, où seront mis en vente les produits du Domaine Communiste contre une monnaie-papier spéciale qui sera remise en paiement à ce personnel.

« Ces magasins se multiplieront au fur et à mesure des possibilités. Lorsque les disponibilités de produits seront suffisantes, ils vendront également à la population étrangère aux administrations soviétiques. Le bon marché et la bonne qualité attireront progressivement la totalité des acheteurs et la spéculation sera anéantie, définitivement cette fois.

« La disparition des entreprises privées ne réduira, d'ailleurs, pas à la misère ceux qui en vivent actuellement : le Domaine Communiste les recueillera et donnera à chacun d'eux une occupation lucrative en rapport avec ses aptitudes.

« L'œuvre à créer sera colossale, puisqu'il s'agira de mettre en valeur toute la partie habitable de l'immense territoire de l'U. S. et de la doter d'un outillage économique en rapport avec les derniers progrès de la science. Il y aura donc du travail pour tous les bras, et, grâce à la production intensive, de larges moyens d'existence pour tous les travailleurs, ainsi que pour les incapables de travail.

« L'auteur de ce mémoire prie instamment les autorités soviétiques qui en prendront connaissance de vouloir bien ne pas concevoir une mauvaise opinion du projet qui leur est soumis, sur le vu d'un résumé aussi sommaire. Il demande à être mis à même de le compléter par des explications verbales, à défaut desquelles il est absolument impossible d'en saisir la portée.

« Les lignes générales esquissées plus haut ne peuvent, en effet, prendre toute leur force probante qu'accompagnées des détails théoriques et pratiques que comporte un aussi vaste sujet.

« Les garanties de sincérité et de compétence que présente le passé de l'auteur doivent, lui semble-t-il, faire prendre ses suggestions au sérieux : s'il n'a pas été au premier plan du mouvement socialiste, il s'est, depuis plus de trente ans, spécialisé dans l'étude de la doctrine, au point de vue économique. Il l'a précisée théoriquement et en a déterminé les modalités d'application. Une partie de ses travaux est exposée dans seize volumes, parmi lesquels il signale les *Principes d'Economie Socialiste*, après lecture desquels il est impossible d'assimiler ses conceptions à de vaines utopies et de nier qu'elles reposent sur des données scientifiques.

« Mais, en outre de ce qu'il a publié, l'auteur a accumulé une quantité immense de faits, d'idées et de connaissances pratiques, qu'il n'a jamais eu l'occasion d'utiliser et qui lui permettraient de guider sûrement dans la voie du succès la grande œuvre dont il apporte l'idée.

« Il n'aspire pas, d'ailleurs, à en prendre la direction et à s'assurer des avantages matériels importants : son âge et son état de santé lui interdisent des fonctions aussi lourdes. Il ne voudrait en être que l'inspirateur désintéressé, heureux de consacrer au communisme ses dernières années et ses dernières forces.

« Il n'a pas attendu la consolidation du régime soviétique pour offrir ses services : après une première tentative infructueuse pour pénétrer en Russie, au commencement de 1919 (vérifier auprès des camarades

Litvinof et Rotschtein), il a pu s'y rendre en 1920 et a rempli, pendant huit mois, les fonctions de membre du Collège du Commissariat de l'Agriculture en Ukraine (références : camarades Rakowsky, Manouïlsky, Tschoubar). Les circonstances difficiles d'alors s'opposaient aux réalisations pratiques qu'il voulait tenter. Elles y sont plus propices aujourd'hui.

Lucien DESLINIÈRES,

J'avais toujours considéré Trotzky, sans être arrivé, d'ailleurs, à bien comprendre sa politique, comme l'homme ayant le plus d'envergure et comme le meilleur organisateur des dirigeants bolcheviks. Il me semblait que, mieux que tout autre, il devait me comprendre. Au surplus, il était encore, à ce moment, sinon le chef officiel, du moins le véritable directeur de toute l'économie soviétique. En lui envoyant la notice ci-dessus, j'y joignis donc cette lettre :

« Camarade Trotzky,

« Au mémoire ci-joint qui, sous sa forme impersonnelle, vous est spécialement destiné, j'ajoute ces quelques pages pour vous adjurer, dans l'intérêt suprême du communisme, de me recevoir et de m'écouter.

« Vous ne pouvez douter de ma sincérité et de mon dévouement. Ce que je redoute de trouver chez vous, c'est l'idée qu'un communiste non marxiste ne peut être qu'un idéologue dont les rêveries sont dépourvues de tout intérêt pratique. Je voudrais essayer d'écarter une telle prévention si elle existe dans votre esprit.

« Je ne suis pas, il est vrai, de formation marxiste; ce sont mes observations et réflexions personnelles qui m'ont amené au communisme avant d'avoir lu Marx. Ayant reconnu les tares incurables du régime capitaliste, je me suis efforcé de concevoir une organisation sociale meilleure ; mais jamais, dans cette recherche, je n'ai perdu contact avec les réalités. C'est dans la vie et non dans mon imagination que j'ai trouvé mes éléments de reconstruction. J'ai tenu compte, non seulement des difficultés d'ordre économique, mais des résistances de l'élément humain.

« Et c'est pourquoi j'ai le droit d'affirmer le caractère scientifique de mon œuvre.

« J'en affirme aussi l'utilité : si Marx a été le promoteur des mouvements de masses qui ont abouti à la révolution d'octobre, il n'a projeté aucune lumière sur la transformation économique subséquente. Privé de guide, vous avez erré, car on n'improvise pas des solutions de cette ampleur. Elles devaient être préparées d'avance. Or, à cette préparation, j'ai consacré trente années d'études persévérantes qui n'ont pas été vaines. J'ai donné à l'économie socialiste ses fondements définitifs. Des notions incomplètes et parfois fausses qu'on en avait, j'ai fait un ensemble solide dont le couronnement est un système financier adéquat. Songer que mon œuvre reste ignorée de ceux qui pourraient l'utiliser, et que le communisme échouera peut-être, ou du moins cherchera longtemps encore, en tâtonnant, la voie que je lui ai ouverte, est pour moi une source intarissable de chagrins.

« Je ne voudrais pas non plus que vous pussiez me croire un homme de livres, un pur théoricien incapable de concréter ses idées. Tout au contraire, mes travaux ayant porté exclusivement sur l'application du communisme, la théorie et la pratique y ont toujours marché de pair. Je suis un technicien d'organisation communiste, un réalisateur, un homme d'action à qui un champ a manqué pour donner sa mesure. Même si mon projet devait être momentanément écarté, il est impossible qu'il ne sorte pas de nos entretiens quelque chose d'utile. Son adoption ne jetterait, d'ailleurs, aucun trouble dans l'économie de l'U.S. S'ils n'apportait à vos difficultés qu'une solution un peu éloignée, du moins il n'entraverait en rien vos efforts actuels pour les vaincre. Il y aurait simplement, quelque part, une colonie communiste, comme il y a des colonies capitalistes. Si elle réussissait, elle se développerait, sinon elle disparaîtrait. Mais l'ensemble de vos institutions économiques n'aurait pas à en souffrir.

« Je n'ajoute rien. Puissé-je avoir réussi à vous convaincre! Si vous croyez devoir m'appeler à Moscou, je ne demande que mes frais de voyage et de séjour, sans rétribution ni bénéfice d'aucune sorte.

« Veuillez agréer...

« L. DESLINIÈRES. »

Cette lettre, ainsi que les notices, arrivèrent sûrement à leur destination. Mais je ne reçus aucune réponse.

Mes suggestions se heurtèrent-elles à ce parti-pris inébranlable des marxistes russes de considérer comme sans valeur toutes les idées qui ne viennent pas ou ne procèdent pas de la doctrine du Maître, ou les dirigeants bolcheviks ne trouvèrent-ils pas le temps de les examiner au milieu des dissensions violentes qui les déchirent, et dans lesquelles, Trotzky en particulier, a perdu sa situation, je l'ignore. Mais le résultat de cette récente tentative a encore été négatif et je n'en ferai pas d'autre.

Chapitre XXXIII

A l'Etranger

J'avais l'intention de raconter avec quelques détails, les nombreuses démarches faites par moi dans divers pays étrangers pour y faire pénétrer mon idée de mise en valeur par voie d'entreprise nationale. Mais je m'aperçois que ce serait alourdir encore cet ouvrage déjà un peu long.

Je me bornerai donc à mentionner que ces tentatives furent faites dans la République Argentine, au Brésil, en Turquie, en Espagne et dans un autre pays, avec le Gouvernement duquel je suis encore en pourparlers. J'envisageais, bien entendu, les Etats les moins développés économiquement, et ceux où la situation politique paraissait favorable à mes projets. Chaque démarche était précédée d'une étude approfondie des conditions économiques particulières du pays auquel je voulais m'adresser. Je n'agissais donc pas à la légère et si je n'ai pas réussi, jusqu'à présent, j'ai conscience du moins de n'avoir rien négligé pour obtenir un meilleur succès.

Pour terminer, je me permets de faire remarquer la somme considérable de travail que représentent mes efforts, en France, en Russie et à l'étranger. Elle est plus grande encore qu'on ne peut se l'imaginer, car on ne

saura jamais avec quelle ardeur laborieuse et quelle persévérante énergie chacun de ces efforts a été soutenu.

Telle a été la contribution active que j'ai apportée au
socialisme, en dehors de celle que constituent mes
ouvrages. Depuis que j'ai compris le socialisme, je lui
ai donné toute ma vie. D'autres ont obtenu à un moindre prix la notoriété et les honneurs. J'ai pour moi le
témoignage de ma conscience : elle me dit que j'ai fait
tout mon devoir — et cela me suffit. Je continuerai jusqu'à mon dernier souffle.

TABLE DES MATIÈRES

IIIᵉ PARTIE

Pour sortir de l'Ornière marxiste

LIVRE IV

La Solution en Russie

LIVRE V

La Solution en France

IVᵉ PARTIE

Documents pour l'Histoire

LIVRE VI

Efforts personnels de l'auteur pour remettre le Socialisme dans sa voie.

Imp. MORICE Frères, 7, Cité Adrienne, PARIS (XXᵉ).